U0524477

建筑施工企业破产重整法律实务

江丁库 主编

———— 北京 ————

图书在版编目(CIP)数据

建筑施工企业破产重整法律实务 / 江丁库主编. -- 北京:法律出版社,2023
ISBN 978-7-5197-7029-7

Ⅰ.①建… Ⅱ.①江… Ⅲ.①建筑施工企业-破产法-研究-中国 Ⅳ.①D922.291.924

中国版本图书馆 CIP 数据核字(2022)第 152461 号

| 建筑施工企业破产重整法律实务
JIANZHU SHIGONG QIYE POCHAN
CHONGZHENG FALÜ SHIWU | 江丁库 主编 | 策划编辑 周 洁
责任编辑 周 洁
装帧设计 李 瞻 |

出版发行 法律出版社　　　　　　　　　　开本 710 毫米×1000 毫米 1/16
编辑统筹 司法实务出版分社　　　　　　　印张 16.75　字数 246 千
责任校对 李慧艳　　　　　　　　　　　　版本 2023 年 2 月第 1 版
责任印制 胡晓雅　　　　　　　　　　　　印次 2023 年 2 月第 1 次印刷
经　　销 新华书店　　　　　　　　　　　印刷 固安华明印业有限公司

地址:北京市丰台区莲花池西里 7 号(100073)
网址:www.lawpress.com.cn　　　　　　　销售电话:010-83938349
投稿邮箱:info@lawpress.com.cn　　　　　客服电话:010-83938350
举报盗版邮箱:jbwq@lawpress.com.cn　　　咨询电话:010-63939796
版权所有·侵权必究

书号:ISBN 978-7-5197-7029-7　　　　　　定价:68.00 元
凡购买本社图书,如有印装错误,我社负责退换。电话:010-83938349

主编简介

江丁库

北京德恒（温州）律师事务所合伙人，温州市律协副会长，温州破产管理人协会副会长，中国政法大学兼职教授，曾获浙江省优秀律师称号，主要著作有《破产预重整法律实务》《民营企业破产管理法律实务》《房地产开发企业破产若干法律问题分析》《个人破产法律实务》等。

副主编简介

郑小雄

厦门大学法律系国际经济法专业毕业，现为北京德恒（温州）律师事务所合伙人，在企业破产、物权担保以及资本市场发展等法律领域有丰富的实践经验和较深的理论研究，与同事合作出版《民营企业破产管理法律实务》《破产预重整法律实务》《物权担保纠纷裁判观点与实务指引》等专著。

林 达

浙江大学法学学士，现为北京德恒（温州）律师事务所律师，德恒企业拯救与破产专业委员会委员，主办过多起破产案件，与同事合作著有《个人破产法律实务》《破产预重整法律实务》。

张志苗

北京德恒（温州）律师事务所律师，中国政法大学在职研究生，主办过多起破产案件，与同事合作著有《房地产开发企业破产若干法律问题分析》。

叶卓尔

美国纽约大学公司法硕士，中国政法大学法学学士、经济法硕士，现为北京德恒（温州）律师事务所律师，主办过多起破产案件，与同事合作著有《破产预重整法律实务》。

胡　珊

北京德恒（温州）律师事务所律师，厦门大学民商法学硕士，主办过多起破产案件，与同事合作著有《个人破产法律实务》《房地产开发企业破产若干法律问题分析》。

袁诚坚

山西大学法学、管理学双学士，北京德恒（温州）律师事务所律师，主办过多起破产案件，独著论文多次荣获温州市律师论坛一、二等奖及浙江省律师论坛二等奖，曾参与撰写《房地产开发企业破产若干法律问题分析》。

建筑施工企业破产重整法律实务

主　编：江丁库
副主编：郑小雄　林　达　张志苗　叶卓尔
　　　　胡　珊　袁诚坚
撰稿人：江丁库　郑小雄　林　达　张志苗
　　　　叶卓尔　胡　珊　袁诚坚　戴元斌
　　　　谷芝微　谢姿燕　蔡　京　李　榕
　　　　周梦媛

前　言

建筑施工企业作为建筑工程的建设主体，在城乡基础建设中发挥了巨大作用，为国民经济发展作出了巨大贡献。但近几年由于经济大环境影响、建筑市场竞争激烈等多种原因，建筑承包合同纠纷大量出现，建筑工程价款（以下简称工程款）拖欠严重，农民工讨薪影响社会稳定，加之自身管理不善和融资困难，不少建筑施工企业出现债务危机，甚至达到"资不抵债"的程度，结果走上破产之路。为了拯救处于债务危机的建筑施工企业，人民法院和破产管理人都尽可能对其适用重整程序，使之能够涅槃重生。然而，建筑施工企业破产重整涉及主体众多，利益冲突严重，法律关系复杂，极易造成影响社会稳定的问题。

近几年，笔者和团队成功办理了许多建筑施工企业破产重整案件，现在总结办案经验和研究解决疑难法律问题的基础上写就本书。本书分6个大专题、31个小专题，就建筑施工企业的破产原因、重整可行性、重整模式以及在破产重整中如何处理工程承包合同、农民工工资债权、职工劳动债权、特定财产担保等诸多问题进行探索和分析，并引编47个案例揭示人民法院的裁判规则，既有法理观点分析，又有实务操作指引，对建筑施工企业、房地产开发企业、工程建设单位的高层管理人员及法务人员，建筑工程的承包人、项目经理、从事建筑工作的农民工，政府有关部门工作人员、法官、律师、破产管理人等具有重要的参考价值。

作者
2022年5月于温州

目录
CONTENTS

专题一　建筑施工企业及其破产重整可行性　　　　　　　　　　1

一、建筑施工企业及其破产原因分析 / 1

【案例1】利用工程施工总承包资质盲目扩张企业规模并过度依赖银行贷款融资导致企业破产 / 7

二、建筑施工企业破产重整的可行性分析 / 8

【案例2】管理人采取"拆分式"重整将工程施工资质保留在运营板块，公开竞价引入投资人 / 11

三、工程施工资质在破产重整中的处置 / 12

【案例3】管理人成功维护工程施工资质后以资质为对应资产随股权拍卖成功 / 16

【案例4】以股权转让为名、实则非法买卖资质的行为无效 / 17

专题二　建筑工程施工承包合同及其效力　　　　　　　　　　22

四、建筑工程发包方式 / 22

【案例5】政府投资的工程项目未依法进行招标就发包的无效 / 25

五、建筑工程招投标及其合同效力 / 26

【案例6】补充协议在客观情况未发生变化的情况下约定的下浮率计算工程款不能作为结算依据 / 32

六、建筑工程总承包及分包的合同效力 / 34

【案例7】建设单位将工程支解发包给无施工资质自然人的行为无效，实际施工人虽可取得工程款但不享有优先受偿权 / 39

七、承包单位分包及其合同效力 / 41

【案例8】违法分承包人的工程款债权在承包人破产程序中只能提起确认之诉而不能请求给付 / 44

【案例9】承包人已向分包人支付工程款，不再对违法分包人承担连带清偿责任 / 47

八、建筑工程转包及其合同效力 / 50

【案例10】总承包人与转承包人不存在承包合同关系，转承包人无权请求总承包人支付工程款 / 54

【案例11】转包合同无效，转包费应当返还，但对有过错的利息损失不予保护 / 55

【案例12】转包合同无效，法院不支持转包人请求支付管理费 / 57

九、建筑工程内部承包及其合同效力 / 58

【案例13】项目经理作为内部职工与本企业订立经济责任承包合同有效 / 60

【案例14】无资质转承包人以内部承包为名实则挂靠的转包合同无效 / 62

十、施工资质挂靠及其效力 / 63

【案例15】施工资质出借方与借用方对工程损失承担连带赔偿责任 / 68

【案例16】实际施工人挂靠经营有权取得工程款，但不享有优先受偿权 / 71

【案例17】发包人接受了挂靠人的工作成果，应向挂靠人支付工程款，但挂靠人无权要求被挂靠人承担连带给付责任 / 72

十一、建筑施工合同的解除与继续履行 / 74

【案例18】发包人破产重整，承包人无法继续履行承包合同，法院
判决解除承包合同 / 80

【案例19】法院依法判决解除劳务承包合同，依照破产规则处理
劳务承包人的相关债权 / 82

十二、继续履行承包合同的复工续建 / 83

【案例20】重整投资人出借续建资金给承包人，发包人已清欠
承包人工程款的，共益债权不再存在 / 87

【案例21】管理人在破产重整期间安排挂靠的工程款作为共益债务
随时清偿 / 89

十三、建筑工程中介合同的效力 / 91

【案例22】承包人在居间合同有效的情况下中途解除劳务承包
合同仍应按约支付居间服务费 / 96

【案例23】居间合同随非法分包合同无效而无效 / 99

专题三　建筑施工企业破产重整模式　　　　　　101

十四、建筑施工企业引资式重整 / 101

【案例24】利用资质招募重整投资人，建筑施工企业成功重整 / 107

【案例25】招募投资人不属招投标行为，管理人未采取招投标方式
并不违法 / 108

十五、建筑施工企业分拆式、剥离式重整 / 112

【案例26】保留建筑工程施工总承包特级资质进行重整，其他资产和
债务整体移转至子公司进行清算 / 115

十六、建筑施工企业清算式、反售式重整 / 116

【案例27】管理人采取"反售"方式，将工程承包资质和在建工程
续建重组给投资人，拯救了债务企业 / 118

十七、建筑施工企业债转股式重整 / 120

【案例28】重整计划设置债权人可选择现金受偿或以股抵债的
偿债方式 / 126

【案例29】债权人在重整计划确定债转股后不得再请求清偿债权 / 127

十八、建筑施工企业留债清偿式重整 / 129

【案例30】多家公司实质合并破产统一采取以股抵债与留债清偿相结合的模式进行重整 / 132

十九、建筑施工企业共益债式重整 / 133

【案例31】在法院受理破产申请前的借贷不应被认定为共益债务 / 138

【案例32】为项目建设借款的本金属于共益债务，但对未约定的利息不予支持 / 140

专题四　破产重整的工程款债权　　143

二十、工程款的结算 / 143

二十一、工程款债权优先受偿权 / 147

【案例33】建筑施工企业对工程拍卖款享有优先受偿权，但同一顺序按照比例分配清偿 / 154

【案例34】承包人提起工程款给付之诉未主张优先受偿权并不当然放弃优先受偿权 / 158

【案例35】承包人在建筑施工合同中约定放弃后仍可主张建设工程款优先受偿权 / 163

二十二、分包、转包、挂靠工程款的优先受偿权 / 164

【案例36】实际施工人不是涉案工程的承包人，不享有工程款优先受偿权 / 168

【案例37】挂靠人是实际承包人的，对工程款享有优先受偿权 / 170

二十三、建筑工程垫资款及其优先受偿权 / 174

【案例38】违法承包人之间的垫资款亦应作为工程款支付 / 178

专题五　建筑施工企业职工劳动债权问题　　180

二十四、建筑施工企业职工的劳动债权 / 180

二十五、建筑业农民工工资债权的特别保护 / 191

【案例39】 承包单位违法分包工程对实际施工人欠付农民工工资负有先予清偿的责任 / 199

【案例40】 承包人违法分包造成与其不存在劳动关系的农民工工资被拖欠应负清偿责任 / 201

【案例41】 农民工与总承包单位不存在劳动关系的工资债权仅为普通债权 / 203

专题六 建筑施工企业特定财产担保问题　　205

二十六、建筑施工企业特定财产担保的别除权 / 205
二十七、应收工程款质押及在破产重整中的处置 / 212

【案例42】 应收账款质权人不得突破合同相对性原则直接要求出质人的次债务人履行质押义务 / 220

二十八、施工设备抵押及在破产重整中的处置 / 224

【案例43】 建设单位提供生产设备为工程款做抵押担保，实际施工人对抵押物享有优先受偿权 / 229

二十九、施工资质转让、质押及在破产重整中的处置 / 230

【案例44】 工程施工资质证不属于财产权利范畴，故权利质押合同无效 / 232

三十、股权质押及在破产重整中的处置 / 233

【案例45】 股权质权人不能代替出质股东在破产重整程序中行使股东权利而应列入普通债权人组表决 / 237

三十一、担保物上代位权在破产重整中的行使 / 241

【案例46】 工程款作为优先于抵押权受偿的债权，其效力当然及于抵押物的代位保险金 / 250

【案例47】 房屋抵押给银行期间被烧坏，法院基于承包人维修该房屋的工程款优先受偿权直接执行理赔款 / 253

专题一

建筑施工企业及其破产重整可行性

建筑施工企业是从事房屋、构筑物和设备安装活动的生产经营单位。建筑施工企业作为建筑业不可缺少的建设主体，在城乡基础建设中发挥了巨大作用，为国民经济发展作出了巨大贡献。但近几年由于经济大环境影响以及企业自身管理不善等多种原因，建筑施工企业纷纷倒下，出现了一股"破产潮"。为了拯救处于债务危机中的建筑施工企业，人民法院和破产管理人都尽最大的努力适用破产重整程序使之重获新生。这一专题先简要介绍建筑施工企业，然后分析建筑施工企业的破产原因及其破产重整的可行性问题。

一、建筑施工企业及其破产原因分析

《民法典》第三编"合同"第二分编"典型合同"第十八章规定的"建设工程合同"中的"建设工种"，按照自然属性可分为建筑工程、土木工程和机电工程三大类。我们这里主要阐述《建筑法》上的建筑工程，即该法第2条第2款规定的"各类房屋建筑及其附属设施的建造和与其配套的线路、管道、设备的安装"的工程。因建筑工程在通常情况下都由施工单位承建，故该法将施工单位称为建筑施工企业。建筑施工企业在企业登记上有建筑公司、安装公司、工程公司、工程局（处）等名称。

（一）建筑业在国民经济中的巨大作用

我国实行改革开放政策后，建筑业随着市场经济发展而不断壮大，现已成为国民经济的支柱产业，国家正从建筑大国迈向建筑强国。中国建筑业协会《2020年建筑业发展统计分析》公布的数据表明：2020年，全国有施工活动的建筑业企业11.6万家，从业人数5366.9万，具有资质等级的总承包和专业承包建筑业企业完成建筑业总产值26.4万亿元，完成竣工产值12.2万亿元，签订合同总额59.6万亿元（其中新签合同额32.5万亿元），房屋施工面积149.5亿平方米，实现利润8303亿元。根据住房和城乡建设部介绍，2020年建筑业增加值占国内生产总值的比重达到7.2%。建筑施工企业作为建筑业的主体，在建筑活动中的完成产值在社会总产值中占有相当比重，其创造的价值成为国民收入的重要组成部分，在国民经济中发挥了巨大的作用。建筑施工企业从事的建筑业，通过大规模的固定资产投资活动，为各行业的持续发展和人民生活的持续改善提供物质基础，同时带动了相关产业的发展和繁荣。建筑施工企业从事的建筑业容纳了大量的就业人员，特别是吸收了大量的农村剩余劳动力，为农民致富提供了良好的机遇。当前，国家和地方政府都在采取措施鼓励和支持建筑业现代化发展和高质量发展。

（二）从建筑工程特点看建筑施工企业的潜在风险

在肯定建筑业宏观上的地位和作用的同时，也应看到建筑施工企业微观上潜在的风险。建筑施工企业的主要业务是通过施工行为完成所承接的建筑工程项目。建筑施工企业所承建的工程项目与一般企业的经营项目相比有其自身的特点，但有不少法律和经济上的潜在风险。

1. 建筑工程规模大，施工成本投入巨大，容易造成债务风险

建筑工程随着国民经济的不断发展，其规模也在不断扩大。从现实情况看，小型建筑工程至少也需投资几十万元、几百万元，中型建筑工程需要投资几千万元、几亿元，大型建筑工程需要投资几十亿元、上百亿元甚至上千亿元，而建设单位给付的预付款、进度款一般不能满足建筑工程成本需要，故建筑施工企业承建大中型建筑工程需要投入巨额的施工成本。在此情况下，建筑施工企业如果自有资金不足，依赖银行贷款、民间借贷融资进行施工，就有可能造成债务风险。

2. 工程建设周期长，气候条件影响大，容易造成重大损失

建筑施工企业承建的工程项目，施工周期较长，有的一两年，有的甚至时间更长，且位置固定，工作场所局限，大多是露天、高空、地下、水下作

业，如果遭受恶劣气候影响，自然损耗较大，若遇到不可抗力的自然灾害，在建工程往往会遭受重大损失。

3. 建筑材料需求巨大，若遇价格暴涨，工程成本大增

在建筑工程中，材料成本占比约为56%，其中水泥约占材料成本的45%，钢材约占材料成本的40%。建筑工程经招投标订立施工合同后，建筑材料在建设期间的价格往往受市场需求、供给侧结构性改革以及节能减排等多方面影响发生上下波动，甚至出现震荡。建筑材料价格如果下降，对建设单位和建筑施工企业均为有利，但若暴涨，对建设单位和施工企业都极为不利。例如，截至2021年11月19日，全国综合钢材年度平均价格为5492元/吨，较2020年上涨36.3%。建筑工程成本徒增，致使不少建筑工程特别是房地产开发工程项目不得不暂时停建，结果造成建设单位和施工企业不少损失。为了减少这方面的损失，建筑施工企业一般倾向于签订"开口合同"，采取成本加成定价方式约定由双方分别承担风险，其中建筑施工企业仅承担材料价格小幅上涨的风险（如5%以内），超出部分由建设单位承担。但是，建筑施工合同明确约定单价或总价固定建筑工程款，包括市场价格涨跌、政策性调整等风险由建筑施工企业承受的，在建筑材料价格暴涨的情况下，建筑施工企业将会损失惨重。

4. 易发生安全生产事故，法律责任重大

大多数建筑工程为露天、高空、地下、水下作业，这容易发生安全生产事故。尽管《安全生产法》严格规范安全生产行为，安监部门也进行严格监管，但也有一些建筑施工企业片面追求规模发展和经济效益，安全生产意识淡薄，平时没有真正落实安全措施，且为节约管理成本，着意减少安全生产成本的必要投入，致使安全生产的物资和设备得不到有效保障，有的为了加快工程进度，甚至违章指挥，故意让施工人员违章作业，抱着一种侥幸心理进行工程建设，导致安全生产事故频发。建筑施工企业一旦发生严重的安全生产事故，在民事上应当承担支付医疗费用、伤亡赔偿等责任，在行政上将受到罚款、停工整改、暂扣安全生产许可证等处罚，如果发生重大伤亡事故或者出现其他严重后果，构成刑事犯罪的，主管人员和其他直接责任人员将按照《刑法》有关规定承担刑事责任。在依法承担这些法律责任的情况下，

不仅建筑施工企业需要承受经济损失，而且工程施工不能顺利进行，建筑施工企业甚至丧失建筑施工资格。

5. 建筑工程质量要求严格，若验收不合格将会造成重大经济损失

确保建筑工程质量是《建筑法》的立法目的之一，该法第六章专门规范了"建筑工程质量管理"问题，并明确规定"建筑工程实行总承包的，工程质量由工程总承包单位负责""建筑施工企业对工程的施工质量负责"。但在实践中，建筑工程质量经验收不合格的情况屡见不鲜，其中有技术原因，也有管理原因。然而，建筑施工企业盲目追求利润和盲目追赶进度是两大主要原因，如在施工过程中偷工减料、以次充好以及在临近工期届满时匆忙加快进度等，都有可能造成建筑工程质量问题。建筑工程出现质量问题经验收不合格的，建设单位有权请求建筑施工企业在合理期限内无偿修理或者返工、改建，因修理或者返工、改建造成逾期交付的，建筑施工企业应当承担违约责任；因建筑施工企业过错或者违约造成的建筑工程质量问题，修理、返工、改建的费用以及违约金由建筑施工企业承担，建筑施工企业因此遭受重大的经济损失。

（三）建筑施工企业破产的主要原因

根据《企业破产法》第2条的规定，破产原因包括债务人不能清偿到期债务并且资产不足以清偿全部债务和债务人不能清偿到期债务并且明显缺乏清偿能力两种情况。建筑施工企业的破产原因与其他企业法人的破产原因一样，都照此理解。但是，破产原因只是表明债务人丧失清偿能力的法律事实，那么是什么原因导致企业破产？这就涉及破产出现的原因问题。

破产的原因是指债务人实施某些行为或者发生某些客观事实结果使债务人丧失清偿能力而破产的各种因素，如管理不善导致严重亏损、遭受天灾人祸致使财产损失惨重等。破产可由单一因素造成，但在大多数情况下是由多种因素共同作用造成的。这里根据建筑工程建设的特点，分析导致建筑施工企业破产的几种主要原因。

1. 建筑工程风险过大或者风险累积过多

建筑施工企业疏忽风险控制或者风险控制不力，工程施工出现重大风险或者风险积累过多，造成重大经济损失无法承受，结果出现"资不抵债"

的，就有可能破产。例如，建筑施工企业承建的大中型建筑工程出现严重质量问题，需要投入大量资金返工或者改建，而其无法筹措资金进行返工或者改建，就会面临破产的风险。又如，建筑施工企业承建大中型工程项目，在负有巨额债务的情况下，在施工过程中又发生重大人员伤亡的安全生产事故，或遇重大自然灾害，致使在建工程遭受重大损失，在多重打击下，最终因"资不抵债"而破产。

2. 利用总承包资质盲目扩张企业规模

一些大中型建筑施工企业为了占有更多的建筑市场份额，利用建筑工程施工总承包资质、企业特级资质（施工综合资质）、可承建本类别各等级工程施工总承包业务的优势，设立几十家甚至几百家分公司、子公司，跨地区承接建筑工程业务，这有利于企业壮大发展。但若自身经济实力不足，过度依赖通过融资承建工程维持施工，盲目扩张企业规模，其风险很大。母公司或者总公司一旦资金支撑不住，又无力偿还到期债务，就会出现债务危机，当债务危机达到"资不抵债"程度时，就有可能发生多米诺骨牌效应，母公司与子公司以及关联分公司都将纷纷倒下一并破产。

3. 向民间高利借贷饮鸩止渴

建筑施工企业承建大中型建筑工程，在自有资金不足以承受施工成本的情况下，通常采取多种方式向银行贷款。但银行为了保障贷款安全，一般都要求提供财产抵押，而多数建筑施工企业难以提供与巨额贷款价值相当的抵押财产，有的建筑施工企业即使获得抵押贷款也难以满足其施工成本需求。从实践来看，具有特级资质、一级资质的建筑施工企业向银行贷款相对容易些，但二级资质以下的建筑施工企业如无可抵押财产就很难得到银行的支持。一方面建筑工程在建急需资金，另一方面贷款融资不足或者无法获得贷款。在这种情况下，许多建筑施工企业便将目光转向民间借贷，以高利息为诱饵，吸收民间资金，或者发动职工集资。通过民间借贷融资虽能解决眼前之急，但民间借贷利息很高，若借款数额巨大，借款时间长，施工利润不足以支付利息，将会形成难以偿还的庞大债务，这也是建筑施工企业破产的原因之一。

4. 为建设单位大量垫资而建设单位无力支付工程款

建设单位应当按照建筑施工合同的约定，按期足额支付预付款和进度款，但有些建设单位缺乏工程建设资金，往往要求建筑施工企业先行垫资。不少建筑施工企业为了争取建筑工程项目，愿意为承建工程垫资，有的甚至通过银行贷款、民间借贷途径筹集资金，宁愿自己负债也要为承建工程垫资。

在实践中，建筑施工企业为建设单位垫资也是有风险的，且有可能因此而破产。譬如，工程款经结算，建设单位无力支付垫资款，垫资款就会被拖欠。特别是房地产开发企业作为建设单位，如果因"资不抵债"而破产，垫资款若是普通债权，建筑施工企业将会遭受严重损失。如果建筑施工企业大量垫资款不能收回，又有大量债务不能清偿，结果出现《企业破产法》第2条规定的"明显缺乏清偿能力"的，其自身也会随着建设单位破产而破产。关于垫资问题，后面将做专题分析。

5. 盲目投资房地产开发

房地产开发企业作为发包方建设单位，建筑施工企业作为承包方施工单位，两者在建筑行业中是孪生兄弟，共生存又共患难。我国城乡居民随着生活水平的不断提高，对住房标准、质量、数量的要求越来越高，由此带来房地产开发行业二三十年的迅速发展，商品房市场异常火爆，房地产开发企业收益颇丰。而建筑施工企业竞争建筑工程项目异常激烈，为了维持生产不得不向房地产开发企业承诺各种各样的条件，如交付履约保证金、压低工程造价、为承建工程垫资等，在原本微利的基础上雪上加霜、步履艰难。建筑施工企业对房地产开发非常了解，认为房地产市场潜力巨大，发展前景非常广阔。于是，一些建筑施工企业转向投资房地产开发，有的将垫资款、工程款转为投资款，有的压缩建筑施工项目腾出资金投资，甚至通过借贷筹资另行设立房地产开发企业。后在房地产宏观政策调控下，房地产市场快速降温，商品房交易明显减少，房价开始走低。在此情况下，投资房地产开发的建筑施工企业受到双重打击，一方面房地产投资难以收回甚至亏损；另一方面建筑工程项目减少且利润降低，其中一些自有资金不足的建筑施工企业出现债务危机，最后因盲目投资房地产开发而破产。

此外，中标工程款过低、成本控制不力、建筑建材价格暴涨等也都是建筑施工企业破产的原因。

【案例1】利用工程施工总承包资质盲目扩张企业规模并过度依赖银行贷款融资导致企业破产

成龙建设集团有限公司（以下简称成龙集团）由两位股东于2001年5月16日出资成立，注册资本为3亿元人民币，经营范围为建筑工程施工总承包、市政公用工程施工总承包、水利水电工程施工总承包等，持有国家房屋建筑工程施工总承包特级、市政公用工程施工总承包一级、水利水电工程施工总承包三级等资质。

成龙集团在鼎盛时设有45家分公司，职工10,000余人，其中各类工程技术人员600多名，业务遍布全国各地，覆盖施工管理、市政工程、公路、城市轨道交通等，年完成产值30亿元，施工面积500万平方米，曾获中国建筑工程最高质量奖鲁班杯、浙江省钱江杯、浙江省优秀安装质量奖、全国优秀施工企业、全国建筑业先进企业等荣誉。

2019年，成龙集团营业收入增速放缓，盈利能力呈下滑趋势，后因疫情影响工程施工，净利润迅速下滑，账上资金持续下降，短期偿债风险激增，流动性资金面临枯竭，而资产结构中存货、预付款项、应收账款等占比较高，同时发生多起买卖合同纠纷和建筑工程合同纠纷，被法院列为被执行人。

2021年7月28日至8月10日，23名债权人以成龙集团不能清偿到期债务为由，向义乌市人民法院申请对成龙集团进行破产清算。义乌市人民法院于2021年9月22日作出民事裁定书，裁定受理成龙集团破产清算案，并于同日作出决定书，指定北京德恒（温州）律师事务所、浙江现代阳光律师事务所等担任管理人。

在债权申报期间，600多名债权人向成龙集团管理人申报债权，债权总额近30亿元，涉及金融借款类债权、债券类债权、工程项目债权、货款类债权、税收债权和170位职工的债权。

根据管理人分析，成龙集团破产主要有三大原因：一是为了跨地区承接建筑工程业务做大做强，利用工程施工总承包资质盲目扩张了45家分公司，后因建筑工程业务不足、管理不善以及其他原因，不得不注销（包括吊销）26家分公司，分公司数量减少近58%，其中经济损失不少；二是注册资本仅3亿元，年完成建安产值达30亿元，过度依赖银行贷款融资，至破产时尚有银行贷款债务5亿多元未能偿还;三是由于建筑工程业务减少,营业收入增速放缓,又受疫情影响,净利润迅速下滑,且存货、预付款、应收账款占比较高,占用大量资金不能流动,造成资金枯竭和断链,导致破产。

关于成龙集团破产重整的典型事例,将在后面有关问题中再做介绍和分析。

二、建筑施工企业破产重整的可行性分析

破产重整,是指对具备破产原因但又有维持价值和再生希望的债务人进行业务重组和债务调整,从而使其摆脱财务困境、恢复营业能力的法律制度。破产重整集中体现了破产法律的拯救功能,代表了现代破产法律的发展趋势。根据《企业破产法》第2条的规定,建筑施工企业不能清偿到期债务,并且资产不足以清偿全部债务或者明显缺乏清偿能力的,或者有明显丧失清偿能力可能的,可以向人民法院申请破产重整,通过业务重组和债务调整,摆脱财务困境,恢复营业能力,从而获救。

(一)破产重整的可行性

《企业破产法》设置重整制度的目的是拯救债务人,但债务人出现破产原因是否有药可救,则应视其是否具有拯救价值和拯救可能而定。从《企业破产法》及其司法解释的有关规定来看,在破产清算、破产和解、破产重整三大程序中,当债务人具有拯救价值和拯救可能时,应当优先适用和解程序和重整程序进行救治。但当债务人不具有拯救价值和拯救可能时,如"僵尸企业""无产可破企业",勉强对其进行破产重整是不妥的,一是浪费债务人的重整费用,二是浪费国家的行政资源和司法资源,三是反而损害债权人的利益。所以,应当果断地对其进行破产清算,让其退出市场,以体现破产清算的淘汰功能。《全国法院破产审判工作会议纪要》(2018年)第14条指出:"重整企业的识别审查。破产重整的对象应当是具有挽救价值和可能的困境企业;对于僵尸企业,应通过破产清算,果断实现市场出清。人民法院在审查重整申请时,根据债务人的资产状况、技术工艺、生产销售、行业前景等因素,能够认定债务人明显不具备重整价值以及拯救可能性的,应裁定不予受理。"

这里的"拯救可能性"即破产重整的可行性。那么，如何判断债务人破产重整的可行性？从各地司法实践来看，破产重整可行性需要达到以下几个要求：（1）符合国家产业结构调整政策，具有发展前景；（2）具有较好的品牌效应和品牌形象，消费者对其继续存在有所期待；（3）股权结构清晰，股东有继续经营的信心；（4）企业管理、经营团队和销售网络良好；（5）企业信用还有恢复的可能，所需资金还有融入的可能；（6）债转股的可能性较大；（7）工艺技术、专用权利、特许经营资质等无形资产具有一定的利用价值；（8）有较为确定的意向投资人准备注入资金；（9）继续经营价值大于清算价值，对债权人实现债权有利。

（二）建筑施工企业破产重整的可行性

建筑施工企业出现破产原因，但具备上述要求的，根据《企业破产法》第70条的规定，建筑施工企业自己可以向人民法院申请破产重整，债权人也可以向人民法院申请对建筑施工企业进行破产重整。债权人申请对建筑施工企业破产清算的，在人民法院受理破产申请后、宣告债务人破产前，建筑施工企业或者出资额占注册资本1/10以上的出资人，也可以向人民法院申请破产重整。本书认为，建筑施工企业持有的工程施工资质和依法享有的工程款超级优先受偿权是建筑施工企业破产重整的两大最为可行要素。

1. 工程施工资质在破产重整中的价值

根据《建筑法》的规定，为确保建筑工程质量和安全，建筑施工企业只有依法取得相应等级的资质证书后，方可在其工程施工资质等级许可的范围内从事建筑活动；建筑施工企业承包建筑工程必须依法取得相应资质证书，并在其资质等级许可的业务范围内承揽工程。《建筑法》还禁止建筑施工企业超越本企业资质等级许可的业务范围或者以任何形式用其他建筑施工企业的名义承揽工程；禁止建筑施工企业以任何形式允许其他单位或者个人使用本企业的资质证书承揽工程。而工程施工资质的取得是有规定条件要求的，且条件要求很高也非常严格，因此，可以说工程施工资质是建筑施工企业的"生命证件"。

工程施工资质虽是一种无形资产，但其取得成本很高，使用价值更高，经依法转让的实际价值也很高，因此，工程施工资质实际上是建筑施工企业的重要资产。在建筑施工企业出现破产原因时，价值较高的工程施工资质权益可以支撑破产重整，如建筑施工企业持有难得的总承包资质，通常都具有拯救价值和可能性，可作为建筑施工企业破产重整可行性的重要因素加以考量。

2. 工程款超级优先受偿权在破产重整中的优势

《民法典》第807条规定，建设工程的价款就该工程折价或者拍卖的价款优先受偿。最高人民法院《关于审理建设工程施工合同纠纷案件适用法律问题的解释（一）》第36条规定，承包人根据《民法典》第807条的规定享有的建设工程款优先受偿权优于抵押权和其他债权。由于工程款优于抵押权和其他债权受偿，故工程款债权在法理上被认为是一种超级优先受偿的债权。

从实践情况来看，建设单位拖欠建筑施工企业工程款是一种常见现象，同时应收工程款往往是建筑施工企业的最大债权。建筑施工企业在自有资金不足的情况下，一方面有大量工程款被建设单位拖欠而未能收回，另一方面不能偿还银行到期贷款、不能支付供应商的工程材料款等债务，于是有可能造成资金链断裂，出现《企业破产法》第2条规定的"不能清偿到期债务""资产不足以清偿全部债务或者明显缺乏清偿能力""有明显丧失清偿能力可能"而破产的情况。在建筑施工企业破产时，建筑施工企业行使工程款债权，即使其承建工程已经设立抵押权，也能就该工程折价或者拍卖的价款优于抵押权受偿，且建筑工程资产较为固定，建筑工程折价或者拍卖的价款一般都大于工程款债务，基于工程款超级优先受偿的优势，建筑施工企业破产重整就有希望。再者，在建筑施工企业破产重整的过程中，即使应收工程款不能及时收回分配给债权人，管理人也可以采取应收工程款抵偿债务的方式清偿债务，因债权人受让应收工程款债权后，对建筑工程折价或者拍卖的价款也享有超级优先受偿权，故债权人乐意接受。由此可见，工程款债权的超级优先受偿权为建筑施工企业破产重整提供了极为有利的可行性。

关于工程施工资质和工程款超级优先受偿权的具体问题后面将继续进行分析。

【案例2】 管理人采取"拆分式"重整将工程施工资质保留在运营板块，公开竞价引入投资人

2021年9月22日，义乌市人民法院裁定受理成龙集团破产清算案后，管理人经调查和分析后认为，成龙集团持有工程施工总承包特级资质、市政公用工程施工总承包一级资质、建筑装修装饰工程专业承包一级资质、机电工程施工总承包二级资质、工程设计建筑行业甲级资质、钢结构工程专业承包三级资质、古建筑工程专业承包三级资质、水利水电工程施工总承包三级资质，经评估资质权益近8000万元，成龙集团如果破产清算，这些资质将会因其主体灭失而失效，近8000万元资质价值将丧失殆尽，债权人可获得清偿的债权比例极低。如果进行破产重整，能使资质价值最大化，能够较大幅度提高全体债权人的清偿率，并能实现资源整合，继续发挥这些资质的应有作用。同时，成龙集团名下尚有多个工程项目尚未竣工结算，大量工程款债权尚未收回，如果进行破产清算，导致成龙集团主体灭失，涉及供应商、农民工等一系列债权问题就难以处理，并有可能不利于社会稳定。

据此，管理人决定采取"拆分式"重整模式，将成龙集团的上述资质与其他资产分拆为运营与非运营两个板块，将上述资质保留在成龙集团运营板块，通过公开竞价方式引入投资人，利用上述资质继续经营，并用资质价款清偿债务。为了保留成龙集团最有价值的工程施工总承包特级资质的有效性，管理人还专门制订了特级资质维护方案，采取措施以保留与该资质相适应的技术人员。除成龙集团上述资质外，成龙集团的其他资产和债务从成龙集团中被分拆出来，剥离到成龙集团分立或新设公司进行清算，清算完毕后注销分立公司或新公司。于是，既保留了成龙集团的上述资质，又清理了成龙集团的债权债务。

管理人以此为重点制订了成龙集团重整计划草案，后成龙集团向义乌市人民法院提交了重整申请书，认为成龙集团进行破产重整有利于提高债权清偿率，可以最大限度地维护债权人利益，请求将破产清算程序转换至破产重整程序。义乌市人民法院经审查认为，成龙集团重整计划草案具有可行性，便裁定成龙集团由破产清算转为破产重整。此后，债权人会议通过了成龙集团重整计划草案，义乌市人民法院裁定批准了该重整计划草案，并终止了成

龙集团重整程序，该重整计划后进入执行阶段。

三、工程施工资质在破产重整中的处置

工程施工资质，是指建筑施工企业以其拥有的注册资本、专业技术人员、技术装备和已完成的建筑工程业绩等为条件，经行政许可获得从事建筑施工活动的资格。建筑施工企业只有经有关部门行政许可取得工程施工资质证书，才可以承揽相应等级的建筑工程。这里分析工程施工资质及其在破产重整中的处置问题。

（一）建设工程企业资质管理制度的改革动向

为了加强对建筑活动的监督管理，保证建设工程质量安全，2015年原建设部制定了《建筑业企业资质管理规定》，就建筑业企业资质的申请与许可、延续与变更、监督管理与法律责任等作出了规定。

为了优化营商环境，放宽建筑市场准入限制，降低制度性交易成本，加快推动建筑业转型升级，2020年住房和城乡建设部制定了《建设工程企业资质管理制度改革方案》（建市〔2020〕94号），该方案提出了精简企业资质类别、归并等级设置、简化资质标准、优化审批方式等政策性意见。关于工程施工资质，该方案指出："……施工资质分为综合资质、施工总承包资质、专业承包资质和专业作业资质，工程监理资质分为综合资质和专业资质。资质等级原则上压减为甲、乙两级（部分资质只设甲级或不分等级），资质等级压减后，中小企业承揽业务范围将进一步放宽，有利于促进中小企业发展。""将10类施工总承包企业特级资质调整为施工综合资质，可承担各行业、各等级施工总承包业务；保留12类施工总承包资质……其中，施工总承包甲级资质在本行业内承揽业务规模不受限制。""住房和城乡建设部会同国务院有关主管部门制定统一的企业资质标准，大幅精简审批条件，放宽对企业资金、主要人员、工程业绩和技术装备等的考核要求。适当放宽部分资质承揽业务规模上限，多个资质合并的，新资质承揽业务范围相应扩大至整合前各资质许可范围内的业务，尽量减少政府对建筑市场微观活动的直接干预，充分发挥市场在资源配置中的决定性作用。""……开展企业资质审批权下放试点，将除综合资质外的其他等级资质，下放至省级及以下有关主管部门审

批……"由此可见，这次建设工程企业资质管理制度改革力度是比较大的，其中，将工程施工资质调整为综合资质、施工总承包资质、专业承包资质和专业作业资质4个序列，将施工资质等级原则上压减为甲、乙两级。

需要注意的是，在办理建筑施工企业破产重整案件时，无论工程施工资质在改革前取得至今尚未换证，还是在改革后取得新的资质，在维护方面都应遵守《建设工程企业资质管理制度改革方案》的规定以及按照该方案作出的新规章制度的规定。但建筑施工企业在资质改革中取得新的资质等级已经满足建筑工程要求的，在建筑施工企业破产重整中不能再以当时签订的建筑施工合同不符合资质要求而认定其为无效。

(二) 破产重整中的工程施工资质维护

建筑施工企业濒临破产时，整个企业往往处于涣散状态，取得工程施工资质的基础条件（标准条件）很有可能丧失，如建筑工程业绩明显下降，专业技术人员流失，技术装备被用以清偿债务，致使工程施工资质"命在旦夕"。根据《建筑业企业资质管理规定》第28条的规定，建筑施工企业取得工程施工资质证书后，应当保持资产、主要人员、技术装备等方面满足相应资质标准要求的条件；建筑施工企业不再符合相应资质标准要求条件的，有关部门应当责令其限期改正，逾期仍未达到资质标准要求条件的，资质许可机关可以撤回其资质证书。由此可见，在建筑施工企业破产重整中，工程施工资质作为破产重整的重要支撑，对其进行维护是一件非常重要的事情，特别是临近有效期的工程施工资质更需及时维护。这里以建筑施工总承包甲级资质为例，分析如何维护工程施工资质的问题。

建筑施工总承包甲级资质应当达到以下几个基本条件：(1) 在企业资产方面，净资产1亿元以上，企业近3年上缴建筑业增值税均在1000万元以上；(2) 在企业主要人员方面，建筑工程专业注册建造师不少于2人，技术负责人具有10年以上施工技术管理工作经历，且具有结构专业高级职称；(3) 在工程业绩方面，近5年承担过2类工程的施工总承包，工程质量合格。在建筑施工企业破产重整中，若需保持施工总承包甲级资质，就必须维持上述规定的条件。

1. 企业资产维护

净资产即所有者权益或股东权益，是指企业的资产总额减去负债以后的余额。净资产由两大部分组成：一是企业开办投入的资本包括溢价部分；二是企业在经营中创造的所有者权益包括接受捐赠的资产。建筑施工企业在资不抵债的情况下破产，其股东权益便消失殆尽，故在破产实践中通常都将股东权益调整为零。那么，在破产重整中出现这种情况，是否因净资产不符合规定条件，资质许可机关就应按照《建筑业企业资质管理规定》第28条的规定撤回建筑施工企业的资质证书？本书认为，在建筑施工企业破产重整中，如果能够引入重整投资人注入资金，就能够恢复净资产，但净资产恢复应当达到规定标准，如持有工程施工总承包甲级资质的建筑施工企业，其净资产应当恢复到1亿元以上。

2. 主要人员维护

建筑施工企业的主要人员主要是指建筑工程专业注册建造师和技术负责人。建筑施工企业出现破产原因，不能支付主要人员的劳动报酬，这些技术人员就有可能离职。为维护主要人员的规定条件，建筑施工企业及其管理人在破产重整中应当千方百计留住必需的技术人员，对未离职的予以挽留，对已离职的予以招回，或者另行招聘。在实践中，管理人通常会采取"留守"方式留住这些技术人员，对其在破产重整前的劳动债权予以优先保障，将其在破产重整期间的劳动报酬作为共益债务随时支付。

3. 工程业绩维护

工程施工总承包甲级资质企业的工程业绩应当具备"近5年承担过2类工程的施工总承包，工程质量合格"的条件。在破产重整中，建筑施工企业近5年尚不具备这一条件，但正在承包或者承建"2类工程的施工总承包"项目的，管理人不宜解除这些施工合同，反而应当大力支持，促使其保质保量按期完工。譬如，在破产重整时，这类工程项目正处于在建状态，但因缺乏资金不得不停建的，管理人可以采取"共益债务"方式帮助融资，使其得以续建，从而达到工程业绩要求。

建筑施工企业成功重整后，工程施工资质经维护达到规定条件的，应当向原资质许可机关申请重新核定建筑业企业资质等级。

（三）工程施工资质临近有效期的延续申请

《建筑业企业资质管理规定》第18条第1款规定："建筑业企业资质证书有效期届满，企业继续从事建筑施工活动的，应当于资质证书有效期届满3个月前，向原资质许可机关提出延续申请。"根据《建筑业企业资质管理规定》第30条的规定，工程施工资质证书有效期届满，建筑施工企业未依法申请延续的，资质许可机关应当依法注销建筑业企业资质，并向社会公布工程施工资质证书作废，然后予以收回。在破产重整中，工程施工资质证书临近有效期的，建筑施工企业或者管理人应当按照上述规定，向原资质许可机关提出延续申请，但若疏忽申请，致使工程施工资质被资质许可机关注销，将使以工程施工资质为可行性条件的破产重整失败。

（四）破产重整中工程施工资质的转让

工程施工资质是建筑施工企业根据自身所具备的标准条件取得的，资质证书上记载的法定代表人、企业名称、注册资金等内容都说明工程施工资质具有专属性特征，只能由持证建筑施工企业使用。《行政许可法》第9条规定："依法取得的行政许可，除法律、法规规定依照法定条件和程序可以转让的外，不得转让。"《建筑法》第26条第2款规定："……禁止建筑施工企业以任何形式允许其他单位或者个人使用本企业的资质证书、营业执照，以本企业的名义承揽工程。"《建筑法》第66条规定，建筑施工企业转让资质证书的，责令改正，没收违法所得，并处罚款，可以责令停业整顿，降低资质等级；情节严重的，吊销资质证书。由此可见，法律是禁止建筑施工企业转让工程施工资质的，如果非法转让，除转让行为无效外，转让者还应受行政处罚。

有人认为，法律既然禁止工程施工资质转让，那么就不能采取折价、拍卖方式转让工程施工资质。本书认为，上述规定的转让是指持有资质证书的企业向他人的转让，结果由他人持有工程施工资质证书，但当工程施工资质转让并不改变持有人时，则不适用上述禁止性规定；工程施工资质转让仅对工程施工资质本身而言，即工程施工资质不能单独转让，但工程施工资质作为一种具有财产价值的无形资产，根据《公司法》的有关规定，可以随着有形财产和股东股权的转让而转移。例如，管理人在破产重整中拍卖建筑施工企业的股东股权时，一并拍卖工程施工资质，重整投资人经竞买一并取得股权和工程施工资质，依照《建筑业企业资质管理规定》第19条的规定，办理法定代表人变更和资质证书变更手续的，工程施工资质仍保留在建筑施工企业，并不发生工程施工资质对外转移。

《建筑业企业资质管理规定》第21条规定："企业发生合并、分立、重组以及改制等事项，需承继原建筑业企业资质的，应当申请重新核定建筑业企业资质等级。"这里的"等"应当包括破产重整。建筑施工企业经破产重整后，工程施工资质持有人发生改变的，可以通过承继方式转移工程施工资质，但需重新核定工程施工资质等级。住房和城乡建设部《关于建设工程企业发生重组、合并、分立等情况资质核定有关问题的通知》（建市〔2014〕79号）也指出：建设工程企业发生重组、合并、分立等情况申请资质证书的，可按照有关规定简化审批手续，经审核净资产和注册人员等指标满足资质标准要求的，直接进行证书变更。

关于工程施工资质转移的问题，我们将在后面重整模式和工程施工资质质押担保中再做具体分析。

【案例3】 管理人成功维护工程施工资质后以资质为对应资产随股权拍卖成功

义乌市人民法院于2021年9月22日裁定受理成龙集团破产清算案并指定管理人，而成龙集团持有的建筑施工总承包特级资质将于2021年12月31日到期，余下的有效期只有3个月多几天。根据《建筑业企业资质管理规定》第18条第1款的规定，工程施工资质证书有效期届满，建筑施工企业继续从事建筑施工活动的，应当于资质证书有效期届满3个月前，向原资质许可机关提出延续申请。于是，成龙集团管理人一开始履职就遇到延续申请施工资质的紧急任务。同时，由于法院裁定受理成龙集团破产清算案，有些专业技术人员已经离职，在职的也有离职动向，保留资质所需的主要人员也就成为一项紧急任务。就此，成龙集团管理人为维护工程施工资质做了两件事情。

一是立即制订工程施工资质维护方案，拟订在成龙集团破产重整后，在工程施工资质主要人员方面，保持企业经理10年以上施工管理工作经历、技术负责人15年以上工程管理经历及相应高级职称和资格不变；主要专业技术人员维持规定人数，对缺位的技术负责人重新招聘；维持有效的管理组织结构、标准体系、质量体系、档案管理体系。

二是立即开始引入重整投资人，以免施工资质被注销。管理人在重整方案中拟采取"分拆式"重整，通过剥离施工资质的方式招募投资人，即将相关施工资质保留在成龙集团作为运营板块，并以该板块通过公开竞价方式引入投资人，用投资人提供的资金清偿重整债务；出于保持工程施工资质的需要，在职员工原则上由成龙集团承接。

管理人在转让成龙集团100%股权的同时，以运营板块中包括建筑工程施工总承包特级的8个资质为对应资产，在司法网络拍卖平台拍卖股权。成龙集团资质权益评估价不到8000万元，最后以最高竞价1亿元成交。最高竞价者在法院批准重整计划后成为成龙集团重整投资人，重整投资人在受让成龙集团全部股权的同时，承继了成龙集团的工程施工资质。

【案例4】 以股权转让为名、实则非法买卖资质的行为无效

2020年12月17日，娄某某通过微信向高某某询问："造价甲级最便宜多少，我想买。"2020年12月21日，高某某询问娄某某："造价甲级，打算什么时候开始弄呢？"娄某某回复："随时可以，看价格。"2021年2月2日，娄某某作为受让方，某某建筑工程公司作为转让方，某某企业管理咨询公司作为担保方，签订《股权转让协议》约定：某某建筑工程公司在某某设立子公司（目标公司），并成功将其拥有的工程造价咨询甲级资质分立到目标公司，该资质分立后，将目标公司100%股权转让给娄某某或娄某某指定的第三方，并通过分立方式将目标资质平移至目标公司，娄某某同意以本协议约定方式受让某某建筑工程公司上述拥有的目标公司100%股权，愿以355万元的价格向某某建筑工程公司支付包含工程造价咨询甲级资质的目标公司100%股权转让款；本协议签订后2个工作日内，娄某某应向某某建筑工程公司指定账户支付定金71万元，某某建筑工程公司收到定金后本协议生效；某

某建筑工程公司在收到定金后5个工作日内办理目标公司的设立；协议生效后，由某某建筑工程公司负责将工程造价咨询甲级资质迁出，拿到迁出函后2个工作日内，娄某某向某某建筑工程公司支付转让款项的20%，即71万元；某某建筑工程公司成功将工程造价咨询甲级资质平移至目标公司后，娄某某应该在3日内配合某某建筑工程公司完成股权变更，股权变更当日，娄某某结清全部余款213万元；在目标公司自注册之日起90个工作日内办理完成。该协议还约定，某某企业管理咨询公司对某某建筑工程公司的违约行为承担连带支付和赔偿责任。

该协议签订后，某某建筑工程公司向高某某账户转账71万元，并备注为股权转让费。2021年5月28日，目标公司取得工程造价咨询甲级资质证书。

2021年6月4日，娄某某向某某建筑工程公司及其执行董事郑某某（某某建筑工程公司唯一股东）邮寄关于决定终止股权转让协议的函，告知：某某建筑工程公司未在90个工作日内完成约定事宜，而且经其多次催问都未办理好相关约定事宜，故决定不再履行股权转让协议，并要求将预付的两笔款项退还。双方为此产生纠纷。

2021年6月9日，娄某某向鄞州区人民法院提出诉讼，请求：(1)确认原告与被告某某建筑工程公司、某某企业管理咨询公司于2021年2月2日签订的《股权转让协议》无效；(2)判令被告某某建筑工程公司返还原告已付款项142万元，并支付利息损失；(3)判令被告某某企业管理咨询公司、郑某某对被告某某建筑工程公司的上述债务承担连带清偿责任。并称涉案协议虽然名为《股权转让协议》，但本质上系高某某收取高额费用违法买卖资质，为原告注册的公司非法购买工程造价咨询甲级资质。该行为以合法形式掩盖非法目的并损害国家利益，涉案协议应属无效。民事法律行为无效后，行为人因该行为取得的财产，应当予以返还。被告某某企业管理咨询公司作为被告某某建筑工程公司的连带责任保证人应对被告某某建筑工程公司涉案合同项下的债务承担连带清偿责任。被告郑某某系被告某某建筑工程公司唯一股东，不能证明其财产独立于公司财产的，应对被告某某建筑工程公司的债务承担连带清偿责任。

鄞州区人民法院认为：本案争议焦点在于原告娄某某与被告某某建筑工

程公司、某某企业管理咨询公司签订的《股权转让协议》的效力问题。原告娄某某认为，虽然涉案协议名为《股权转让协议》，但实质是非法买卖工程造价咨询甲级资质，以合法形式掩盖非法目的并损害国家利益，应属无效。三被告则认为涉案协议双方交易的是某某建筑工程公司一方子公司（目标公司）的股权，并非直接交易资质，拥有工程造价咨询甲级资质的是子公司，日后开展经营活动的主体依然是子公司而非原告个人，不属于法律禁止的转让、出借资质证书的无效情形。涉案《股权转让协议》形式上对双方之间的股权转让的权利义务进行了约定，但从原告娄某某与高某某在合同签订前沟通、合同关于款项支付节点、合同履行方式的约定、实际履行情况来看，各方当事人的真实意思表示并非让原告娄某某实际经营目标公司而受让股权，实际是为了目标公司获取相应工程造价咨询甲级资质。而目标公司在形式上符合住房和城乡建设部《关于建设工程企业发生重组、合并、分立等情况资质核定有关问题的通知》规定的"企业全资子公司间重组、分立，即由于经营结构调整，在企业与其全资子公司之间、或各全资子公司间进行主营业务资产、人员转移，在资质总量不增加的情况下，企业申请资质全部或部分转移的"条件，而先将目标公司变更登记为具有工程造价咨询甲级资质的全资子公司，以便取得工程造价咨询甲级资质。由此可见，各方签订《股权转让协议》的真实意思是工程造价咨询甲级资质的转让，本案案由应为合同纠纷。

　　该转让行为的效力应当依照有关法律规定处理。《工程造价咨询企业管理办法》规定，工程造价咨询企业应当依法取得工程造价咨询企业资质，并在其资质等级许可范围内从事工程造价咨询活动。工程造价咨询企业不得涂改、倒卖、出租、出借资质证书，或者以其他形式非法转让资质证书。《行政许可法》规定，依法取得的行政许可，除法律、法规规定依照法定条件和程序可以转让的外，不得转让。虽然《关于建设工程企业发生重组、合并、分立等情况资质核定有关问题的通知》规定相关企业发生合并、分立、重组等情况时，可直接进行资质证书的变更，但上述规定系在企业正常经营过程中，符合资质申领条件的情况下，有关部门为方便服务企业，简化审批手续作出，而非允许相应资质借此形式在市场上任意流转。故原告娄某某与被告某某建筑工程公司之间的工程造价咨询甲级资质的转让行为违反法律法规强制性规定，损害社会公共利益，应属无效。原告要求确认其与被告某某建筑工程公司、某某企业管理咨询公司签订的《股权转让协议》无效，于法有据，法院予以支持。无效的民事法律行为自始没有法律约束力。被告某某建筑工程公司要求原告继续履行合同并支付转让款及逾期利息、律师费，依据不足，法院对此均不予支持。民事法律行为无效，行为人因该行为取得的财产，应当予以返还。原告要求被告某某建筑工程公司已支付的款项142万元，于法有据，法院予以支持。

关于原告主张的利息损失，从原告与被告某某建筑工程公司交易过程来看，其明知相关资质转让的限制规定，仍与被告某某建筑工程公司进行交易，亦存在过错，故对利息损失，法院不予支持。因涉案《股权转让协议》无效，其中关于被告某某企业管理咨询公司的担保责任约定"丙方对建筑工程公司的违约行为承担连带支付和赔偿责任"亦无效。主合同无效导致第三人提供的担保合同无效的，担保人有过错的，其承担的赔偿责任不超过债务人不能清偿部分的1/3。被告某某企业管理咨询公司应当明知相关资质转让的限制规定，仍为被告某某建筑工程公司提供担保，存在过错，应对被告某某建筑工程公司不能清偿部分的1/3承担赔偿责任。被告某某建筑工程公司系一人有限责任公司，被告郑某某作为公司股东，未提供证据证明公司财产独立于股东自己财产，应当对公司债务承担连带责任。原告要求被告郑某某对被告某某建筑工程公司的上述付款义务承担连带责任，法院予以支持。

鄞州区人民法院作出（2021）浙0212民初11357号民事判决书，判决如下：（1）确认原告娄某某与被告某某建筑工程公司、某某企业管理咨询公司签订的《股权转让协议》无效；（2）被告某某建筑工程公司返还原告娄某某142万元，限于本判决生效之日起10日内履行完毕；（3）被告某某企业管理咨询公司对被告某某建筑工程公司上述第二项付款义务中不能清偿部分的1/3承担赔偿责任；（4）被告郑某某对某某建筑工程公司上述第二项付款义务承担连带清偿责任；（5）驳回原告娄某某的其他诉讼请求。

某某建筑工程公司不服上述判决，向宁波市中级人民法院上诉，请求撤销一审判决第二项，发回重审或改判支持某某建筑工程公司的请求，如二审认为涉案协议应认定为无效的，则改判娄某某应向某某建筑工程公司补偿355万元。

宁波市中级人民法院认为：涉案《股权转让协议》的真实意思并非为了让娄某某实际经营目标公司而转让股权，而是通过目标公司获取相应工程造价咨询甲级资质，再将目标公司的股权转让给娄某某的形式，实现工程造价咨询甲级资质的转让。娄某某与某某建筑工程公司之间通过签订《股权转让协议》实质非法转让工程造价咨询甲级资质的行为，违反《行政许可法》《工程造价咨询企业管理办法》的规定，应属无效。无效的民事法律行为自始没有法律效力，且应以民事法律行为当时的法律法规作为判断依据。一审判决据此确认涉案《股权转让协议》无效，判决某某建筑工程公司返还娄某某已支付的142万元款项，某某企业管理咨询公司承担相应的赔偿责任，郑某某承担相应的连带清偿责任，并驳回某某建筑工程公司的反诉请求，均无不当。现目标公司的100%股权已变更登记为某某公司所有，尚未变更至娄某某或娄某某指定的第三方名下，故一审未对资质返还事项作出处理，并无不当。某某建筑工程公司提供的证据不足以证明某某建筑工程公司所谓的损失是娄某某造成，某某建筑工程公司关于娄某某应补偿某某建筑工程公司355万元的主张亦不能成立。宁波市中级人民法院作出（2021）浙02民终5718号民事判决书，判决驳回上诉，维持原判。

专题二

建筑工程施工承包合同及其效力

建筑工程施工承包合同（以下简称建筑施工合同），是指作为发包方的建设单位与作为承包方的施工单位为完成建筑工程施工任务而明确相互权利、义务的协议。建筑施工合同的核心内容是施工单位完成建设单位交给的施工任务和建设单位应按照约定支付工程款。在建筑施工企业破产重整中，管理人应当根据《民法典》和《建筑法》等有关法律的规定，对建筑施工合同的效力进行审查，经审查确认效力后，再结合其他材料确认施工单位与建设单位的债权债务数额。这一专题分析各种建筑施工合同及其效力问题。

四、建筑工程发包方式

在建筑施工合同中，建设单位是发包方，建筑施工企业是承包方。工程建设的发包与承包是从不同主体的视角对同一法律行为的表述，同时是订立建筑施工合同不可缺少的过程。根据《建筑法》的有关规定，我国建筑工程发包可分为公开招标、邀请招标、直接发包三种方式。

（一）建筑工程必须招标

必须招标是指某些建筑工程依照法律规定必须进行公开招标而不适用邀请招标或者直接发包的一种发包方式。《招标投标法》第 3 条规定，在我国境内进行下列建筑工程建设必须进行招标：（1）大型基础设施、公用事业等关系社会公共利益、公众安全的项目；（2）全部或者部分使用国有资金投资或者国家融资的项目；（3）使用国际组织或者外国政府贷款、援助资金的项目。这里的"必须"具有强制性,因此,《招标投标法》第 4 条规定,任何单位和个人不得将依法必须进行招标的工程项目化整为零或者以其他任何方式规避招标。

关于必须招标的具体建筑工程范围,国家发改委《必须招标的工程项目规定》(2018 年)作出更为明确的规定:

1. 全部或者部分使用国有资金投资或者国家融资的项目包括:(1)使用预算资金 200 万元人民币以上,并且该资金占投资额 10% 以上的项目;(2)使用国有企业事业单位资金,并且该资金占控股或者主导地位的项目。

2. 使用国际组织或者外国政府贷款、援助资金的项目包括:(1)使用世界银行、亚洲开发银行等国际组织贷款、援助资金的项目;(2)使用外国政府及其机构贷款、援助资金的项目。

3. 不属于上述规定情形的大型基础设施、公用事业等关系社会公共利益、公众安全的项目,必须招标的具体范围由国务院发展改革部门会同国务院有关部门按照确有必要、严格限定的原则制定,报国务院批准。如国家发改委《必须招标的基础设施和公用事业项目范围规定》规定,不属于《必须招标的工程项目规定》第 2 条、第 3 条规定情形的大型基础设施、公用事业等关系社会公共利益、公众安全的项目,必须招标的具体范围包括:(1)煤炭、石油、天然气、电力、新能源等能源基础设施项目;(2)铁路、公路、管道、水运,以及公共航空和 A1 级通用机场等交通运输基础设施项目;(3)电信枢纽、通信信息网络等通信基础设施项目;(4)防洪、灌溉、排涝、引(供)水等水利基础设施项目;(5)城市轨道交通等城建项目。

4. 在规定范围内的项目,其勘察、设计、施工、监理以及与工程建设有关的重要设备、材料等的采购达到下列标准之一的,必须招标:(1)施工单项合同估算价在 400 万元人民币以上;(2)重要设备、材料等货物的采购,单项合同估算价在 200 万元人民币以上;(3)勘察、设计、监理等服务的采购,单项合同估算价在 100 万元人民币以上。

在建筑施工企业破产重整中,管理人若发现并查明建筑工程属于上述必须招标的范围,建设单位未进行公开招标,而采用邀请招标,或者直接发包给建筑施工企业建设的,应当认定这种行为违反了法律强制性规定。《工程建设项目施工招标投标办法》（2013年修正）第86条规定，依法必须进行施工招标的项目违反法律规定的，中标无效。最高人民法院《关于审理建设工程施工合同纠纷案件适用法律问题的解释（一）》第1条规定，建设工程必须进行招标而未招标的，应当认定建筑施工合同无效。管理人在破产重整中发现并查明此类建筑施工合同，应当通过规定程序将其作无效处理。

（二）建筑工程邀请招标

邀请招标是招标人发出投标邀请书邀请特定的法人或者其他组织参与投标的一种发包方式。对建筑工程而言，邀请招标是建设单位选择一定数量（3个以上）的具有相应施工资质的建筑施工企业，向其发出投标邀请书，邀请参加投标竞争，然后从中选定中标人的一种招标方式。

邀请招标的适用客体也是必须招标的建筑工程，但邀请招标与公开招标比较，邀请招标的投标人数量较少，竞争开放程度较低，难以获得最佳竞争效益。再者，有些建设单位的负责人出于不正当目的，利用选择权控制招标人，甚者从中收受贿赂、回扣或者索取其他好处。对此，《招标投标法》严格控制邀请招标的建筑工程范围，其中第11条规定："国务院发展计划部门确定的国家重点项目和省、自治区、直辖市人民政府确定的地方重点项目不适宜公开招标的，经国务院发展计划部门或者省、自治区、直辖市人民政府批准，可以进行邀请招标。"《工程建设项目施工招标投标办法》第11条第1款规定，依法必须进行公开招标的项目，有下列情形之一的，可以邀请招标：（1）项目技术复杂或有特殊要求，或者受自然地域环境限制，只有少量潜在投标人可供选择；（2）涉及国家安全、国家秘密或者抢险救灾，适宜招标但不宜公开招标；（3）采用公开招标方式的费用占项目合同金额的比例过大。其中，涉及国家安全、国家秘密或者抢险救灾，适宜招标但不宜公开招标的工程项目进行邀请招标，按照国家有关规定需要履行项目审批、核准手续的，应当报项目审批部门审批、核准，其他项目由招标人申请有关行政监督部门作出认定。全部使用国有资金投资或者国有资金投资占控股或者主导地位并需要审批的工程建设项目，应当经项目审批部门批准，但项目审批部门只审批立项的，由有关行政监督部门批准。

在建筑施工企业破产重整中，管理人发现并查明建设单位未按上述规定履行审批手续或者未取得批准就进行邀请招标的，也属于《工程建设项目施工招标投标办法》第86条规定的"依法必须进行施工招标的项目违反法律规定"的行为，因此中标无效，双方订立的建筑施工合同在破产重整中亦应作无效处理。

（三）建筑工程直接发包

这里的直接发包，是指建设单位无须采取招标方式而直接将建筑工程发包给建筑施工企业的一种发包方式。《建筑法》第19条规定："建筑工程依法实行招标发包，对不适于招标发包的可以直接发包。"根据《工程建设项目施工招标投标办法》第12条的规定，依法必须进行施工招标的工程建设项目，有下列情形之一的，可以不进行施工招标：（1）涉及国家安全、国家秘密、抢险救灾或者属于利用扶贫资金实行以工代赈需要使用农民工等特殊情况，不适宜进行招标；（2）施工主要技术采用不可替代的专利或者专有技术；（3）已通过招标方式选定的特许经营项目投资人依法能够自行建设；（4）采购人依法能够自行建设；（5）在建工程追加的附属小型工程或者主体加层工程，原中标人仍具备承包能力，并且其他人承担将影响施工或者功能配套要求；（6）国家规定的其他情形。

【案例5】 政府投资的工程项目未依法进行招标就发包的无效

某某县政府为改善农村人居环境与某某建筑工程公司达成意见性协议，将农村基础设施二期工程项目交由某某建筑工程公司施工建设，某某建筑工程公司为此成立了项目部。2018年5月23日，某某县政府与某某建筑工程公司签订了《农村基础设施二期工程项目合作协议》，约定由某某建筑工程公司实施农村部分人居环境工程，但某某县政府在签订该协议前并未对该工程进行招标。某某建筑工程公司与某某县政府签订上述协议后，并未实际实施该工程的建设，而决定将该工程中的部分项目转包给黄某某挂靠的某某劳务公司，就此，某某建筑工程公司项目部与黄某某签订了《农村基础设施二期工程项目内部合作协议》。该内部协议约定：工程承包方式为合作，工期18个月，在招投标程序（3个月）内由黄某某、某某劳务公司垫资800万元。该内部协议签订后，黄某某向某某建筑工程公司项目部缴纳了50万元工程保证金，然后组织人员进场施工，后因发生工程款纠纷而停工，某某建筑工程公司将保证金退回黄某某。2018年12月3日，某某县政府与某某建筑工程公司解除了《农村基础设施二期工程项目合作协议》。

2019年8月，黄某某、某某劳务公司向麻江县人民法院提起确认合同无效纠纷诉讼称：由于案涉工程项目当时尚未进入招标程序，某某建筑工程公司并没有中标该项工程，故无权分包、发包；双方签订的合同实际就是一个转包关系，违反了法律规定，应属无效。请求判令双方签订的《农村基础设施二期工程项目内部合作协议》无效。

麻江县人民法院认为：某某县政府为实施人居环境整治，与被告某某建筑工程公司签订《农村基础设施二期工程项目合作协议》，将项目工程交由某某建筑工程公司实施，但尚未进行招标，而在此前，二原告黄某某、某某劳务公司与被告某某建筑工程公司项目部便签订了内部合作协议。从该内部协议内容看，事实上是将案涉工程进行分包。根据最高人民法院《关于审理建设工程施工合同纠纷案件适用法律问题的解释（一）》第1条，建设工程必须进行招标而未招标或者中标无效的，建设工程合同无效的规定和承包人非法转包、违法分包建设工程或者没有资质的实际施工人借用有资质的建筑施工企业名义与他人签订建设工程施工合同的行为无效的规定，黄某某系实际施工人，但挂靠某某劳务公司，故案涉的内部合作协议违反了上述法律规定，应为无效。

麻江县人民法院作出（2019）黔2635民初557号民事判决书，判决原告黄某某、某某劳务公司与被告某某建筑工程公司项目部于2018年3月28日签订的《农村基础设施二期工程项目内部合作协议》无效。

五、建筑工程招投标及其合同效力

建筑工程虽有上述三种发包方式，但因公开招投标最能体现公开、公平、公正原则，有利于控制建筑工程投资和降低造价，有利于防范腐败，促进廉政建设，因此《建筑法》实行"招标发包为主、直接发包为辅"的规则。实践中的通常做法是，能够公开招标的尽量公开招标，出于某些特殊原因不宜公开招标的，才可以邀请招标或者直接发包。建设单位采取公开招标方式发包建筑工程，建筑施工企业经过投标竞得建筑工程后，根据《建筑法》第15条的规定，双方应当依法订立书面的建筑施工合同。这里分析未经或已经招投标程序订立的建筑施工合同带有特殊性的几个效力问题。

（一）必须招标而未招标所订立施工合同无效的确认途径

建设单位与建筑施工企业就必须招标而未招标所订立的施工合同发生效力纠纷的，双方可经协商一致解除施工合同，并自行处理有关问题；不愿协商或者协商不成的，可向人民法院提起诉讼，由人民法院裁判确认无效。此类建筑施工合同经协商解除或者被判决无效后，建设单位可再行依法通过招投标程序发包建筑工程。此类建筑施工合同带入建筑施工企业破产重整的，管理人经审查发现，建设单位依法必须招标而未招标直接与建筑施工企业订立施工合同，合同效力的确认途径有所不同。

一是建设单位与建筑施工企业在建筑施工企业破产重整中一致承认施工合同无效，管理人经审查也认为无效的，可以直接认定无效，就此产生的债权债务在破产重整中依法处理即可。

二是在破产重整中，建设单位与建筑施工企业自愿解除必须招标而未招标所订立的建筑施工合同的，管理人应当允许解除合同，而不得要求继续履行。合同解除后，未招标违法行为随之消失，至于解除合同所产生的债权债务应在破产重整中依法处置。

三是一方认为有效而对方认为无效，认为无效方已经向人民法院提起确认合同无效纠纷诉讼的，管理人只能等待人民法院的裁判结果给出后再行处理有关债权债务。

四是管理人直接确认该类施工合同无效，而建设单位不服并认为合同有效的，因这种无效确认是管理人的履职行为，故建设单位应以管理人为被告向人民法院提起诉讼。

五是管理人认为这类施工合同无效，而建设单位认为有效的，因合同效力纠纷最终由人民法院确认，故管理人可以代表建筑施工企业向人民法院提起确认合同无效纠纷诉讼。

（二）必须招标而未招标合同无效的工程款的处置

依法必须招标而未招标所订立的施工合同虽为无效，但建筑施工企业或者实际施工人已经完成工程建设任务，并经竣工验收合格，在破产重整中向管理人申请按照建筑施工合同的约定支付工程款的，依照《民法典》第793条第1款"建设工程施工合同无效，但是建设工程经验收合格的，可以参照合同关于工程价款的约定折价补偿承包人"的规定，管理人应当予以受理，并安排为普通债权清偿。建筑工程经竣工验收不合格，承包人建筑施工企业或者实际施工人向管理人申报工程款债权的，管理人应当根据《民法典》第793条第2款和第3款的规定进行处理：一是建筑施工企业修复后的建设工程经验收合格的，承担修复费用后，建设单位应当支付工程款，工程款债权的优先受偿权不受影响；二是建筑施工企业修复后的建设工程经验收不合格的，无权请求参照合同关于工程款的约定折价补偿；三是建设单位对因建设工程不合格造成的损失有过错的，应当承担相应的责任，建筑施工企业由此产生的债权，应由管理人予以收回。

（三）中标通知与中标合同的效力

建设单位采取招标方式发包建筑工程，在最终中标人确定后，应当按照《招标投标法》第45条的规定，采取书面形式向中标人建筑施工企业发出中标通知书，然后签订施工合同。

1. 中标通知书及其效力

建筑工程中标通知书是指招标人建设单位在确定中标人后通知中标人建筑施工企业有关中标情况的书面文书。中标通知书是告知文书，也是订立建筑施工合同的法定凭证。中标通知书通常采取简明扼要方式载明工程名称、工程地点、建设规模、承包期限、质量等级、中标金额等中标内容，并告知中标人建筑施工企业在规定时间内与招标人建设单位签订建筑施工合同。根据《民法典》第483条"承诺生效时合同成立"的规定，建筑工程中标通知书是一种书面承诺，招标人建设单位一旦向中标人建筑施工企业发出中标通知书，就能产生成立中标合同的效力。

2. 中标合同

我国《民法典》《建筑法》《招标投标法》都没提及中标合同，所以中标合同不是法律上的概念，但最高人民法院《关于审理建设工程施工合同纠纷案件适用法律问题的解释（一）》第2条、第23条均出现"中标合同"。

《招标投标法》第46条规定："招标人和中标人应当自中标通知书发出之日起三十日内，按照招标文件和中标人的投标文件订立书面合同……"这里的"书面合同"就建筑工程而言，是指招标人建设单位与中标人建筑施工企业依照中标通知书和招标文件采取书面形式签订的建筑施工合同，即中标合同，或可称为中标建筑施工合同。建设单位依法可以直接发包的建筑工程，其与建筑施工企业直接签订的建筑施工合同，因为无须经过招投标程序，所以不是中标合同，相对中标建筑施工合同，这种建筑施工合同可称为直包建筑施工合同。由此可见，建筑施工合同是不是中标合同，应以建筑工程有无经过招投标程序进行区分。

中标人建筑施工企业收到中标通知书后，应当在规定时间内，依照中标通知书和有关招标文件已经确定的实质性内容，与招标人建设单位签订书面的建筑施工合同，并在该合同上盖章，法定代表人在该合同上签名，建筑施工合同至此生效。

建筑施工企业接到中标通知书后，也可以放弃中标建筑工程项目，不与建设单位订立建筑施工合同，但中标通知书和中标合同成立是具有法律效力的，中标人建筑施工企业放弃中标建筑工程属于违约行为，应当依照《工程建设项目施工招标投标办法》的有关规定承担法律责任。

（四）另行订立协议约定的实质性内容与中标合同不一致的处理

在实践中，有些建设单位和建筑施工企业，按照中标通知书和招投标文件已经确定的内容订立中标建筑施工合同后，为了逃避国家税收或者降低建筑工程成本，或者建筑施工企业让利给建设单位，双方就同一建筑工程另行订立协议，将中标建筑施工合同用于对外公开，而另行订立的协议不对外公开，即实践中所称的"阴阳合同"或"黑白合同"。

在通常情况下，双方当事人对已经订立并生效的合同，经协商一致是可以采取另行协议或者补充协议的方式进行变更的。但是，出于上述目的或者原因，在签订中标建筑施工合同后，双方另行订立协议，如果改变实质性内容，就会与中标通知书以及招投标文件已经确定的实质性内容不一致，这就会否定建筑工程招投标的结果、意义和作用,所以,《招标投标法》第46条第1款规定,"……招标人和中标人不得再行订立背离合同实质性内容的其他协议"。就此,最高人民法院《关于审理建设工程施工合同纠纷案件适用法律问题的解释(一)》第2条第1款规定:"招标人和中标人另行签订的建设工程施工合同约定的工程范围、建设工期、工程质量、工程价款等实质性内容,与中标合同不一致,一方当事人请求按照中标合同确定权利义务的,人民法院应予支持。"

关于实质性内容,上述解释将其规定为"工程范围、建设工期、工程质量、工程价款等"。这里的"等"还应包括工程地址、工程款支付方式、违约责任,这些内容涉及双方实质性权益的,也属实质性内容。实质性内容已经招投标程序确定,并通过订立中标建筑施工合同固化效力,如果通过另行协议予以改变,显然否定了招投标的结果,就有违招投标法律规定。因此,一方当事人向人民法院提起诉讼,请求按照中标建筑施工合同确定权利义务的,人民法院应当认定另行约定的与中标建筑施工合同不一致的实质性内容无效,并以中标建筑施工合同约定的实质性内容为准作出裁判。

(五)另行签订协议约定变相降低工程款的处理

工程款,是指承包人建筑施工企业因承包工程项目,按照建筑施工合同约定和工程结算办法规定结算后,从发包人建设单位取得的价款。工程款是建筑施工合同最为重要的实质性内容,也是建筑施工企业最为重要的合同权益,按约支付工程款是建设单位的主要义务。在双方签订中标建筑施工合同后,因实际施工条件、工程量发生变化等原因需要调整工程款的,经双方协商一致或者按照合同约定是可以变更的。但是,依法应当招标的建筑工程项目,工程款在招投标程序中通过竞价已经确定,并在中标建筑施工合同中已经明确约定,双方当事人在没有合理合法事由的情况下,以各种不正当的借口或者行为,通过另行约定变相降低工程款的,不仅否定了招投标的结果,还有可能导致建筑工程质量降低。

最高人民法院《关于审理建设工程施工合同纠纷案件适用法律问题的解释(一)》第2条第2款规定:"招标人和中标人在中标合同之外就明显高于市场价格购买承建房产、无偿建设住房配套设施、让利、向建设单位捐赠财物等另行签订合同，变相降低工程款，一方当事人以该合同背离中标合同实质性内容为由请求确认无效的，人民法院应予支持。"据此，双方当事人通过另行签订协议变相降低工程款，建筑施工企业以该协议背离中标合同实质性内容为由，向人民法院提起诉讼，请求按照中标建筑施工合同约定支付工程款的，人民法院应当认定另行约定的上述内容无效，以中标建筑施工合同约定的工程款为准作出裁判。

（六）不属于必须招标工程公开招标而另行签订协议作为工程款结算依据的问题

建筑工程属于法律规定必须招标的，建设单位必须进行公开招标，属于邀请招标的应当邀请招标，除此之外的建筑工程可以直接发包，也可以公开招标。因建筑工程依法公开招投标能够体现公开、公平、公正原则，所以对于不属于必须招标的建筑工程，建设单位选择公开招标的，这类建筑工程经招投标后签订的中标建筑施工合同的效力应当优于就同一建筑工程另行订立的协议。因此，最高人民法院《关于审理建设工程施工合同纠纷案件适用法律问题的解释（一）》第23条规定："发包人将依法不属于必须招标的建设工程进行招标后，与承包人另行订立的建设工程施工合同背离中标合同的实质性内容，当事人请求以中标合同作为结算建设工程价款依据的，人民法院应予支持，但发包人与承包人因客观情况发生了在招标投标时难以预见的变化而另行订立建设工程施工合同的除外。"据此，在处理另行签订的协议时需要注意以下几点：

一是所涉的内容也是实质性内容，即"工程范围、建设工期、工程质量、工程价款等"，除此之外的非实质性内容，因对当事人的权益影响不大，所以应许可当事人另行订立协议进行改变。

二是对这种另行签订的协议不宜作无效处理，但可否定其作为工程款的结算依据，也就是说，仍以中标建筑施工合同为依据结算工程款。

三是在招标投标时难以预见，后因客观情况发生变化，双方据此另行订立协议，如在施工期间钢筋、水泥价款暴涨，双方另行约定增加工程款的，属于合法合理行为，因此应按照另行签订的协议的约定结算工程款。

（七）中标建筑施工合同的备案

我国法律只规定招投标文件应当报请有关监督机构备案，而没有规定中标建筑施工合同必须报请有关行政机关备案。但2001年原建设部制定的《房屋建筑和市政基础设施工程施工招标投标管理办法》第47条第1款规定："招标人和中标人应当自中标通知书发出之日起30日内，按照招标文件和中标人的投标文件订立书面合同……订立书面合同后7日内，中标人应当将合同送工程所在地的县级以上地方人民政府建设行政主管部门备案。"2004年最高人民法院《关于审理建设工程施工合同纠纷案件适用法律问题的解释》（法释〔2004〕14号，已失效）第21条也随之规定："当事人就同一建设工程另行订立的建设工程施工合同与经过备案的中标合同实质性内容不一致的，应当以备案的中标合同作为结算工程价款的根据。"后因国务院提出"放管服"改革、简政放权，住房和城乡建设部在2018年修正《房屋建筑和市政基础设施工程施工招标投标管理办法》时删除了上述备案规定，此后不再实行中标合同备案制度。

在实践中，由于不少建筑工程的建设时间较长，有可能出现这样一种情况：当事人在中标合同备案制度实施期间报备了中标建筑施工合同，但中标合同备案制度被取消后，因另行签订的协议约定的实质性内容与备案中标建筑施工合同不一致而发生纠纷。就此，本书认为，已经备案的中标建筑施工合同不因备案制度被取消而失去效力，此类有效的中标建筑施工合同仍应作为结算工程款的根据，但在最高人民法院《关于审理建设工程施工合同纠纷案件适用法律问题的解释（一）》于2021年1月1日施行后，应当依照该解释的第23条规定进行处理。

【案例6】补充协议在客观情况未发生变化的情况下约定的下浮率计算工程款不能作为结算依据

2010年12月28日，A村合作社和B村合作社的某某路工业用房二期工程经公开招标后，与中标人某某建设公司签订了《建设工程施工合同》，约定合同价款为102,634,575.98元，工程款支付方式为按月完成工程量在下月10日之前支付工程款的50%，竣工验收后按审定造价每年支付16.7%，共3

年付清。2011年2月28日，双方就该工程签订了《施工合同补充协议书》，约定最后以审计为准的总工程款下浮10%结算。2013年7月8日，二期工程通过竣工验收。

某某建设公司便按照合同约定向A村合作社、B村合作社提交了竣工决算书，A村合作社和B村合作社委托工程咨询公司进行审核，工程咨询公司出具竣工结算审核报告，审定造价为92,829,803.12元。

2020年5月，因A村合作社和B村合作社未清偿某某建设公司部分工程款，某某建设公司便以A村合作社、B村合作社为被告，向吴中区人民法院提起建设工程施工合同纠纷诉讼，请求判令两被告立即支付工程款余款19,241,330.78元及逾期付款利息。

原告、被告在庭审中一致确认，本案所涉工程经过公开招投标程序，《建设工程施工合同》已经备案，但《施工合同补充协议书》未经过备案，亦未发生在招标投标时难以预见的变化。

原告、被告于2010年12月28日签订的《建设工程施工合同》约定的二期工程，未审定部分的工程有水电消防、水电安装、景观工程，后经鉴定合计15,616,440.65元。截至2018年11月16日，两被告已经支付合计94,192,699.66元。

吴中区人民法院认为，最高人民法院《关于审理建设工程施工合同纠纷案件适用法律问题的解释（一）》第23条规定："发包人将依法不属于必须招标的建设工程进行招标后，与承包人另行订立的建设工程施工合同背离中标合同的实质性内容，当事人请求以中标合同作为结算建设工程价款依据的，人民法院应予支持，但发包人与承包人因客观情况发生了在招标投标时难以预见的变化而另行订立建设工程施工合同的除外。"本案中，涉案工程属于非强制招投标项目，某某建设公司经过招投标程序成为本案所涉项目的建设方，并与两被告签订了《建设工程施工合同》，且原告、被告在庭审中一致确认，《施工合同补充协议书》签订时并未因客观情况发生了在招标投标时难以预见的变化，故应以中标合同作为结算建设工程款的依据，而不应按《施工合同补充协议书》约定的下浮率计算工程款。再结合鉴定报告书及补充鉴定结论书，经核算，二期工程的应付工程款合计110,859,569.57元，因已支付 94,192,699.66 元，尚结欠原告工程款 16,666,869.91 元。关于逾期付款利息，应以结欠的工程款为基数、按全国银行间同业拆借中心公布的贷款市场报价利率计算至实际给付之日止。

吴中区人民法院作出（2020）苏 0506 民初 3136 号民事判决书，判决两被告于该判决生效之日起 10 日内支付原告某某建设公司工程款人民币 16,666,869.91 元，逾期付款利息以 16,666,869.91 元为基数、按全国银行间同业拆借中心公布的贷款市场报价利率计算至实际给付之日止。

六、建筑工程总承包及分包的合同效力

《建筑法》第 24 条第 2 款规定："建筑工程的发包单位可以将建筑工程的勘察、设计、施工、设备采购一并发包给一个工程总承包单位，也可以将建筑工程勘察、设计、施工、设备采购的一项或者多项发包给一个工程总承包单位……"《民法典》第 791 条第 1 款规定："发包人可以与总承包人订立建设工程合同，也可以分别与勘察人、设计人、施工人订立勘察、设计、施工承包合同……"这里的总承包是相对于承包人建筑施工企业而言的，对发包人建设单位而言是总发包。建设单位采用总发包方式还是采用分包方式，应视工程项目大小、结构是否复杂以及实际需要和有关规定而定。

（一）建筑工程总发包的基本要求和主要责任

这里的总发包即上述规定中的总承包，是指建设单位将建筑工程的勘察、设计、采购、施工、质量、安全、工期和造价等全部发包给建筑施工企业的一种发包方式。

1. 建筑工程总发包的基本要求

根据《建筑法》与住房和城乡建设部、国家发改委《房屋建筑和市政基础设施项目工程总承包管理办法》（自 2020 年 3 月 1 日起施行）的有关规定，建设单位采取总承包方式发包建筑工程的，应当达到以下几个基本要求：

一是建筑工程项目应在有关部门核准或者备案后，建设单位才可采取总承包方式发包。其中，属于政府投资的工程项目，原则上应在初步设计审批完成后，才采取总承包方式发包；按照国家有关规定简化报批文件和审批程序的，应在完成相应的投资决策审批后，才可采取总承包方式发包。

二是总承包单位即总承包施工单位应当具有与工程规模相适应的工程设计资质和施工资质，或者由具有相应资质的设计单位和施工单位组成联合体进行联合总承包。例如，依法取得工程设计综合甲级资质的单位，可以承揽建筑工程总承包相关专业的承包业务。又如，已经依法取得工程施工综合资质的建筑施工企业，可以承揽各行业、各等级施工总承包业务，其中施工总承包甲级资质在本行业内承揽业务规模不受限制。

三是在建筑工程总承包项目范围内的设计、采购或者施工中，有任何一项属于依法必须进行招标的项目范围，且达到国家规定规模标准的，应当采用招标的方式选择总承包单位。

四是建设单位投资的工程项目总承包宜采用总价合同。已经采用总价订立的合同，除合同约定可以调整的情形外，合同总价一般不再调整。依法必须进行招标的项目，应当在充分竞争的基础上合理确定合同总价。

五是总承包施工单位应当设立项目管理机构，设置项目经理，配备相应管理人员，对工程总承包项目进行有效管理控制。项目经理应当具备《房屋建筑和市政基础设施项目工程总承包管理办法》第20条规定的条件。建筑施工企业承接总承包工程项目后，为了完成建筑工程的建设任务，应当设立项目经理部，依照规定条件配备项目经理。但项目经理部是建筑施工企业非常设的下属机构，不具有法人资格，项目经理部行为的法律后果，如项目经理部未按时完成施工任务、拖欠经项目经理签字的材料款等，均由建筑施工企业承担。

坚持上述基本要求实施建筑工程总承包，有利于建设工程的勘察、设计、施工等深度融合，有利于处理建设单位与施工单位、勘察与设计、总承包与分包等各种复杂的关系，有利于优化资源配置、减少资源占用、控制工程造价，有利于提高建设单位与施工单位的全面履约能力、工程施工效力，有利于确保工程质量，所以国家提倡和支持建设工程总承包。

2. 总承包施工单位的主要责任

《建筑法》和《房屋建筑和市政基础设施项目工程总承包管理办法》根据建设工程的特点，对总承包施工企业特别规定了一些禁止性规定和法律责任，用以保障建筑工程质量和安全。

一是总承包施工企业按照总承包合同的约定对建设单位负责，不得将总承包建筑工程分包给不具备相应资质条件的单位，不得违法将建筑工程支解发包，建筑工程主体结构的施工必须自行完成，不得分包给其他施工企业。

二是总承包施工企业应当依据总承包合同的约定对工期全面负责，对项目总进度和各阶段的进度进行控制管理，确保建筑工程按期竣工。

三是总承包施工企业和总承包项目经理依法承担工程质量终身责任。总承包施工企业对建筑工程质量负责，若将建筑工程项目分包给其他单位，应当对分包工程项目的质量与分包单位承担连带责任。

四是总承包施工企业对承包范围内工程的安全生产负总责，对分包单位的施工现场安全生产进行监督和管理，分包单位不服从管理导致生产安全事故的，由分包单位承担主要责任，但不免除总承包施工企业的安全责任。总承包施工企业和总承包项目经理在设计、施工活动中有转包、违法分包等违法违规行为或者造成工程质量安全事故的，按照法律法规对设计、施工单位及其项目负责人相同违法违规行为的规定追究责任。

五是总承包施工企业在建筑工程保修期内根据法律法规规定以及合同约定承担保修责任，而不得以其与分包单位之间存在保修责任划分为由拒绝履行保修责任。

六是在总承包合同未约定分包的情况下，总承包施工企业进行分包的，必须事先经建设单位认可；总承包施工企业擅自分包，事后建设单位又不予追认的，该分包合同对建设单位无效，由此造成建设单位损失的，由总承包人、分承包人承担连带责任。

（二）建设单位分包及其违法责任

这里的分包是指建设单位将建筑工程勘察、设计、施工、设备采购的一项或者多项分别发包给各个具有相应专业资质单位的一种承包方式。

1. 建设单位分包工程的经营自主权

《建筑法》第24条第1款虽然规定"提倡对建筑工程实行总承包"，但这里的"提倡"只具引导作用，而不具强制性，因此，《建筑法》第24条第2款还规定建设单位"也可以将建筑工程勘察、设计、施工、设备采购的一项或者多项发包给一个工程总承包单位",《民法典》第791条第1款也规定建设单位"也可以分别与勘察人、设计人、施工人订立勘察、设计、施工承包合同"。《房屋建筑和市政基础设施项目工程总承包管理办法》虽然对总承包进行了规范，但其第6条仍然规定，"建设单位应当根据项目情况和自身管理能力等，合理选择工程建设组织实施方式。建设内容明确、技术方案成熟的项目，适宜采用工程总承包方式"。由此可见，建设单位完全可以自行决定是总承包还是分承包。

2. 建设单位违法发包的法律责任

这里的违法发包，是指建设单位将工程发包给个人或不具有相应资质的单位、支解发包、违反法定程序发包及其他违反法律法规规定进行发包的行为。这里的违法主要是指违反《建筑法》第24条"禁止将建筑工程肢解发包"和"不得将应当由一个承包单位完成的建筑工程肢解成若干部分发包给几个承包单位"的规定，但建设单位违法发包不限于支解发包。《建筑工程施工发包与承包违法行为认定查处管理办法》（2019年）第6条规定，存在下列情形之一的，属于违法发包：（1）建设单位将工程发包给个人的；（2）建设单位将工程发包给不具有相应资质的单位的；（3）依法应当招标未招标或未按照法定招标程序发包的；（4）建设单位设置不合理的招标投标条件，限制、排斥潜在投标人或者投标人的；（5）建设单位将一个单位工程的施工分解成若干部分发包给不同的施工总承包或专业承包单位的。

建设单位作为发包人在发包工程时必须遵守有关法律、行政法规的规定，如果违反法律、行政法规的强制性规定，实施上述违法发包行为，有可能导致建筑工程承包合同无效、被解除等法律后果，有关行政机关还有权依照《建筑法》《建设工程质量管理条例》《招标投标法》《招标投标法实施条例》等有关规定给予建设单位行政处罚。

（三）支解发包及其合同效力

支解发包，是指建设单位将应当由一个承包单位完成的建设工程分解成若干部分发包给不同承包单位的行为。因支解发包容易导致建筑工程管理混乱，难以保证建筑工程的质量和安全，且往往造成建设工期延长、建设成本增加等不良后果，《建筑法》第24条第1款规定，"……禁止将建筑工程肢解发包"。《民法典》第791条第1款也规定："……发包人不得将应当由一个承包人完成的建设工程支解成若干部分发包给数个承包人。"建设单位违法支解发包建筑工程，根据《建筑法》第65条第1款的规定，由建设行政主管部门责令其改正，处以罚款。

至于由支解发包所订立的建筑施工合同在民法上有效还是无效？这是个有争议的问题，当前有以下两种不同意见：

一种意见认为，《建筑法》第24条虽然规定"禁止将建筑工程肢解发包"，第65条虽然规定对支解发包人给予"责令改正，处以罚款"的行政处罚，但支解发包仅为违反行政管理的行为，而现行有关民事法律没有规定支解发包是否导致双方所签订的建筑施工合同无效，故支解发包不会必然导致建筑施工合同无效的法律后果。

另一种意见认为，《建筑法》第24条规定的"禁止"和《民法典》第791条规定的"不得"都属于强制性规定，根据《民法典》第153条"违反法律、行政法规的强制性规定的民事法律行为无效"的规定，对支解承包合同应作无效处理。

本书认为，这里的支解仅为一种手段，建设单位将工程支解后发包给数个承包人的，也就会以分包形式出现，因支解分包违反《建筑法》的强制禁止性规定，所以属违法分包行为。因此，《建筑工程施工发包与承包违法行为认定查处管理办法》第5条规定的违法发包行为包括"肢解发包"，对支解承包合同应作无效处理。但违法分包合同在未被依法确认无效前，当事人根据《民法典》第806条第1款"承包人将建设工程转包、违法分包的，发包人可以解除合同"的规定，建筑施工合同已经解除的，因该基础合同终止了履行，违法分包合同随之不能继续履行，对已经履行的合同应当依照《民法典》第566条和第793条的规定进行处理。

建设单位与施工单位订立的总承包、分包合同以及违法分包合同被带入建筑施工企业破产重整程序的，管理人应当按照《建筑法》《民法典》《房屋建筑和市政基础设施项目工程总承包管理办法》的规定以及有关司法解释的规定，审查其效力并处理有关责任问题。

【案例7】 建设单位将工程支解发包给无施工资质自然人的行为无效，实际施工人虽可取得工程款但不享有优先受偿权

2019年6月20日，孙某某与某某置业公司（房地产开发企业）签订《消防扫尾工程施工合同》约定：由孙某某包工包料承包安装某某置业公司1~16号楼火灾自动报警系统、烟感系统、消防设备设施；工程款支付方式为现金支付，现金无法支付时可以协商以房抵顶工程款，房屋价格按开盘价格每平方米下浮300元执行；某某置业公司在签发竣工结算书后的14天内，完成对承包人的竣工付款（或抵顶合法房屋），逾期支付按照中国人民银行发布的同期同类贷款基准利率支付违约金。2019年12月18日，孙某某与某某置业公司签订《消防弱电连网工程合同》约定：孙某某承包某某置业公司1~19号楼消防弱电连网工程，工程完工之日起3个月内付清工程款。上述合同签订后，孙某某对工程进行了施工。2020年12月15日，双方签订竣工验收单载明验收合格。2020年12月20日，双方签订工程量结算确认单，确认两项工程款总额为1,109,386元。此后，孙某某多次向某某置业公司发送催款通知书，而某某置业公司未支付上述工程款。

孙某某向庄河市人民法院提起诉讼：（1）请求依法判令被告某某置业公司立即给付工程款1,109,386元及利息；（2）请求依法确认原告孙某某对上述第一项工程款就其施工范围内工程折价或者拍卖的价款享有优先受偿权；（3）确认被告某某置业公司无法以现金方式支付工程款时，其应以房屋价格按开盘价格每平方米下浮300元的标准履行以房抵顶所欠工程款的义务。

庄河市人民法院经审理认为，最高人民法院《关于审理建设工程施工合同纠纷案件适用法律问题的解释》第1条①规定："建设工程施工合同具有下列情形之一的，应当根据合同法第五十二条第（五）项的规定，认定无效：（一）承包人未取得建筑施工企业资质或者超越资质等级的；（二）没有资质的实际施工人借用有资质的建筑施工企业名义的；（三）建设工程必须进行招标而未招标或者中标无效的。"本案中，被告某某置业公司将建设工程发

---

① 本书案件中使用当时有效的法律法规。

包给没有资质的原告孙某某施工，双方签订的《消防扫尾工程施工合同》《消防弱电连网工程合同》，根据《合同法》第52条第5项的规定，应当认定无效。虽然案涉施工合同无效，但是原告施工的工程已经被告验收合格，工程款双方已经结算确认，根据最高人民法院《关于审理建设工程施工合同纠纷案件适用法律问题的解释》第2条的规定，被告应当参照合同约定向原告支付工程款。故对原告请求被告支付工程款1,109,386元及利息的诉讼请求，该院予以支持。

关于原告孙某某请求确认其对消防扫尾、消防弱电连网的工程款就其施工范围内工程折价或者拍卖价款享有优先受偿权的问题，该院认为，本案原告孙某某施工的工程为消防扫尾、消防弱电连网工程，并非主体工程，而是主体工程附属的分项工程，如果每个分项承包人都享有建设工程款优先受偿权，将会对工程的施工、利用以及交易安全造成较大的损害，且案涉消防扫尾、消防弱电连网工程不宜单独折价、拍卖，故对原告的该项诉讼请求该院不予支持。

关于原告孙某某请求确认某某置业公司无法以现金方式支付工程款时，其应以房屋价格按开盘价格每平方米下浮300元的标准履行以房抵顶所欠工程款的义务的诉讼请求，合同虽约定"现金无法支付时协商以房抵顶工程款，房屋价格按开盘价格每平方米下浮300元执行"，但综合本案，原告、被告双方尚未就抵顶工程款事宜达成抵房协议，被告诉请无事实依据，故该院不予支持。

庄河市人民法院作出（2021）辽0283民初2475号民事判决书，判决如下：（1）被告某某置业公司于本判决发生法律效力之日起15日内给付原告孙某某工程款1,109,386元及利息；（2）驳回原告孙某某其他诉讼请求。

因上述判决不支持孙某某主张的优先受偿权和以房抵顶欠款的诉讼请求，孙某某在上述判决生效后向大连市中级人民法院申请再审。大连市中级人民法院经审理认为，《民法典》施行前的法律事实引起的民事纠纷案件，适用当时的法律、司法解释的规定。案涉施工合同签订于《民法典》施行前，应当适用当时的法律、司法解释的规定。《合同法》第286条规定："发包人未按照约定支付价款的，承包人可以催告发包人在合理期限内支付价款。发包人逾期不支付的，除按照建设工程的性质不宜折价、拍卖的以外，承包人可以与发包人协议将该工程折价，也可以申请人民法院将该工程依法拍卖。建设工程的价款就该工程折价或者拍卖的价款优先受偿。"最高人民法院《关于审理建设工程施工合同纠纷案件适用法律问题的解释（二）》第17条规定："与发包人订立建设工程施工合同的承包人，根据合同法第二百八十六条规定请求其承建工程的价款就工程折价或者拍卖的价款优先受偿的，人民法院应予支持。"根据上述规定，工程款优先受偿权请求权的主体为"承包人"，即工程承包人可以基于法律规定或者合同约定，直接请求对工程款行使优先受偿权。本案中，再审申请人孙某某与被申请人某某置业公司在签订《消防扫尾工程施工合同》时，因孙某某系无施工资质的自然人，故上述合同应认定为无效。根据合同约定来看，该合同所涉工程属于扫尾工程，孙某某并非案涉工程主体工程的承包人，其施工的是主体工程附属的分项工程。而且，根据相关联案件来看，案涉工程烂尾后，被申请人某某置业公司将扫尾工程支解后发包给若干主体进行施工，孙某某系其中之一。在支解发包的情况下，存在多个承包人，且承包人均与发包人签订了建设工程施工合同。在支解发包合同中，不仅发包人有过错，承包人也有过错。在存在多个承包人的情况下，如果每个承包人都享有工程款优先受偿权，将会对工程的施工、利用以及交易安全造成较大的损害，尤其是承包非主体工程的承包人，其可能因为一小部分分项工程的价款而对全部建设工程行使工程款优先受偿权，对施工秩序和交易秩序的影响都非常大。故在支解发包的情况下，承包非主体工程的承包人不享有工程款优先受偿权。孙某某非上述《合同法》第286条规定的"承包人"，原审判决未予支持再审申请人某某置业公司关于工程款优先受偿权的诉讼请求并无不当，其再审理由该院不予支持。

大连市中级人民法院作出（2021）辽02民申512号民事裁定书，裁定驳回孙某某的再审申请。

七、承包单位分包及其合同效力

建筑工程分包有两类：一类是建设单位分包工程，这个问题前面已经阐述过；另一类是承包单位对承包工程进行分包。在承包单位分包建筑工程中，承包人的分包人，对方是分承包人，在建筑领域承包单位分包工程是十分普遍的现象，但分包有合法与非法之分，其中有许多法律问题值得分析和解决。这里分析承包单位分包工程的法律问题。

(一) 承包单位分包工程的基本要求

这里的分包专指总承包人或者勘察、设计、施工承包人承包建筑工程后将其承包的部分工程发包给他人的行为。《建筑法》第29条第1款规定："建筑工程总承包单位可以将承包工程中的部分工程发包给具有相应资质条件的分包单位……"《民法典》第791条第2款规定："总承包人或者勘察、设计、施工承包人经发包人同意，可以将自己承包的部分工作交由第三人完成……"根据这些规定，建筑工程总承包单位与建设单位订立总承包合同后，可以将总承包合同内的部分工程项目进行分包，但必须"发包给具有相应资质条件的分包单位"，也就是说，分包单位（分承包人）必须具有相应资质条件，这是建筑工程分包的基本要求。

在分包方法上，建设单位与总承包单位在总承包合同中已经明确约定许可总承包单位将部分工程分包的，总承包单位按照约定即可自行分包；总承包合同未约定总承包单位可以分包，而总承包单位将部分工程进行分包的，应当事先取得发包人建设单位的同意，或者事后得到建设单位的认可。总承包单位与分承包人订立分包合同后，总承包单位并不退出工程承包关系，仍以总承包人的身份与发包人建设单位以及分承包人维持一系列的法律关系。

(二) 承包单位违法分包行为

这里的违法分包，是指承包单位违反法律、行政法规的强制性规定把所承包的单位工程或分项工程分包给他人的行为。这里的"单位工程"是指具备独立施工条件并能形成独立使用功能的建筑物或构筑物。这里的"分项工程"是指单独经过一定施工工序就能完成，并且可以采用适当计量单位计算的建筑或安装工程。

《建筑法》第29条第3款规定："禁止总承包单位将工程分包给不具备相应资质条件的单位。禁止分包单位将其承包的工程再分包。"结合《建筑法》其他禁止性规定，工程承包单位承接建筑工程后的违法分包行为主要表现为：(1) 总承包单位将部分工程分包给不具备相应资质条件的单位或者个人；（2）建设工程总承包合同中未有约定，又未经建设单位认可，承包单位将其承包的部分建设工程交由其他单位或者个人完成；（3）施工总承包单位将建设工程主体结构的施工分包给其他单位；（4）分包单位将其承包的建设工程再分包。

《建筑工程施工发包与承包违法行为认定查处管理办法》第12条对违法分包行为作出更为具体的规定：（1）承包单位将其承包的工程分包给个人的；（2）施工总承包单位或专业承包单位将工程分包给不具备相应资质单位的；（3）除钢结构工程外，施工总承包单位将施工总承包合同范围内工程主体结构的施工分包给其他单位的；（4）专业分包单位将其承包的专业工程中非劳务作业部分再分包的；（5）专业作业承包人将其承包的劳务再分包的；（6）专业作业承包人除计取劳务作业费用外，还计取主要建筑材料款和大中型施工机械设备、主要周转材料费用的。

（三）违法分包合同无效及工程款处置问题

建筑工程承包单位违反《建筑法》有关强制性规定与分承包人订立工程施工分包合同，根据《民法典》第153条"违反法律、行政法规的强制性规定的民事法律行为无效"的规定应将该类合同做无效处理。

最高人民法院《关于审理建设工程施工合同纠纷案件适用法律问题的解释（一）》第1条第2款规定："承包人因转包、违法分包建设工程与他人签订的建设工程施工合同，应当依据民法典第一百五十三条第一款及第七百九十一条第二款、第三款的规定，认定无效。"那么，在分包合同被认定无效的情况下，分承包人的工程款及其优先受偿权又如何处理？对这个问题的处理与建设单位违法分包基本相同。

根据该解释第43条、第44条的规定，实际施工人（包括分承包人）以发包人为被告向人民法院提起诉讼主张工程款债权的，人民法院应当追加违法分包人为第三人，在查明发包人欠付违法分包人工程款的数额后，判决发包人在欠付工程款范围内对实际施工人承担责任；违法分包人怠于向发包人行使到期工程款债权，影响实际施工人到期工程款债权实现的，实际施工人可以向人民法院提起代位权诉讼。但是，上述解释没有规定实际施工人对工程款的优先受偿权，故实际施工人主张工程款优先受偿权的，人民法院不予

（四）违法分包合同在破产重整中的解除问题

在建筑施工企业破产重整程序中，管理人应当按照上述有关规定认定违法分包合同无效。但根据《民法典》第806条第1款的规定，建筑工程承包人将建设工程违法分包的，发包人建设单位可以解除与承包人施工单位订立的建筑施工合同。据此规定，在建筑施工企业破产重整程序中，建筑施工合同未履行完毕，如承包人未完成工程施工任务，发包人也未支付全部工程款的，发包人建设单位因承包人违法分包向管理人提出解除建筑施工合同，管理人应当许可其解除合同。发包人建设单位未提出解除建筑施工合同的，管理人也可以根据《企业破产法》第18条的规定，单方决定解除建筑施工合同。

建筑施工合同被依法解除后，违法分包合同也应终止，此时没有必要再行通过其他程序认定违法分包合同无效。但建筑施工合同终止不影响其中结算条款的效力，工程款仍应按照建筑施工合同中约定的结算条款进行结算。故《民法典》第806条第3款规定："合同解除后，已经完成的建设工程质量合格的，发包人应当按照约定支付相应的工程价款；已经完成的建设工程质量不合格的，参照本法第七百九十三条的规定处理。"

【案例8】 违法分承包人的工程款债权在承包人破产程序中只能提起确认之诉而不能请求给付

某某房开公司（以下简称房开公司）将某某住宅小区（以下简称住宅小区）开发工程发包给某某建筑公司（以下简称建筑公司）施工。2012年4月17日和2013年9月8日，建筑公司的工程项目部与李某某签订两份《建筑工程脚手架承包合同》约定，建筑公司以包工包料的方式将住宅小区脚手架搭拆工程分包给李某某施工。2016年2月4日上述工程竣工验收。2017年1月10日，因脚手架钢管是由薛某某租赁，故薛某某与李某某结算工程款。经结算，薛某某向李某某出具欠条载明：今欠李某某某某工地外架搭拆民工工资人民币400,000元整，2017年12月内付清。但之后，薛某某尚欠剩余款项350,917元未予支付。

2020年3月26日，温州市中级人民法院裁定受理债权人对建筑公司的破产清算申请，后指定北京德恒（温州）律师事务所、上海汇同清算事务有限公司担任建筑公司管理人。

李某某向龙港市人民法院提起建设工程合同纠纷诉讼，请求判决薛某某、建筑公司、房开公司共同偿还李某某的施工工程款350,917元并赔偿经济损失。

龙港市人民法院认为，建筑公司从房开公司处承包住宅小区工程后，将其中脚手架施工工程分包给没有相应施工资质的李某某，构成违法分包建设工程，因此李某某与建筑公司之间签订的两份《建筑工程脚手架承包合同》均为无效。但涉案工程已经竣工验收合格，根据最高人民法院《关于审理建设工程施工合同纠纷案件适用法律问题的解释》第2条的规定，李某某有权请求建筑公司按照涉案合同约定支付工程款。房开公司提供的确认书载明薛某某系建筑公司的内部承包人，且建筑公司也认可涉案工程由被告薛某某承包，因此被告薛某某有权代表建筑公司与李某某结算工程款。虽然薛某某出具的欠条载明欠款性质为民工工资，但结合两份《建筑工程脚手架承包合同》，应认定涉案款项为脚手架工程的工程款，现薛某某与李某某已就涉案工程款进行结算，故建筑公司尚欠李某某工程款350,917元的情况属实。关于工程款利息，建筑公司逾期支付工程款，应赔偿由此造成的李某某的利息损失，但根据《企业破产法》第46条第2款的规定，附利息的债权自破产申请受理时起停止计息。温州市中级人民法院已于2020年3月26日裁定受理建筑公司破产清算的申请，因此涉案工程款利息损失计算至2020年3月26日。建筑公司已进入破产程序，李某某只能提起以确定债权金额为目的的确认之诉，其涉案债权的清偿应通过建筑公司的破产程序予以处理。故李某某要求建筑公司给付工程款的诉讼请求，法院不予采信。薛某某以其个人名义向李某某出具欠条，李某某据此要求薛某某承担还款责任，理由正当，应予支持。

至于房开公司的还款责任问题。根据最高人民法院《关于审理建设工程施工合同纠纷案件适用法律问题的解释（二）》第24条规定："实际施工人以发包人为被告主张权利的，人民法院应当追加转包人或者违法分包人为本案第三人，在查明发包人欠付转包人或者违法分包人建设工程价款的数额后，判决发包人在欠付建设工程价款范围内对实际施工人承担责任。"房开公司承担付款责任的前提是房开公司确实欠建筑公司工程款，但李某某无法证明房开公司确实欠建筑公司工程款，故李某某要求房开公司承担付款责任，依据不足，不予支持，李某某可待房开公司欠建筑公司工程款事实确定后另案主张权利。

龙港市人民法院作出（2020）浙0383民初329号民事判决书，判决如下：（1）确认李某某对建筑公司、薛某某享有工程款350,917元及利息损失（自2018年1月1日起至2019年8月19日止，按中国人民银行同期同档次贷款基准利率计算；自2019年8月20日起至2020年3月26日止，按同期全国银行间同业拆借中心公布的贷款市场报价利率计算）的债权。（2）薛某某于本判决生效之日起10日内支付李某某上述款项。（3）驳回李某某的其他诉讼请求。

李某某不服上述一审判决，向温州市中级人民法院提起上诉称：房开公司尚欠工程款的证据充分，李某某无须举证；李某某请求房开公司在欠付工程款范围内承担责任符合最高人民法院《关于审理建设工程施工合同纠纷案件适用法律问题的解释（二）》第24条的规定。请求撤销原审判决，改判支持李某某一审诉讼请求。

温州市中级人民法院认为，本案二审争议焦点为房开公司是否应与建筑公司、薛某某对李某某共同承担工程款偿付责任。首先，最高人民法院《关于审理建设工程施工合同纠纷案件适用法律问题的解释（二）》第24条所规定的"发包人在欠付工程价款范围内对实际施工人承担责任"，系突破合同相对性而赋予实际施工人的请求权，其责任性质并非发包人与违法分包人或转包人的共同责任。其次，适用上述司法解释判决"发包人在欠付工程价款范围内对实际施工人承担责任"的前提是查明发包人欠付工程款的数额，现房开公司与建筑公司关于工程款结算的建设工程合同纠纷案件尚在另案审理过程中，即房开公司欠付建筑公司的工程款数额尚未明确，故本条款适用条件尚未成就，李某某以房开公司一审提交的起诉状为由主张房开公司欠付工程款超过本案诉请金额，该理由不能成立，因诉请金额并非最终认定金额，不能作为本案适用前提。最后，建筑公司作为涉案工程违法分包人，现已进入破产程序，破产财产的分配与执行亦应遵照破产相关法律法规的规定。故李某某请求房开公司在本案中与建筑公司、薛某某对其共同承担工程偿付责任，理由不能成立，一审驳回其该项诉请正确，法院予以维持。温州市中级人民法院作出（2021）浙03民终1416号民事判决书，判决驳回上诉，维持原判。

【案例9】 承包人已向分包人支付工程款，不再对违法分包人承担连带清偿责任

2017年，某某集团建设中心（以下简称集团建设中心）与某某装饰公司（以下简称装饰公司）签订施工合同约定：集团建设中心将某某地块的办公及科研楼一标段精装修工程发包给装饰公司。2017年5月15日，装饰公司与某某劳务公司（以下简称劳务公司）签订劳务分包合同，装饰公司将一标段工程的部分劳务作业内容分包给劳务公司。2017年6月9日，装饰公司与某某建筑公司（以下简称建筑公司）签订劳务分包合同，将一标段工程的另外部分劳务作业内容分包给建筑公司。承包人装饰公司委派郑某某为分包合同价款收取负责人。劳务公司、建筑公司在分包工程后将其承包的劳务作业内容转包给郑某某、季某某、王某某。此前的2017年4月27日，郑某某为甲方，季某某、王某某为乙方，双方签订《合作协议书》约定：郑某某将一标段工程三层装修工程、电气工程、设备工程等以包工包料方式承包给季某某、王某某施工，季某某、王某某应向郑某某上交本工程结算总造价的10%的管理费。2020年1月16日，郑某某与季某某、王某某签订结算表与承诺书。该结算表与承诺书载明，一标段工程《合作协议书》的结算事项已经全部结算完成，具体结算见下：（1）结算总价为3,304,430元；（2）应扣代购材料款为725,465元；（3）应扣管理费为330,430元；（4）应扣项目部其他业务费157,801元；（5）已支付金额1,305,734元；（6）实际未付金额785,000元。该结算表与承诺书还载明：2020年1月20日前，郑某某在收到季某某发票385,000元后及时办理付款手续，余款待郑某某拿到结算款并收到400,000元发票后，及时办理付款手续，并一次性支付季某某剩余款项

400,000元，至此双方关于以上项目的合作全部完成。结算表与承诺书签订后，2020年1月22日，季某某、王某某未能提供385,000元的发票，郑某某在扣除税金后，向季某某、王某某支付354,200元。

2018年1月17日，一标段工程经竣工验收合格。2020年9月21日，集团建设中心与装饰公司签署工程结算审定签署表，确认审定结算金额为18,694,400元，至2021年1月26日，集团建设中心向装饰公司付清工程结算价款。

2021年7月，王某某、季某某以郑某某、装饰公司为被告向北京市昌平区人民法院起诉，请求判令被告郑某某支付原告装修工程款共计400,000元，装饰公司对郑某某欠付的工程款承担连带清偿责任。

郑某某辩称：结算方装饰公司与郑某某的结算工作已完成，但原、被告内部结算还存在问题，原告所诉的400,000元与事实不符，即应该分摊扣除的却没有扣除，故原告提供的结算表及承诺书不能作为双方最后结算的依据，请求法庭驳回原告的诉讼请求。

装饰公司辩称：其作为该工程的承包人，涉案的债权债务已经全部结清，请求法院依法驳回原告对其的诉讼请求。

北京市昌平区人民法院认为，根据《民法典》第791条第3款的规定，禁止承包人将工程分包给不具备相应资质条件的单位，禁止分包单位将其承包的工程再分包。本案中，郑某某与季某某、王某某就一标段工程相关项目签订《合作协议书》，根据郑某某的陈述，劳务公司、建筑公司将其承包的劳务作业内容转包给郑某某、季某某、王某某，郑某某与季某某、王某某之间系合作关系，但根据《合作协议书》的相关条款内容，该协议在实质上应属于分包合同关系。因该《合作协议书》违反法律的强制性规定，故应属无效。根据本案查明的事实，一标段工程已经竣工验收合格，故季某某、王某某向郑某某主张欠付工程款，具有事实和法律依据。就价款结算及付款事宜，季某某、王某某与郑某某签署结算表及承诺书，约定郑某某未付价款为785,000元，其中余款400,000元待郑某某拿到集团建设中心结算款并收到400,000元发票后一次性支付，该约定系双方当事人的真实意思表示，对双方具有法律约束力，双方均应依约履行。现该结算表及承诺书约定的付款条件已成就，故季某某、王某某要求郑某某支付欠付的工程款400,000元，于法有据，法院应予支持。根据本案查明的事实，一标段工程的发包人为集团建设中心，承包人为装饰公司。在诉讼过程中，装饰公司已向劳务公司、建筑公司办理结算并已付清全部工程款，郑某某也已认可与劳务公司、建筑公司之间已经结账完毕。现季某某、王某某要求承包人装饰公司对郑某某欠付的工程款承担连带清偿责任，缺乏事实及法律依据，法院不予支持。

北京市昌平区人民法院依照《民法典》第153条第1款、第788条、第791条第3款、第793条第1款以及最高人民法院《关于审理建设工程施工合同纠纷案件适用法律问题的解释（一）》第43条、最高人民法院《关于适用〈中华人民共和国民事诉讼法〉的解释》第90条的规定，作出判决：（1）季某某、王某某与郑某某于2017年4月27日签订的《合作协议书》无效；（2）郑某某于本判决生效后10日内给付季某某、王某某工程款400,000元；（3）驳回季某某、王某某的其他诉讼请求。

郑某某不服上述一审判决，向北京市第一中级人民法院提起上诉称：结算表与承诺书结算部分第四项"应扣项目部其他业务费"实际金额应为188,542元，季某某、王某某应分摊扣除其他费用总计366,183.9元；郑某某签署结算表及承诺书时受到误导，少扣除了季某某、王某某应分摊的费用，请求撤销一审法院判决，发回重审或依法裁定驳回起诉。

北京市第一中级人民法院认为，郑某某与季某某、王某某之间签订的《合作协议书》在实质上应属于分包合同关系，违反法律的强制性规定，应属无效，一审认定符合法律规定。根据本案查明的事实，涉案工程已经竣工验收合格，故季某某、王某某有权向郑某某主张欠付的工程款。就价款结算及付款事宜，季某某、王某某与郑某某签署了结算表及承诺书，该约定系双方当事人的真实意思表示，对双方具有法律约束力，双方均应依约履行，且结算表及承诺书中对工程款数额、各项扣款数额、已支付金额、未支付金额等均进行了结算，故王某某、季某某要求郑某某支付欠付的工程款400,000元，于法有据，应予支持。郑某某虽主张签署结算表及承诺书时受到误导，少扣除了季某某、王某某应分摊的费用等，但并未提供充足的相关证据，法院不予采信。北京市第一中级人民法院作出（2022）京01民终752号民事判决书，判决：驳回上诉，维持原判。

八、建筑工程转包及其合同效力

建筑工程转包，是指承包单位将承包的全部工程或者将全部工程支解后以分包的名义发包给其他单位或个人施工的行为。在建筑工程转包中，承包单位即承包人是转包人，而接收转包工程的是转承包人。转包与分包一样是建筑领域中普遍存在的现象，那么如何认定建筑工程转包行为及其合同的效力呢？

（一）建筑工程转包属于违法行为

承包单位转包建筑工程，通常都以营利为目的，收取转包费、管理费，或者从工程款中获得差价款，结果破坏了建筑工程承包管理秩序，造成建筑市场混乱、工程质量低下等问题。

《建筑法》第28条规定："禁止承包单位将其承包的全部建筑工程转包给他人，禁止承包单位将其承包的全部建筑工程肢解以后以分包的名义分别转包给他人。"这是禁止性规定，既禁止承包单位将全部承包的建筑工程转包给他人，又禁止承包单位将全部承包的建筑工程支解后分别转包给他人。据此，承包单位违反上述禁止性规定转包建筑工程的，属于违法行为。

建筑工程承包单位实施转包行为主要有两种表现方式：一是转包人与转承包人订立书面转包合同明确所谓的权利义务关系；二是以某种行为方式将转包表现出来。因《建筑法》明确规定禁止转包，故大多数承包单位不敢明目张胆地订立书面转包合同，而是采取其他行为方式进行转包，如名为挂靠实为转包等。至于具体转包行为，《建筑工程施工发包与承包违法行为认定查处管理办法》第8条做了明确规定，除有证据证明属于挂靠或者其他违法行为外，建筑工程承包单位存在下列情形之一的，应当认定为转包：

一是承包单位将其承包的全部工程转给其他单位施工，包括母公司将承接的建筑工程交由具有独立法人资格的子公司或个人施工。

二是承包单位将其承包的全部工程支解后，以分包的名义分别转给其他单位或个人施工。

三是施工总承包单位或专业承包单位未派驻项目负责人、技术负责人、质量管理负责人、安全管理负责人等主要管理人员,或派驻的项目负责人、技术负责人、质量管理负责人、安全管理负责人中一人及以上与施工单位没有订立劳动合同且没有建立劳动工资和社会养老保险关系,或派驻的项目负责人未对该工程的施工活动进行组织管理,又不能进行合理解释并提供相应证明。

四是承包合同约定由承包单位负责采购的主要建筑材料、构配件及工程设备或租赁的施工机械设备,由其他单位或个人采购、租赁,或施工单位不能提供有关采购、租赁合同及发票等证明,又不能进行合理解释并提供相应证明。

五是专业作业承包人承包的范围是承包单位承包的全部工程,专业作业承包人计取的是除上缴给承包单位"管理费"之外的全部工程款。

六是承包单位通过采取合作、联营、个人承包等形式或名义,直接或变相将其承包的全部工程转给其他单位或个人施工。

七是专业工程的发包单位不是该工程的施工总承包或专业承包单位的,但建设单位依约作为发包单位的除外。

八是专业作业的发包单位不是该工程承包单位。

九是施工合同主体之间没有工程款收付关系,或者承包单位收到款项后又将款项转拨给其他单位和个人,又不能进行合理解释并提供材料证明。

十是两个以上的单位组成联合体承包工程,在联合体分工协议中约定或者在项目实际实施过程中,联合体一方不进行施工也未对施工活动进行组织管理的,并且向联合体其他方收取管理费或者其他类似费用的,视为联合体一方将承包的工程转包给联合体其他方。

(二) 转包与分包的区别

转包与分包虽然都是承包单位将其所承包的建筑工程交由第三人完成,但两者有以下几个主要区别:

一是标的范围不同。分包的标的范围限于整个建筑工程中的部分工程项目,而不能是全部建筑工程。转包的标的范围有两种,即承包单位将承包的全部建筑工程转包或者将全部工程支解后转包。

二是合同履行主体不同。当事人订立分包合同的，所分包的建筑工程应由分承包人亲自组织施工并履行合同约定的义务；当事人订立转包合同的，承包单位实际上退出工程施工的承包关系，不再履行建筑施工合同约定的责任和义务，而由转承包人履行承包人与发包人订立的建筑施工合同并完成建筑施工任务。

三是法律效力不同。分包有合法与非法之分，即符合《建筑法》规定的分包是合法行为，违反《建筑法》禁止性规定的分包是违法行为。而《建筑法》没有给转包留合法的余地，承包单位只要实施转包行为就违法。

四是责任承担不同。在建筑工程分包中，承包人即分包人与发包人建设单位就分包工程对实际施工人承担连带责任。而在建筑工程转包中，因转包属违法行为，所以承包人即转包人与发包人建设单位不发生连带责任关系，但转包人与分包人对因建筑工程质量不符合规定造成的损失，应对发包人建设单位承担连带赔偿责任。

（三）建筑工程转包合同无效及其处理

《民法典》第153条规定："违反法律、行政法规的强制性规定的民事法律行为无效……"《建筑法》第28条禁止转包的规定属于法律强制性规定，故建筑工程承包单位与转承包人订立的转包合同，属于违反法律强制性规定的无效合同。

最高人民法院《关于审理建设工程施工合同纠纷案件适用法律问题的解释（一）》第1条第2款规定："承包人因转包、违法分包建设工程与他人签订的建设工程施工合同，应当依据民法典第一百五十三条第一款及第七百九十一条第二款、第三款的规定，认定无效。"由此可见，承包单位与转承包人订立的转包合同，具有《建筑工程施工发包与承包违法行为认定查处管理办法》第8条规定的转包情形之一的，应对其作无效认定和处理。

承包单位实施转包行为，在行政管理上，行政机关应当依照《建筑法》第67条的规定给予其行政处罚。在民事责任上，根据《民法典》的有关规定，转包合同被确认无效后自始没有法律约束力，行为人应当返还财产、折价补偿；有过错的一方应当赔偿对方由此所受到的损失；各方都有过错的，应当各自承担相应的责任。

《建筑法》第 67 条第 2 款根据建筑施工的特点，还特别规定了转包合同、违法分包合同无效的责任承担方式，即承包单位"对因转包工程或者违法分包的工程不符合规定的质量标准造成的损失，与接受转包或者分包的单位承担连带赔偿责任"。根据《民法典》第 793 条的规定，建设施工转包合同被确认无效，但建设工程经验收合格的，可以参照建筑施工合同约定的工程款折价补偿转承包人；建设工程经验收不合格的，应由承包人承担修复责任，修复后的建设工程经验收仍不合格的，发包人可以不予折价补偿。

转包合同无效与违法分包合同无效一样并不影响结算条款的效力，故最高人民法院《关于审理建设工程施工合同纠纷案件适用法律问题的解释（一）》第 43 条规定，发包人欠付转包人建设工程款，转承包人作为实际施工人向发包人主张工程款的，发包人应在欠付建设工程款范围内对转承包人承担责任。

（四）转包合同在破产重整中的解除问题

转包合同带入建筑施工企业破产重整，因建筑施工企业既是转包人又是重整人，故对转包合同在适用《民法典》有关规定进行处置的同时还应适用《企业破产法》的有关规定进行处置。

管理人首先需要注意的是，转包合同的双方当事人只是转包人和转承包人，而发包人建设单位不是其中的当事人，故发包人难以主张转包合同无效。但是，转包人与转承包人订立转包合同，承包人退出了建筑工程施工，说明其已经明确表示不再履行建筑施工合同的主要义务，在此情况下，法律有必要赋予发包人解除其与承包人订立的建筑施工合同的权利，从而保障建筑工程质量，避免因承包人转包给自己造成损失。因此，发包人建设单位可以根据《民法典》第 806 条第 1 款"承包人将建设工程转包、违法分包的，发包人可以解除合同"的规定，在转包人和转承包人都不主张转包合同无效或者不自行解除承包合同的情况下，向管理人提出解除承包合同。上述规定中的"合同"，是指发包人建设单位与承包人建筑施工企业订立的建筑施工合同，所以这里的"解除合同"是发包人解除与承包人订立的建筑施工合同，而非转包合同。这里的"可以"，体现了对发包人意思自治的尊重，发包人可以单方行使解除权，也可以不主张解除，是否解除由发包人自行决定。发包人行使解除权使建筑施工合同被依法解除的，建筑施工合同作为转包合同的基础合同便失去了效力，转包合同也就随之失去效力而无法继续履行。

在建筑施工企业破产重整中，发包人建设单位未主张解除建筑施工合同的，基于建筑施工企业是转包合同中的转包人和转包合同无效，管理人应当直接决定解除转包合同，而不能以破产重整需要为由决定继续履行转包合同，但对建筑施工合同应视破产重整是否需要再决定是否解除。

建筑施工合同和转包合同被依法解除后，根据《民法典》第566条第1款的规定，合同尚未履行的，终止履行；已经履行的，根据履行情况和合同性质，当事人可以请求恢复原状或者采取其他补救措施，并有权请求赔偿损失。但鉴于建筑施工工程不可恢复原状，故《民法典》第806条第3款特别规定："合同解除后，已经完成的建设工程质量合格的，发包人应当按照约定支付相应的工程价款；已经完成的建设工程质量不合格的，参照本法第七百九十三条的规定处理。"

【案例10】 总承包人与转承包人不存在承包合同关系，转承包人无权请求总承包人支付工程款

2011年1月4日，某某建筑工程公司（以下简称建筑工程公司）承接某某保障房工程后，与其驻某某办事处负责人李某某签订某某保障房工程施工责任制合同，将该工程转包给李某某。2011年1月18日，李某某与张某某订立《工程内部总承包协议书》，将该工程转包给张某某，张某某系该工程实际施工人。2015年12月23日，上述工程通过竣工验收。2016年9月27日，经审计总工程款为42,626,963元。张某某认为，建筑工程公司欠付其工程款2,724,276.55元。2017年8月3日，云和县人民法院裁定受理建筑工程公司破产重整一案。张某某以建筑工程公司债权人的身份向建筑工程公司管理人申报债权。2017年11月5日，管理人向张某某发出异议债权审核意见通知书，认定张某某申报债权的主体不适格，不予认定债权。

张某某向云和县人民法院提起破产债权确认纠纷诉讼，请求：（1）确认原告张某某对被告建筑工程公司享有债权2,724,276.55元；（2）确认原告张

某某就上述债权享有优先受偿权。

被告建筑工程公司代理人答辩称：建筑工程公司是案涉工程名义上的承包人，实际上这个工程由第三人李某某通过挂靠在建筑工程公司的方式承包。被告建筑工程公司与李某某签订的合同是一个承包合同，对被告建筑工程公司来说李某某是案涉工程的实际施工人。但是，李某某有无转包他人的行为与被告建筑工程公司无关，原告张某某依据承包合同来认定建筑工程公司将工程转包给原告的主张不成立。在被告建筑工程公司进入破产程序以后，原告张某某以自己的名义申报债权的主张不成立。

云和县人民法院认为，实际施工人主张工程款的对象只能是与其存在转包关系的合同相对人（违法转包人）或者是发包人（业主），而无权请求承包人支付其工程款。本案中，原告张某某系涉案工程的实际施工人，被告建筑工程公司是涉案工程的承包人，原、被告之间无任何合同关系，根据合同相对性原则，原告无权请求被告支付工程款。云和县人民法院作出（2017）浙1125民初1273号一审民事判决书，判决驳回原告张某某全部诉讼请求。

【案例11】 转包合同无效，转包费应当返还，但对有过错的利息损失不予保护

2014年9月6日，园林工程设计公司与张某某、安某某签订《内部协议》约定，园林工程设计公司将其承揽的某某工程项目中的土建、铺地、绿化等项目交由张某某、安某某施工。张某某与王某某合伙承包上述工程后，由于资金不足又将上述工程转包给刘某某，转包费240万元。2014年12月12日，园林工程设计公司作为甲方与作为乙方的刘某某、张某某、于某某签订了《承包协议》，该协议内容与《内部协议》一致，但比《内部协议》多一条"所有事务（乙方）由张某某代表"的约定。刘某某承包涉案工程后，陆续为涉案工程垫付工人工资、材料款共计105万元，王某某于2015年3月28日为刘某某出具证明予以确认。2015年2月，刘某某向王某某账户转款3万元，用于支付工程转包费。刘某某承包涉案工程后，因园林工程设计公司与涉案工程的发包方发生争议，未进行实际施工。

张某某曾对刘某某提起诉讼，请求刘某某继续支付转包费132万元，在

该案庭审中，张某某确认刘某某为王某某垫付的 105 万元为转包费 240 万元中的一部分，另有 3 万元转包费由刘某某支付给王某某，尚欠王某某 132 万元。2017 年 6 月 13 日，北京市朝阳区人民法院对该案作出（2017）京 0105 民初 418 号民事判决书，认为张某某、刘某某作为个人，不具备承包建设工程的资质，双方之间形成的转包合同关系无效，张某某请求刘某某继续支付费用 132 万元，于法无据，不予支持，故驳回张某某的诉讼请求。刘某某曾于 2019 年对王某某及其妻子提起诉讼，请求返还借款，在该案 [（2020）京 03 民终 3431 号] 中，王某某承认刘某某曾向其转账 3 万元用于支付工程转包费。

2021 年，刘某某以张某某、王某某为被告向东港市人民法院提起建设工程施工合同纠纷诉讼，请求判令张某某、王某某向其返还款项人民币 108 万元及相应利息。

东港市人民法院认为，虽然被告王某某未与原告刘某某签订施工合同，但根据其自认以及被告张某某在（2017）京 0105 民初 418 号案中认可被告王某某出具的证明、收取 105 万元转包费的事实，可见被告王某某与被告张某某共同参与了涉案工程施工及转包事宜，故应认定二被告为合伙关系。（2017）京 0105 民初 418 号民事判决书认定原告刘某某与被告张某某的转包合同无效，依据无效合同取得的财产应予返还。对于原告刘某某已支付的转包费为 108 万元的事实，在（2017）京 0105 民初 418 号案及（2020）京 03 民终 3431 号案中，张某某、王某某已予以认可，故二被告应按该数额向原告刘某某承担返还责任。原告刘某某明知张某某、王某某无建筑业企业资质而承包工程的行为违法，仍与二被告签订转包合同，对合同无效，原告刘某某具有过错，故原告刘某某请求二被告承担利息损失，不予支持。

东港市人民法院作出（2021）辽 0681 民初 1787 号民事判决书，判决：（1）被告张某某、王某某于本判决生效后 10 日内返还原告刘某某转包费 108 万元；（2）驳回原告刘某某其他诉讼请求。

王某某不服上述一审判决向丹东市中级人民法院提起上诉，请求撤销一审民事判决，依法发回重审或改判驳回刘某某的诉讼请求。

丹东市中级人民法院认为，张某某在与园林工程设计公司签订《内部协议》后,又与刘某某、于某某共同与园林工程设计公司签订《承包协议》,承包了园林工程设计公司承建的某某工程中的土建、铺地、绿化等项目。由于资金不足,张某某与刘某某经协商,将前期完成的工程量作价240万元转让给刘某某,由刘某某继续完成承包工程。此间,刘某某为案涉工程共出资108万元,张某某在(2017)京0105民初418号案件庭审中也认可刘某某出资的108万元为240万元工程转让款中的一部分。(2017)京0105民初418号民事判决也已确认《内部协议》《承包协议》无效,并驳回张某某基于与刘某某转让工程项目的约定诉请刘某某给付余下132万元转让款的诉讼请求,刘某某诉请张某某返还已支付的转让价款,具有事实依据。王某某虽未与张某某签订书面协议,但其作为合伙人与张某某共同参与了案涉工程施工及转包事宜,实际收取了刘某某支付的款项,并为刘某某出具了收款证明,一审判决其与张某某共同承担返款责任,并无不当。丹东市中级人民法院作出(2021)辽06民终2297号民事判决书,判决驳回上诉,维持原判。

【案例12】 转包合同无效,法院不支持转包人请求支付管理费

2016年10月31日,某某建设集团公司(以下简称建设集团公司)中标承建某某妇幼保健院综合楼工程,双方签订《建设工程施工合同》。2016年11月10日,建设集团公司与涂某某签订《项目施工内部合同》约定:建设集团公司将某某妇幼保健院综合楼工程转包给涂某某,由涂某某自行组织施工,盈亏自理,建设集团公司按工程决算的2%收取管理费。涂某某施工至2017年8月因资金缺乏离开施工现场,建设集团公司介入,对剩余工程继续施工。同年12月29日工程验收合格,但建设集团公司与涂某某未进行结算。2019年建设集团公司以涂某某为被告向芦山县人民法院起诉,在提出超额支付工程款、支付代缴税费、赔偿款等诉讼请求的同时,请求法院判令涂某某按应收工程款的2%向建设集团公司支付管理费。

芦山县人民法院认为,建设集团公司将其承建的工程转包涂某某,而涂某某为无工程施工资质的个人,该转包行为违反法律强制性规定,双方签订的《项目施工内部合同》无效,对建设集团公司收取管理费的主张不予支持。于是作出(2019)川1826民初799号民事判决书,在对其他诉讼请求作

出判决的同时，驳回了建设集团公司请求涂某某支付管理费的诉讼请求。

涂某某不服上述一审判决，向雅安市中级人民法院上诉。雅安市中级人民法院认为，由于建设集团公司将所承建的案涉工程非法转包给无资质的涂某某施工，转包合同无效，建设集团公司依据无效的转包合同和转包行为，要求涂某某支付管理费，无事实和法律依据，故建设集团公司要求涂某某按应收工程款的2%支付管理费的上诉理由不能成立。于是作出（2021）川18民终196号民事判决书，判决驳回上诉，维持原判。

九、建筑工程内部承包及其合同效力

这里的建筑工程内部承包不是建设单位内部承包，而是建筑施工企业将其承包的全部或部分工程交由下属的分支机构或在册的项目经理等施工，并对工程施工过程及质量进行管理，对外承担施工合同权利义务的一种承包方式。我国法律没有关于建筑工程内部承包的规定，但在实践中，大中型建筑施工企业特别是集团企业，普遍实行项目经理承包制、内部承包责任制。那么，在实践中如何认定建筑工程内部承包的效力和责任，又如何区别转包、非法分包？

（一）建筑工程内部承包的基本要求

建筑工程内部承包的基本要求是解决其与外部承包即分包、转包以及挂靠的区别问题。建筑工程内部承包在一般情况下需要达到以下几个基本要求：

一是建筑工程内部承包的双方当事人有隶属关系，即内部承包人应当是建筑施工企业的下属分支机构或者是其在册的项目经理等单位或者职工。为证明两者具有隶属关系，双方应当订有劳动合同，成立合法的劳动关系以及社会保险关系，且施工现场的项目经理或其他现场管理人员平时接受建筑施工企业的任免、调动和聘用。建筑施工企业将承包工程交由没有隶属关系的单位或者个人施工，属于外部承包。

二是内部承包人承包施工属于履行职责行为。内部承包人与其所在的建筑施工企业订立内部承包合同，特别是以责任制形式订立内部承包合同，内部承包人依据内部承包合同的约定负责工程施工，使用建筑施工企业的建筑资质、商标及企业名称等，并接受建筑施工企业对工程的施工、质量、安全

等管理，且由建筑施工企业对外承担施工合同权利义务，内部承包人只是负责施工，属于一种履行职责的行为。所谓的内部承包人利用自己的法人资格、企业名称、建筑资质承包，且独立进行施工的，则属于分包或者转包。

三是内部承包人组织施工所需的人、财、物，由建筑施工企业予以协调和支持，且在建筑施工企业统一监管下实行独立核算、自负盈亏，并按照内部承包合同的约定对经营利润进行分配。内部承包人虽与建筑施工企业有隶属关系，但人、财、物以及核算、利润分配完全脱离建筑施工企业，建筑施工企业只是收取管理费、承包费或者只是获得差价的，内部承包人对承包工程进行施工就不是履行职责的行为，而是独立经营，故应认定为分包或者转包。

（二）建筑工程内部承包的合同效力

建筑工程内部承包是建筑施工企业内部的一种经营模式，是建筑施工企业提升竞争力和企业效益的一种措施，且建筑施工企业对建设单位仍按建筑施工合同的约定承担义务，对外仍承担经济责任。因此，《建筑法》《民法典》等法律没有禁止建筑工程内部承包。在法律没有明文禁止的情况下，建筑工程承包达到上述三个基本要求被认定为建筑工程内部承包后，就不构成转包或者非法分包，也不构成借用建筑施工企业资质的挂靠行为，故建筑工程内部承包合同若是双方的真实意思表示，且不违反法律、行政法规的禁止性规定，应为有效合同。例如，北京市高级人民法院《关于审理建设工程施工合同纠纷案件若干疑难问题的解答》、浙江省高级人民法院民事审判第一庭《关于审理建设工程施工合同纠纷案件若干疑难问题的解答》都表明，当事人以内部承包合同的承包方无施工资质为由，主张该内部承包合同无效的，不予支持。

建筑工程内部承包具有双重性：一是内部承包人自身不具有民事主体资格，对外不能独立承担民事责任，对外只是代表建筑施工企业履行职务行为，其法律后果应由建筑施工企业承担；二是内部承包人对建筑施工企业负责，工程施工最终的盈亏应由内部承包人承担，故建筑施工企业在对外承担经济责任后，可以依据内部承包合同的约定向内部承包人进行追偿。

建筑工程内部承包不符合上述三个基本要求，所谓的内部承包人又无相应施工资质，双方借口内部承包，实则转包、违法分包的，应按照转包、违法分包的情形处理。

【案例13】 项目经理作为内部职工与本企业订立经济责任承包合同有效

2005年，某某建设集团公司（以下简称建设集团公司）中标某某总医院（以下简称总医院）综合门诊大楼工程项目，在与总医院签订《建设工程施工合同》后，建设集团公司将该工程项目委托其下属的湖北分公司管理。湖北分公司（甲方）与张某1（乙方）签订《经济责任承包合同》约定：甲方组织项目经理部将总医院综合门诊大楼工程所有土建、安装工程交由乙方组织施工；乙方为工程的承包负责人，负责主持工程的具体工作并承担风险；工程按甲方与建设单位签订的施工合同约定的结算方式进行结算，甲方按工程结算总造价的5%收取管理费；乙方按工程结算总造价的0.75%上缴安全文明管理基金；乙方按2‰上交工会经费和职工教育经费；乙方收入为工程竣工结算价扣除上述上交管理费、各项税费、工程成本的盈余部分；乙方在竣工验收后交甲方一套完整资料；甲、乙双方不能完成各自职责均属违约，违约方须向守约方支付违约金，违约金数额以本工程总造价的3%计。

《经济责任承包合同》签订后，湖北分公司设立了项目部，明确张某1为项目部负责人、张某2（张某1之弟）为质量负责人。后总医院综合门诊大楼工程竣工验收合格，总医院付清上述工程总价款。工程施工期间，张某1以湖北分公司和项目部的名义将工程中劳务施工、加固、安装、防腐水等项目分包给其他公司施工。

2011年5月24日，张某2以湖北分公司将总医院综合门诊大楼工程向其转包、自己为工程实际施工人为由，向十堰市中级人民法院提起诉讼，要求湖北分公司支付欠付工程款及利息。十堰市中级人民法院作出一审判决，湖北分公司不服提起上诉。湖北省高级人民法院作出终审判决，认定：湖北分公司与其员工张某1签订《经济责任承包合同》，由湖北分公司设立项目部，张某1作为工程的承包责任人，负责主持该工程的具体工作，并承担风险责任，该合同为内部承包合同，张某1与湖北分公司之间成立工程内部承包关系；虽然张某2主张其是总医院综合门诊大楼工程的实际施工人，但未与湖北分公司签订建设施工合同进行转包，于是驳回张某2的诉讼请求。

湖北分公司向江汉区人民法院起诉，请求判令张某1支付管理费、安全文明管理基金、工会经费及职工教育经费以及违约金等。

江汉区人民法院认为，湖北分公司为证明张某1在2005年签订《经济责任承包合同》时系其职员，提交了湖北分公司向张某1发放工资的材料和交纳2004年至2009年企业职工养老保险费的凭证。湖北省高级人民法院作出的民事判决也已认定张某1系湖北分公司的职员，并确认双方签订的《经济责任承包合同》为内部承包合同，双方之间成立建筑工程内部承包关系。张某1否认其与湖北分公司存在劳动关系，但其提供的证据材料的证明力不足以推翻上述生效判决确认的事实。据此，对湖北分公司关于其与张某1签订的《经济责任承包合同》系建筑工程内部承包合同的事实主张，予以确认。该合同系双方当事人在自愿、平等基础上签订，不违反法律、行政法规的强制性规定，属有效合同。《经济责任承包合同》签订后，湖北分公司和张某1应当依照约定行使权利和履行义务。张某1作为工程项目承包人，已完成工程施工事务。工程竣工验收后，按照合同约定，张某1应在工程竣工前向湖北分公司缴纳管理费、工会经费、职工教育经费，并支付违约金，由于张某1未缴纳上述款项，其行为已构成违约。

江汉区人民法院作出（2011）汉民二初字第00805号民事判决书，判决张某1偿付湖北分公司管理费、工会经费和职工教育经费违约金，并驳回湖北分公司的其他诉讼请求。

张某1不服上述一审判决，向武汉市中级人民法院提起上诉，请求撤销一审判决，改判驳回湖北分公司全部诉讼请求。其中还称：张某1与湖北分公司在此后签订的《经济责任承包合同》实属非法转包或借用资质进行承包的非法行为，应当认定合同无效。

武汉市中级人民法院认为，生效判决已认定张某1系湖北分公司的职员，张某1与湖北分公司签订的《经济责任承包合同》为内部承包合同，张某1对此虽不予认可，但其不能提供充足的反驳证据，亦不能否定湖北分公司与张某1签订劳动合同及为张某1购买职工养老保险的事实。张某1所称《经济责任承包合同》实属非法转包或借用资质进行承包，应当认定合同无效的上诉理由，因与事实不符，该院不予支持，一审判决认定该合同属有效合同并无不当，湖北分公司和张某1应当按合同约定履行。武汉市中级人民法院经审理认定，张某1上诉理由均不成立，于是作出（2014）鄂武汉中民终字第01053号民事判决书，判决驳回上诉，维持原判。

【案例14】 无资质转承包人以内部承包为名实则挂靠的转包合同无效

2015年11月至2016年4月，某某起重机公司（以下简称起重机公司）与某某建筑公司（以下简称建筑公司）先后签订了《污水处理站土建工程施工合同》《办公楼与食堂装修工程协议书》《变电站土建工程施工合同》三份合同，约定起重机公司将污水处理站的全部土建工程、水电及消防安装工程，办公楼、食堂装修工程和35kV变电站土建工程发包给建筑公司施工。随后，建筑公司与陈某签订三份《内部承包经营合同书》，约定建筑公司将上述工程转包给陈某，由陈某组织施工，独立核算，自主经营，自负盈亏，负担税费，陈某以个人的财产对建筑公司承担责任，陈某按工程总造价的1%向建筑公司缴纳承包费。陈某承包上述工程后组织施工，后经验收全部合格。

2020年8月，陈某以起重机公司为被告、以建筑公司为第三人，向江阳区人民法院提起诉讼，请求判令被告起重机公司支付原告陈某工程欠款938,069元及利息。

被告起重机公司辩称，承认原告陈某在本案中主张尚欠工程款938,069元的事实，但认为原告陈某与被告起重机公司之间没有合同关系，原告陈某无权要求被告起重机公司支付工程款。

本案在审理期间，泸州市中级人民法院裁定受理起重机公司的破产清算申请，起重机公司自认尚欠陈某和建筑公司938,087元。

泸州市江阳区人民法院认为，被告起重机公司辩称与其签订合同的相对方是第三人建筑公司，故其欠付的工程款应当向建筑公司支付。本案中，建筑公司与被告起重机公司签订《污水处理站土建工程施工合同》《办公楼与食堂装修工程协议书》《变电站土建工程施工合同》后，又与原告陈某签订了三份《内部承包经营合同书》，该三份合同书将所涉及的工程转包给了不具有相关资质的陈某，建筑公司按一定比例收取承包费，在工程竣工验收及结算审核时均有建筑公司的盖章，故三份合同书虽名为内部承包经营合同，但以内部承包之名行挂靠之实，原告陈某实为借用建筑公司的资质承揽工程。根据《建筑法》第 26 条第 2 款的规定，禁止建筑施工企业超越本企业资质等级许可的业务范围或者以任何形式用其他建筑施工企业的名义承揽工程。禁止建筑施工企业以任何形式允许其他单位或者个人使用本企业的资质证书、营业执照，以本企业的名义承揽工程。最高人民法院《关于审理建设工程施工合同纠纷案件适用法律问题的解释》第 1 条第 2 项规定，没有资质的实际施工人借用有资质的建筑施工企业名义的建设工程施工合同，应当认定无效；该解释第 26 条第 2 款规定，实际施工人以发包人为被告主张权利的，人民法院可以追加转包人或者违法分包人为本案当事人。发包人只在欠付工程款范围内对实际施工人承担责任。陈某借用第三人建筑公司的名义与被告起重机公司签订的《污水处理站土建工程施工合同》《办公楼与食堂装修工程协议书》《变电站土建工程施工合同》无效。但案涉三项工程均已竣工验收，被告起重机公司并无证据证明工程质量不合格，且被告起重机公司在破产清算中自认在本案中尚欠工程款 938,087 元，故起重机公司应在欠付工程款范围内向原告陈某承担支付义务。

泸州市江阳区人民法院作出（2020）川 0502 民初 4834 号民事判决书，判决：（1）被告起重机公司于本判决生效后 10 日内支付原告陈某工程款 938,069 元，以及自 2020 年 9 月 10 日起至 11 月 19 日止以 938,069 元为基数的利息（原告陈某只能依据本判决在起重机公司破产程序中依法申报债权，不得据此获得个别清偿）；（2）驳回原告陈某的其他诉讼请求。

十、施工资质挂靠及其效力

这里的挂靠，是指单位或个人借用建筑施工企业的资质并以该建筑施工企业的名义承揽建筑工程的行为。在施工资质挂靠中，被挂靠人是有资质的建筑施工企业，而挂靠人通常是无资质的单位、个人，但也有借用他人施工资质或者相互借用施工资质的建筑施工企业。《民法典》和《建筑法》中没有"挂靠"一词，而是用"出借""借用"两个词揭示挂靠施工资质行为的本质特征。

（一）挂靠行为与转包行为的区别及其界定

在实践中，挂靠行为往往与转包行为混淆，那么如何区别两者并界定挂靠行为？从司法实践来看，区分挂靠行为与转包行为主要从实际施工人有没有参与建筑工程投标和建筑施工合同订立等缔约磋商阶段的活动加以判断。

转包行为是承包人建筑施工企业将承接工程的权利义务转移给转承包人的行为，而转承包人并非建筑工程的直接承包人，并未与建设单位订立建筑施工合同，而是在建筑施工企业与建设单位订立建筑施工合同之后承接建筑工程的。挂靠行为是建筑施工企业出借资质给挂靠人，挂靠人借用资质后，以被挂靠人的名义与建设单位订立建筑施工合同，有的是以被挂靠建筑施工企业的代理人或代表人的名义与建设单位订立建筑施工合同的行为。

关于挂靠行为的界定，《建筑工程施工发包与承包违法行为认定查处管理办法》第10条规定，存在下列情形之一的，属于挂靠行为：（1）没有资质的单位或个人借用其他施工单位的资质承揽工程的；（2）有资质的施工单位相互借用资质承揽工程的，包括资质等级低的借用资质等级高的，资质等级高的借用资质等级低的，相同资质等级相互借用的；（3）该办法第8条第1款第3~9项规定的情形，有证据证明属于挂靠行为的。

（二）挂靠行为的违法性

在建筑行业，不少低级资质或者无资质的单位或者个人，为了承揽建筑工程获得利益，借用建筑施工企业的施工资质，而不少建筑施工企业为了轻松取得管理费或者建筑工程差价，也同意向低级资质、无资质的单位或者个人出借施工资质。《建筑法》第26条第1款规定："承包建筑工程的单位应当持有依法取得的资质证书，并在其资质等级许可的业务范围内承揽工程。"该条第2款规定："禁止建筑施工企业超越本企业资质等级许可的业务范围或者以任何形式用其他建筑施工企业的名义承揽工程。禁止建筑施工企业以任何形式允许其他单位或者个人使用本企业的资质证书、营业执照，以本企业的名义承揽工程。"由此可见，挂靠行为是扰乱施工资质行政管理秩序的行为，也是违反法律强制性规定的行为，特别是低级资质、无资质的单位或者个人采取挂靠方式承建工程，容易引发安全生产事故和工程质量问题，结果损害建设单位的合法权益。

建筑施工企业出借施工资质是违反行政管理制度的行为，故《建筑法》第66条规定，建筑施工企业出借资质证书或者以其他方式允许他人以其名义承揽工程的，有关行政机关应当责令其改正，没收违法所得，并处罚款，可以责令停业整顿，降低资质等级；情节严重的，吊销资质证书。

低级资质或者无资质的单位或者个人借用施工资质的行为在民事上是一种无效行为，故最高人民法院《关于审理建设工程施工合同纠纷案件适用法律问题的解释（一）》第1条规定，没有资质的实际施工人借用有资质的建筑施工企业名义承接工程的，应当依据《民法典》第153条第1款的规定认定该行为无效。

（三）高级资质借用低级资质或者相同资质相互借用

在行政管理上，施工资质具有专属性，即建筑施工企业所持有的工程施工资质只能由其自身使用，不得出借给其他任何单位或者个人，其他任何单位或者个人也都不得借用。施工资质又具有相应性，即建筑施工企业承接建筑工程必须具有相应的工程施工资质。从《建筑工程施工发包与承包违法行为认定查处管理办法》第10条的规定来看，所有的挂靠行为都是破坏施工资质管理秩序的违法行为，有关行政机关应当依法给予其行政处罚。但从民事角度看，"没有资质的单位或个人借用其他施工单位的资质"和"资质等级低的借用资质等级高的"，挂靠人与被挂靠人订立的挂靠合同无效是没有疑问的，那么，建筑施工企业利用高级资质借用低级资质和相同资质相互借用的方法所订立的挂靠合同以及建筑施工合同是否有效？

有一种意见认为，因挂靠行为所订立的建筑施工合同均应无效。主要理由是，《建筑法》第26条第2款明文禁止建筑施工企业"以任何形式用其他建筑施工企业的名义承揽工程""禁止建筑施工企业以任何形式允许其他单位或者个人使用本企业的资质证书、营业执照，以本企业的名义承揽工程"，再结合《民法典》第153条第1款"违反法律、行政法规的强制性规定的民事法律行为无效"的规定，建筑施工企业高级资质借用低级资质和相同资质相互借用的行为也为违法行为，因此对此种情形下订立的建筑施工合同也应做无效处理。

本书认为，违反《建筑法》第26条规定的行为仅是行政管理上的违法行为，而该条规定并非民事行为效力的强制性规定；再者，《建筑法》第66条对出借施工资质证书或者以其他方式允许他人以本企业的名义承揽工程的行政处罚对象，仅限于出借资质的建筑施工企业，且在民事上仅规定"对因该项承揽工程不符合规定的质量标准造成的损失，建筑施工企业与使用本企业名义的单位或者个人承担连带赔偿责任"。《建筑法》第26条实际上是行政管理强制性规定，所以这种违法行为的法律后果并不必然导致因挂靠行为所订立的建筑施工合同无效。

高级资质借用低级资质和相同资质相互借用，与低级资质借用高级资质、无资质借用资质是不同的，前者仅违反专属性规定，改变了施工资质的实际使用人，不一定影响施工技术和工程质量。特别是高级资质借用低级资质，施工技术和工程质量更有保障，故这类挂靠行为从资质上看并不影响建设单位的合法权益，不宜仅以借用资质就认定建筑施工合同无效，如果认定建筑施工合同无效，反而对建筑工程的顺利推进不利，还有可能造成建设单位的损失。

最高人民法院《关于审理建设工程施工合同纠纷案件适用法律问题的解释（一）》第1条只规定"承包人未取得建筑业企业资质或者超越资质等级"和"没有资质的实际施工人借用有资质的建筑施工企业名义"订立的建筑施工合同，应当依据《民法典》第153条的规定认定无效。而该司法解释没有规定利用高资质挂靠低资质和相同资质挂靠的方法所订立的建筑施工合同无效。北京市高级人民法院、广东省高级人民法院等也都只规定有下列情形之一，并以被挂靠建筑企业名义签订的建筑工程合同无效：（1）不具有从事建筑活动主体资格的个人、合伙组织或企业以具备从事建筑活动资格的建筑企业的名义承揽工程；（2）资质等级低的建筑企业以资质等级高的建筑企业的名义承揽工程；（3）不具有工程总包资格的建筑企业以具有总包资格的建筑企业的名义承揽工程。而没有规定高级资质借用低级资质或者相同资质相互借用的方法所订立的建筑施工合同无效。

具有高级资质的建筑施工企业之所以借用低级资质进行挂靠，或者具有相同资质的建筑施工企业之所以相互借用资质，主要原因是许多建筑工程所在地的地方政府或者建筑市场出于地方保护，排斥外地建筑施工企业承接工程，外地建筑施工企业不得不挂靠本地建筑施工企业承揽本地建筑工程，并以本地建筑施工企业的名义与建设单位签订建筑施工合同。《建设工程企业资质管理制度改革方案》指出："尽量减少政府对建筑市场微观活动的直接干预，充分发挥市场在资源配置中的决定性作用。""企业资质全国通用，严禁各行业、各地区设置限制性措施，严厉查处变相设置市场准入壁垒，违规限制企业跨地区、跨行业承揽业务等行为，维护统一规范的建筑市场。"建筑施工企业为冲破地方保护，利用高级资质借用低级资质或者相同资质相互借用的方法所订立的建筑施工合同，如果对其也做无效处理，显然违背上述改革精神，也就难以实现建筑施工资质改革目标。

基于上述理由，本书认为，利用高级资质借用低级资质或者相同资质相互借用的方法所订立的建筑施工合同，不宜一律以违反《建筑法》第26条的强制性规定为由做无效处理，如无其他无效情形，对这类合同可做有效认定。特别是在高级资质借用低级资质或者相同资质相互借用的情况下，挂靠人要求挂靠，被挂靠人允许挂靠，建设单位明知挂靠人以被挂靠人的名义而与其订立建筑施工合同的，该合同其实是挂靠人、被挂靠人以及建设单位三方共同的真实意思表示，被挂靠人只是从中收取管理费而已，并非真正意义上的承包人，而挂靠人实际上是直接承包人，所以应对这类建筑施工合同做有效认定，且挂靠人对工程款享有优先受偿权。

（四）破产重整处理挂靠需要注意的几个问题

一是管理人在制订重整计划草案时应当充分考虑挂靠带来的问题。我们在实践中发现，不少管理人在破产重整期间对挂靠行为及其合同效力不够重视也不做处理，对挂靠人或者实际施工人申报的工程款债权，除当事人提起诉讼或者法院已经裁判的外，不分挂靠有无效力和优先受偿权就连同其他内容笼统地编入重整计划草案。有的为了及早结束重整程序，特意将挂靠问题留到重整计划执行阶段处理，即放在重整计划中交由重整投资人接管建筑施工企业后自行处理，结果给重整计划造成执行难的问题。其实，挂靠效力问题牵涉到工程款债权性质和数量等问题，如挂靠中的实际施工人对工程款有无优先受偿权，又如挂靠无效牵涉到连带赔偿责任问题等，都与建筑施工企业的债权债务有关。所以，管理人在破产重整期间应对挂靠效力进行认定，对能够处理的应当及时处理，然后将其准确地纳入重整计划草案，使重整计划更具可行性和执行力。

二是建筑施工企业连带赔偿责任问题。最高人民法院《关于审理建设工程施工合同纠纷案件适用法律问题的解释（一）》第7条规定："缺乏资质的单位或者个人借用有资质的建筑施工企业名义签订建设工程施工合同，发包人请求出借方与借用方对建设工程质量不合格等因出借资质造成的损失承担连带赔偿责任的，人民法院应予支持。"据此，在破产重整中，发包人建设单位以建筑施工企业向缺乏资质的单位或者个人出借施工资质造成工程质量不合格而造成其损失为由，向管理人提出由建筑施工企业与挂靠人承担连带赔偿责任的，管理人应当予以受理并进行审查，经审查确认建筑施工企业应当承担连带赔偿责任的，应当认定建设单位主张的债权为重整债权。

三是挂靠人工程款在破产重整中的清偿问题。挂靠人作为实际施工人，在挂靠无效的情况下虽然有权取得工程款，但对该工程款不享有优先受偿权，故在建设单位或者施工单位破产重整中，只能向管理人申请债权，管理人也只能确认该工程款债权为普通债权。

四是对出借资质的行政罚款问题。建筑施工企业出借资质证书，有关行政机关依照《建筑法》第66条的规定对建筑施工企业作出罚款处罚的，该罚款属于公法债权，根据最高人民法院《关于审理企业破产案件若干问题的规定》第61条的规定不属于破产债权。因此，管理人不能将行政罚款债权作为普通债权纳入财产分配，但可将其作为劣后债权进行处理。

【案例15】 施工资质出借方与借用方对工程损失承担连带赔偿责任

2008年12月1日，某某实业公司（以下简称实业公司）与某某第三建筑公司（以下简称第三建筑公司）签订《建筑工程施工合同》，约定由第三建筑公司承包实业公司开发建设的某某住宅楼及车库工程。2008年11月30日，第三建筑公司与尹某某签订《项目施工承包协议》，双方就某某住宅楼及车库工程的承包施工管理事项达成协议。《项目施工承包协议》约定：尹某某认可并严格履行第三建筑公司与业主签订的总承包合同，服从第三建筑公司管理，接受第三建筑公司定期或不定期的各项指导检查；实行自主经营，独立核算，自负盈亏，因该项目发生的一切债权债务均由尹某某承担，如出现亏损尹某某自愿以其家产作抵押，因对外欠债出现诉讼的由尹某某承担法律责任；第三建筑公司提取管理费为工程总造价的1%（不包括税金）。

2014年12月4日，汶上县人民法院受理第三建筑公司破产申请，同时指定了清算组为破产管理人。

2019年9月29日，济南市仲裁委员会作出（2017）济仲裁字第1949号裁决书，认定2008年12月1日第三建筑公司与实业公司签订的《建筑工程施工合同》因违反《招标投标法》的相关规定而为无效合同；2020年3月11日作出（2018）济仲裁字第2963号仲裁决定书，裁决第三建筑公司赔偿实业公司因延期交付涉案工程等而造成的经济损失共计1,369,355.82元。2020年10月12日，济南市天桥区法院作出（2020）鲁0105执异47号执行裁定，裁定实业公司应付第三建筑公司1,430,226.08元债务与第三建筑公司应付实业公司1,369,355.82元债务相互抵消，抵消后实业公司应支付第三建筑公司60,870.26元。

2021年11月，实业公司以尹某某为被告、以第三建筑公司为当事人，向历下区人民法院提出建设工程施工合同纠纷诉讼，请求：判决尹某某对济南仲裁委员会（2018）济仲裁字第2963号裁决书所确定的第三建筑公司的债务即赔偿损失1,369,355.82元及迟延履行金向原告实业公司承担连带清偿责任。

被告尹某某辩称，原告和被告不存在施工合同关系，被告只是该项目的项目经理，原告无权起诉被告尹某某。

第三建筑公司破产管理人辩称：2020年12月24日汶上县人民法院终结了第三建筑公司的破产程序，2021年1月14日注销了第三建筑公司的工商登记，同时因为有供分配的财产，汶上县人民法院于2021年10月14日以决定的形式恢复了破产管理人的职务，因第三建筑公司与原告实业公司之间的债权债务关系已经存在生效的法律文书，本案涉及的问题与第三建筑公司不存在直接利害关系，不再发表其他答辩意见。根据相关破产文书的记载，尹某某并没有被认定为第三建筑公司的职工，第三建筑公司只能认可其存在挂靠关系。

历下区人民法院认为，第三建筑公司主张其与尹某某为挂靠关系，尹某某则主张其为项目经理，与第三建筑公司属于内部承包关系。一般而言，区分挂靠与转包的标准应从实际施工人（挂靠人）有没有参与投标和合同订立等缔约磋商阶段的活动及合同实际履行情况加以判断。转包行为通常发生在转包人取得承包权之后，而挂靠一般是在被挂靠人订立合同之前或同时就形成借用资质的意思表示，或以被挂靠人的代理人或者代表的名义与发包人签订建筑施工合同，并实际履行施工合同。本案中，首先，从合同签订情况来看，尹某某代表第三建筑公司与实业公司签订《施工承包协议书》，并在合同上签字。后尹某某与第三建筑公司于2008年11月30日签订《项目施工承包协议》，实业公司与第三建筑公司于2008年12月1日签订《建筑工程施工合同》，证明尹某某于正式合同签订前就有借用第三建筑公司资质的意思表示。其次，从上述合同的内容来看，《建筑工程施工合同》与《项目施工承包协议》约定的为同一项工程，均为某某住宅楼及车库工程，另外《项目施工承包协议》约定由尹某某具体负责施工，实行自主经营，独立核算，自负盈亏，因该项目发生的一切债权债务均由尹某某承担；第三建筑公司负责协商办理和提供施工所需证件、手续等，在质量、安全管理、财务结算等方面提供服务，并按照工程总造价1%收取管理费。再次，从实际履行行为来看，第三建筑公司并未实际参与工程施工，按照《项目施工承包协议》的约定，该工程的施工人员由尹某某招聘，工人工资也由尹某某直接发放。最后，从身份关系来看，尹某某主张第三建筑公司授权其为该工程的项目经理，负责该工程的施工、保修及结算事宜，并提交授权委托书予以证明，但未提交劳动合同及社会保险等相关证据予以佐证，尹某某在庭审中也承认没有社会保险及劳动关系证明。因此，该院认定尹某某与第三建筑公司之间不存在劳动关系。综上，该院认为尹某某为该工程的实际施工人，实业公司与第三建筑公司签订的《建筑工程施工合同》是由尹某某借用第三建筑公司的施工资质实际履行的，尹某某与第三建筑公司之间应认定为挂靠关系。

根据最高人民法院《关于审理建设工程施工合同纠纷案件适用法律问题的解释（一）》第7条的规定，缺乏资质的单位或者个人借用有资质的建筑施工企业名义签订建设工程施工合同，发包人请求出借方与借用方对建设工程质量不合格等因出借资质造成的损失承担连带赔偿责任的，人民法院应予支持。对于原告请求被告尹某某对济南仲裁委员会（2018）济仲裁字第2963号裁决书所确定的第三建筑公司的赔偿损失金额1,369,355.82元向原告实业公司承担连带赔偿责任的诉讼请求，该院予以支持。对于原告实业公司主张债务履行期间的迟延履行金的诉讼请求，原告实业公司未提交相关证据证明被告尹某某对于导致该债务的迟延履行存在过错，对该诉讼请求该院不予支持。

历下区人民法院作出（2021）鲁0102民初13737号民事判决书，判决：（1）被告尹某某对济南仲裁委员会作出的（2018）济仲裁字第2963号裁决书所确定的第三建筑公司向实业公司支付损失赔偿金1,369,355.82元承担连带赔偿责任；（2）驳回原告实业公司的其他诉讼请求。

【案例16】 实际施工人挂靠经营有权取得工程款，但不享有优先受偿权

2015年5月，毛某借用A电力公司的资质，委托王某以项目经理名义与B电力公司签订《线路施工合同》。案涉线路工程由毛某组织人员、筹措资金进行施工，A电力公司未参与该工程施工。因此，毛某与A电力公司的关系为挂靠经营合同关系，毛某是案涉工程的实际施工人。在毛某施工过程中，线路工程发包人B电力公司在2015年6月至8月期间向A电力公司拨付工程进度款共计238万元，A电力公司陆续向毛某转款共计213.97万元，尚有24.03万元未付给毛某。2018年12月28日，广安市中级人民法院裁定受理A电力公司破产案，后指定华蓥市人民法院审理。

2019年8月，毛某以A电力公司为被告，向华蓥市人民法院提出破产债权确认纠纷诉讼，请求确认毛某对被告A电力公司享有优先债权24.03万元。

华蓥市人民法院认为，《建筑法》第26条规定："承包建筑工程的单位应当持有依法取得的资质证书，并在其资质等级许可的业务范围内承揽工程。禁止建筑施工企业超越本企业资质等级许可的业务范围或者以任何形式用其他建筑施工企业的名义承揽工程。禁止建筑施工企业以任何形式允许其他单位或者个人使用本企业的资质证书、营业执照，以本企业的名义承揽工程。"最高人民法院《关于审理建设工程施工合同纠纷案件适用法律问题的解释》第1条规定："建设工程施工合同具有下列情形之一的，应当根据合同法第五

十二条第（五）项的规定，认定无效：（一）承包人未取得建筑施工企业资质或者超越资质等级的；（二）没有资质的实际施工人借用有资质的建筑施工企业名义的；（三）建设工程必须进行招标而未招标或者中标无效的。"案涉工程系无资质自然人毛某借用有资质的施工企业 A 电力公司的名义承揽的工程，即毛某挂靠 A 电力公司承建的工程，毛某与 A 电力公司之间的挂靠与被挂靠行为应为无效。虽然毛某的挂靠行为无效，但被挂靠人 A 电力公司并未参与实际施工。案涉工程系实际施工人毛某筹措资金、组织人员进行施工，案涉工程的工程进度款、工程款依法应由实际施工人毛某享有。发包人将案涉工程的工程进度款拨付到 A 电力公司后，A 电力公司依法应将该工程进度款拨付给实际施工人毛某。因此，原告毛某主张其在被告 A 电力公司享有 24.03 万元债权的请求，该院予以支持。毛某与 A 电力公司之间系挂靠经营合同关系，而不是建设工程施工合同关系，对于被告 A 电力公司未向毛某支付的工程进度款 24.03 万元，毛某不享有优先受偿权。《企业破产法》第 113 条第 1 款规定："破产财产在优先清偿破产费用和共益债务后，依照下列顺序清偿：（一）破产人所欠职工的工资和医疗、伤残补助、抚恤费用，所欠的应当划入职工个人账户的基本养老保险、基本医疗保险费用，以及法律、行政法规规定应当支付给职工的补偿金；（二）破产人欠缴的除前项规定以外的社会保险费用和破产人所欠税款；（三）普通破产债权。"对于 A 电力公司应支付给原告毛某的工程进度款 24.03 万元，原告毛某认为该债权应为优先债权的主张，既无事实依据，亦无法律依据，该院不予支持。

华蓥市人民法院作出（2019）川 1681 民初 1366 号民事判决书，判决如下：(1) 确认原告毛某在被告 A 电力公司享有债权 24.03 万元；(2) 驳回原告毛某的其他诉讼请求。

【案例17】 发包人接受了挂靠人的工作成果，应向挂靠人支付工程款，但挂靠人无权要求被挂靠人承担连带给付责任

2017 年 3 月 28 日，某某建筑工程公司（甲方，以下简称建筑工程公司）与吴某某、王某1、王某2（乙方，以下简称吴某某三人）就高铁站前广场工程签订《合作协议》，约定：乙方借用甲方名义参与该项目的投标活动，

如果乙方投标成功，以甲方项目部名义施工，甲方承认该项目部的存在，但不参与该项目部的管理，该项目部的管理全部由乙方负责；甲方的资质使用费在中标后按工程款的1.5%缴纳（以最终审计结果为依据）；本工程所有债权债务及质量安全责任风险均由乙方承担。

2017年5月8日，城镇投资公司与建筑工程公司签订了《建设工程施工合同》，城镇投资公司将高铁站前广场工程发包给建筑工程公司施工。后吴某某三人按《合作协议》的要求开工建设高铁站前广场工程，2019年10月24日，该工程经竣工验收合格，竣工验收证书载明施工单位为建筑工程公司。城镇投资公司按建筑工程公司指示分三次将工程款700万元转入建筑工程公司指定的账号。

2020年5月，各方因工程余款支付产生纠纷，吴某某三人以城镇投资公司、建筑工程公司为被告，向阳新县人民法院提起建设工程合同纠纷诉讼，请求：（1）判令被告城镇投资公司支付工程款8,168,429.77元；（2）判令被告建筑工程公司承担连带责任。

被告城镇投资公司辩称：建筑工程公司将工程非法转包给三原告的行为没有得到城镇投资公司许可，属于借用资质的违法转包，三原告与城镇投资公司没有合同关系，其没有资格起诉城镇投资公司；三原告与建筑工程公司是"合作关系"，其没有资格以个人名义向城镇投资公司主张欠付工程款；城镇投资公司只认可三原告是受建筑工程公司的指派，而不是实际施工人；城镇投资公司欠建筑工程公司8,168,429.77元未付属实，但不能重复支付给三原告，若建筑工程公司没有意见，城镇投资公司也同意直接向三原告支付。

被告建筑工程公司提交书面答辩状辩称：吴某某三人与建筑工程公司签订的协议已经履行完毕，无须再承担其他责任；吴某某三人与建筑工程公司之间不是转包或违法分包的关系，而是挂靠施工关系，被挂靠人没有对发包人差欠工程款的行为负连带责任的事实和法律基础，城镇投资公司未支付该笔工程款给建筑工程公司，建筑工程公司不是施工行为受益者。

阳新县人民法院认为，最高人民法院《关于审理建设工程施工合同纠纷案件适用法律问题的解释（二）》第24条规定："实际施工人以发包人为被告主张权利的，人民法院应当追加转包人或者违法分包人为本案第三人，在查明发包人欠付转包人或者违法分包人建设工程价款的数额后，判决发包人在欠付建设工程价款范围内对实际施工人承担责任。"本案中，高铁站前广场工程已竣工并经包括发包人即被告城镇投资公司在内的各单位验收合格，结合本案查明的事实，三原告系该工程的实际施工人，在欠付工程款范围内向被告城镇投资公司主张权利，符合法律规定，应予支持。对于尚欠工程款的具体数额，结合工程结算造价审核编制报告书及各方陈述，该院确认工程款为 8,168,429.77 元。

关于三原告要求被告建筑工程公司负连带清偿责任的诉请，根据双方签订的《合作协议》以及三原告向被告建筑工程公司支付资质使用费可知，三原告和被告建筑工程公司之间不是转包或者非法分包的关系，而是挂靠施工关系。挂靠关系中，挂靠人向发包人主张工程款，是由于发包人接受了挂靠人的工作成果，从而产生了向挂靠人对应给付工程款的义务，但被挂靠人没有对发包人差欠工程款的行为负连带责任的事实与法律基础，挂靠人无权要求被挂靠人在发包人差欠工程款的范围内向其承担连带给付责任，因此本案被挂靠人即被告建筑工程公司无须在被告城镇投资公司差欠工程款的范围内承担连带给付责任，该院对三原告此诉请依法不予支持。同时，在被告城镇投资公司差欠被告建筑工程公司工程款与被告建筑工程公司差欠原告工程款相一致的情况下，出于对实际施工人合法权利的保护，应由被告城镇投资公司将差欠的工程款直接支付给三原告。

阳新县人民法院作出（2020）鄂 0222 民初 1734 号民事判决书，判决：被告城镇投资公司支付原告吴某某三人工程款 8,168,429.77 元及利息，驳回原告吴某某三人的其他诉讼请求。

十一、建筑施工合同的解除与继续履行

在破产清算、破产重整、破产和解三大程序中，管理人处置双方均未履行完毕的建筑施工合同的情况是不同的。在破产清算中，因建筑施工企业无法继续履行，管理人在通常情况下都会选择解除合同，将建筑施工企业的在建工程交还给建设单位，同时结算工程款和赔偿损失，将取得的工程款或者补偿款作为破产财产进行处置。在破产和解中，管理人则应根据债权人与债

务人的协商结果决定解除合同还是继续履行合同。在破产重整中，根据《企业破产法》第 18 条第 1 款的规定，由管理人根据破产重整是否需要决定解除还是继续履行双方均未履行完毕的建筑施工合同。这里分析管理人在破产重整中对建筑施工合同的处置问题，即选择解除合同还是选择继续履行合同的问题

（一）管理人选择继续履行建筑施工合同的基本判断

《企业破产法》第 18 条第 1 款赋予管理人解除合同还是继续履行合同的选择权，但管理人不能轻易决定解除双方均未履行完毕的建筑施工合同，而应根据建筑施工合同以及在建工程对破产重整有无作用、对债权人是否有利来慎重考虑如何处置建筑施工合同。

破产重整的目的是拯救债务危机企业，使之恢复正常的生产经营能力，而建筑施工合同是维持建筑施工企业生存和拯救建筑施工企业的必要条件，故建筑施工合同的履行状况应被作为破产重整是否具有可行性的重要因素进行考量。基于建筑施工合同对建筑施工企业的重要性，本书主张，在破产重整时对可以继续履行的建筑施工合同尽可能选择继续履行，但管理人需从以下两个方面进行判断。

1. 债权人利益最大化

债权人利益最大化是破产重整所追求的主要目标之一。实现这一目标，应在尽可能避免债务人财产损失的同时，使其财产利益最大化，只有债务人的财产利益最大化，才能实现债权人利益的最大化。因此，管理人应当考虑建筑施工企业继续生存以及吸引投资人的需要，在建筑施工合同仍有利用价值的情况下应当首选继续履行该合同，一方面避免解除合同带来的损失赔偿导致建筑施工企业财产减少的情况，另一方面通过继续履行获得收益，使建筑施工企业增加财产利益，最终实现债权人利益的最大化。

2. 兼顾社会公共利益

建筑工程所涉的社会公共利益主要表现在其本身具有社会公共性，如房地产开发、道路交通、供水供电等工程等都涉及一定范围内的社会公共利益，且工期安排紧凑不容拖延。如果选择解除合同，就很有可能造成建筑工程停工停产，损害社会公共利益。譬如，建筑施工企业承建房地产开发工程，如

果在破产重整中解除建筑施工合同,必然造成工期拖延,甚至停工停产,这会使发包人房地产开发企业不能按期向购房者交付商品房,造成房地产开发企业逾期交付的损失,同时损害预售购买者的利益,甚至引发不利于社会稳定的问题。

在实践中,债权人利益最大化与兼顾社会公共利益往往会发生冲突。譬如,管理人选择继续履行建筑施工合同,虽然符合社会公共利益,但若导致建筑施工企业继续亏损,则对债权人不利。对此,本书认为,在破产重整中以债权人利益为代价维护社会公共利益,不符合《企业破产法》"保护债权人和债务人的合法权益"的立法宗旨。再者,债权人利益在广义上也属于社会公共利益,因此,应当在维护债权人利益的前提下"兼顾"社会公共利益,而不能疏忽债权人利益"只顾"社会公共利益。

在建筑施工企业破产重整中,管理人依法决定继续履行合同的,建设单位没有合法事由是不得主张解除合同的。所以,《企业破产法》第18条第2款规定,"管理人决定继续履行合同的,对方当事人应当履行"。但在建筑施工企业破产的情况下,让建设单位继续履行合同会给其带来很大的风险,故该款又规定"对方当事人有权要求管理人提供担保。管理人不提供担保的,视为解除合同"。

(二)根据具体情况选择解除或继续履行

债权人利益最大化和兼顾社会公共利益是选择解除合同还是继续履行合同的原则要求,而管理人在实践中对个案所涉的建筑施工合同还要根据具体情况进行选择。

1. 尚未实际开建的选择

建筑施工企业虽与建设单位订立建筑施工合同,但尚未动工开建就进入破产程序的,在"资不抵债"的情况下仅凭自身力量是无法履行合同的,同时也难以筹措资金投入施工,此时,有无重整投资人以及重整投资人是否愿意接受建筑施工合同会起到决定性作用。重整投资人愿意接受的,管理人应当决定继续履行合同;重整投资人不愿接受的,管理人应当决定解除合同。例如,有些濒临破产的建筑施工企业,为了保住企业而勉强维持经营,在招投标时明知没有盈利,也把工程款压低中标承建,重整投资人认为没有盈利而看不上建筑施工合同的，管理人应当决定解除合同，给重整投资人减压。

2. 建筑工程处于在建状态下的选择

建筑施工企业已经开始履行建筑施工合同，建筑工程处于在建状态，建筑施工企业在其中已有相应的投入产生了权益，在此情况下，如果解除合同将承担赔偿责任，很不合算，且可利用在建工程融资，如在建工程抵押或者有其他途径得以融资，能使建筑施工企业资产最大化的，就应决定继续履行合同。但建筑施工企业因出现债务危机濒临破产，承建建筑工程往往处于停建状态，在此情况下，建筑施工企业即使对在建工程享有一定的权益，也不一定能够继续履行建筑施工合同。所以，管理人决定继续履行合同前必须充分考虑承建工程复工续建有无可行性的问题，若能筹措资金满足复工续建需求，重整投资人投资复工续建或者接管在建工程的，在落实复工续建方案后，管理人方可决定继续履行。否则，管理人即使决定继续履行合同，在建工程客观上无法复工续建的，则应决定解除合同。关于承建工程复工续建的具体问题，后面再做专题分析。

3. 建筑工程已经竣工的选择

建筑工程已经竣工，说明建筑施工企业已经履行了建筑施工合同约定的主要义务，此时，管理人不能行使合同解除权，而应决定继续履行合同，并协助建筑施工企业与建设单位对竣工工程进行验收并结算工程款，然后将取得的工程款作为重整资产进行处置。建筑工程经验收质量不合格的，管理人在一般情况下也不宜解除合同，而应协助建筑施工企业依据《建筑法》《民法典》的有关规定，在建设单位给予的合理期限内进行修理或者返工、改建，后经验收合格的，建筑施工企业在承担修复费用和违约责任后取得工程款。建筑施工企业无力返工、改建的，管理人才可决定解除合同，由此造成建设单位损失的，应由建筑施工企业承担赔偿责任，建设单位由此产生的损害赔偿请求权可以申报债权。

建筑工程已经验收合格的，建设单位应当按约向建筑施工企业支付工程款，建设单位未全部支付工程款的，管理人不得决定解除建筑施工合同，而应代表建筑施工企业向建设单位追收工程款。

(三) 管理人行使建筑施工合同解除权的法定条件

为使建筑施工企业经过破产重整得以生存，本书虽然主张尽可能选择继续履行建筑施工合同，但建筑施工企业无法继续履行，或者继续履行将给债权人实现债权带来不利的，则应解除合同。根据《企业破产法》第18条第1款的规定，管理人行使建筑施工合同解除权应当符合以下两个法定条件：

一是建筑施工合同在法院裁定受理破产申请前已经成立。此前未成立的建筑施工合同不存在解除问题，此后因破产重整需要另行订立的建筑施工合同，不适用《企业破产法》第18条的规定进行解除，只有在法院裁定受理建筑施工企业破产申请前已经成立的但双方均未履行完毕的带入破产程序的建筑施工合同，才可以适用《企业破产法》第18条第1款的规定进行解除。

二是双方对建筑施工合同"均未履行完毕"。《企业破产法》第18条规定中的"债务人和对方当事人均未履行完毕的合同"，就建筑施工合同而言，是指建设单位和建筑施工企业都未履行完毕。双方均未履行完毕，包括双方当事人均未开始履行、双方均已开始履行但均未履行完毕、一方已经履行完毕但对方未履行完毕三种情形。但这里未履行完毕通常是指合同约定的主要义务未履行完毕，而非合同约定的对当事人权益影响不大的义务未履行完毕，如果合同约定的所有义务都已履行完毕，则不可再解除合同。例如，建筑施工企业承建的建筑工程尚未竣工，建设单位未全部支付工程款，此时，管理人可以行使合同解除权。但若建筑工程已经竣工并经验收合格，只是建设单位拖欠工程款的，双方仅为债权债务关系，管理人只能向建设单位追索尚欠的工程款，而不能依职权解除建筑施工合同，否则有损建筑施工企业及其债权人的利益。

(四) 管理人行使决定权的法定程序

在符合上述法定条件的情况下，根据《企业破产法》第18条第1款的规定，管理人决定解除或者继续履行建筑施工合同的，应自破产申请受理之日起2个月内通知对方建设单位。对方建设单位催告管理人是否继续履行合同的，管理人应自收到催告之日起30日内予以明确答复。管理人超过上述期间未通知或者未答复的，视为解除合同。

在实践中，管理人根据破产重整的需要，本想或者应当继续履行建筑施工合同，但若因工作失误或者疏忽大意，在上述规定的期限内未通知对方建设单位继续履行合同，或者自收到对方建设单位催告之日起在上述规定期限内未做答复的，则被视为解除合同，这就有可能给破产重整带来不利，甚至给建筑施工企业及其债权人造成损失。

（五）转包、违法分包、挂靠合同的处置

《企业破产法》第18条第2款虽然规定"管理人决定继续履行合同的，对方当事人应当履行"，但管理人决定继续履行合同是在合同有效的基础上进行的选择。建筑施工企业承揽建筑工程后，将所承揽的建筑工程转包、违法分包给第三人施工属于违法行为，由此订立的转包合同、违法分包合同属于无效合同。在合同无效状态下，管理人无权在破产重整中选择解除合同还是继续履行合同，而只能对这类合同做无效处理。

但转包合同、违法分包合同无效不会导致其基础合同即建筑施工企业与建设单位订立的建筑施工合同无效。在建筑施工企业转包、违法分包的情况下，建筑施工合同是否继续履行，首先应由建设单位决定。建设单位认为建筑施工企业转包、违法分包对其不利的，可以依据《民法典》第806条第1款"承包人将建设工程转包、违法分包的，发包人可以解除合同"的规定行使合同解除权，即解除其与建筑施工企业订立的建筑施工合同。建设单位在此情形下单方行使合同解除权属于法定权利，管理人在破产重整中应当予以配合。建设单位未行使合同解除权的，管理人才可以依据《企业破产法》第18条第1款的规定选择继续履行合同或者解除合同，但选择继续履行建筑施工合同的，转包或者违法分包行为应已消除，不能让转包、违法分包的行为在继续履行的建筑施工合同中存在。

建筑施工企业允许其他单位、个人挂靠施工资质的，首先应当分清因挂靠订立的建筑施工合同有效还是无效。该类建筑施工合同因违反《民法典》《建筑法》效力性强制规定而无效的，与转包合同、违法分包合同一样，管理人不得依据《企业破产法》第18条第1款的规定选择解除建筑施工合同或者继续履行建筑施工合同，应在破产重整中对其做无效处理。只是违反《民法典》《建筑法》管理性强制规定并不导致建筑施工合同无效的，管理人才可以依据《企业破产法》第 18 条第 1 款的规定选择解除合同或者继续履行合同。

【案例 18】 发包人破产重整，承包人无法继续履行承包合同，法院判决解除承包合同

2015 年 9 月 23 日，某某置业公司（房地产开发企业，以下简称置业公司）向某某建设集团公司（以下简称建设集团公司）发出中标通知书，确定建设集团公司中标某某乐园建筑工程。同日，建设集团公司作为总承包人与置业公司签订《某某乐园建筑工程施工总承包合同》，约定建设集团公司承包置业公司开发的某某乐园建筑工程。此后，因增加零星改造项目，双方签订了两份补充协议。2015 年 10 月 29 日，双方签订《某某码头项目燃气管道外包装饰设计及施工工程协议书》，约定建设集团公司承包置业公司发包的某某码头项目燃气管道外包装饰设计及施工，后又签订了两份补充协议。

上述合同签订后，建设集团公司对合同约定的工程项目进行施工。在建设集团公司按照合同约定完成部分工程后，因置业公司欠付工程款停工两年多，建设集团公司于 2018 年 7 月、8 月将项目管理人员及施工设备机具等撤场。置业公司因欠付大量债务，黄岛区人民法院根据债权人的申请，于 2020 年 8 月裁定受理置业公司破产重整一案。建设集团公司向置业公司管理人申报债权。2020 年 12 月 1 日，置业公司管理人在债权人会议的债权表中确认建设集团公司债权 44,665,784.27 元，并将其确认为优先受偿债权。

2020 年 7 月，建设集团公司以置业公司为被告，向青岛市中级人民法院提出建设工程施工合同纠纷诉讼，请求：（1）解除原告与被告签订的《某某乐园建筑工程施工总承包合同》及两份补充协议；（2）解除原告与被告签订的《某某码头项目燃气管道外包装饰设计及施工工程协议书》及两份补充协议；（3）判决被告向原告支付工程款 51,837,349.23 元及利息；（4）确认原告对其承建的工程享有建设工程款优先受偿权。

青岛市中级人民法院认为，原告主张解除与被告签订的建设工程施工合同及补充协议，符合法律规定。被告置业公司不同意解除合同，并主张已根据《企业破产法》第 18 条的规定向原告发出通知要求继续履行合同。对此

该院认为，《企业破产法》第18条规定："人民法院受理破产申请后，管理人对破产申请受理前成立而债务人和对方当事人均未履行完毕的合同有权决定解除或者继续履行，并通知对方当事人。管理人自破产申请受理之日起二个月内未通知对方当事人，或者自收到对方当事人催告之日起三十日内未答复的，视为解除合同。管理人决定继续履行合同的，对方当事人应当履行；但是，对方当事人有权要求管理人提供担保。管理人不提供担保的，视为解除合同。"被告存在大量债务未能清偿，被告管理人亦没有提供履行合同的担保，原告亦早已停工且将工程机械设备及人员等撤场，亦已无法继续履行合同，因此，对于被告要求继续履行合同的意见，该院不予支持。此外，尽管合同不再履行，原告作为原承包人，对于合同解除后的后续施工、竣工手续中如有需要由原告提供其所掌握的资料或必须由原告配合的事宜，仍应当进行提供协助或进行配合，此应作为合同解除及相应后果处理的附随义务。

关于工程欠款及利息问题。根据双方审计确认以及债权人会议确认的结果，被告欠原告工程款44,665,784.27元应予支付。关于利息部分，因原告已向被告出具承诺函，承诺在被告、第三方审计及破产重整管理人三方认可结算值、结算书经三方盖章完成且今后不得对该结算书提出任何异议的前提下，放弃对贵司进行工程款利息的索赔。据此，对于原告在本案中主张的利息部分，该院不予支持。

关于工程款优先受偿权问题。根据《合同法》第286条的规定："发包人未按照约定支付价款的，承包人可以催告发包人在合理期限内支付价款。发包人逾期不支付的，除按照建设工程的性质不宜折价、拍卖的以外，承包人可以与发包人协议将该工程折价，也可以申请人民法院将该工程依法拍卖。建设工程的价款就该工程折价或者拍卖的价款优先受偿。"原告作为总承包人与被告签订了建设工程施工合同，涉案工程在诉讼前未完工及结算，本案诉讼中双方对结算达成一致，原告对其已施工的工程项目主张工程款优先受偿权，符合法律规定，该院予以支持。

青岛市中级人民法院作出（2020）鲁02民初1324号民事判决书，判决如下：（1）解除原告与被告签订的各份合同及补充协议；（2）被告置业公司于本判决生效之日起10日内向原告建设集团公司支付工程款44,665,784.27

元；（3）原告建设集团公司就其施工的案涉工程项目在 44,665,784.27 元范围内享有工程款优先受偿权；（4）驳回原告建设集团公司的其他诉讼请求。

【案例19】 法院依法判决解除劳务承包合同，依照破产规则处理劳务承包人的相关债权

2014 年 8 月 18 日，某某劳务公司（以下简称劳务公司）与某某建设集团（以下简称建设集团）签订《劳务承包合同》，约定由劳务公司承包建设集团承建的某某安置房工程的全部土建的劳务施工。双方合同签订后，劳务公司分 5 次向建设集团交纳履约保证金 800 万元。此后劳务公司组织人员对上述土建工程进行施工。截至 2015 年 1 月 12 日，建设集团向劳务公司支付劳务班组工资 900 万元，代支电费 141,993 元，共计 9,141,993 元。2015 年 2 月 6 日，广安市中级人民法院受理建设集团破产重整申请后，建设集团停止施工承建的安置房工程，劳务公司随之停止土建施工。停工期间，双方对施工期间所产生的劳务费用未进行结算。劳务公司向建设集团管理人申报债权本金 22,557,663.10 元，建设集团管理人审查后不予确认。

2019 年，劳务公司向前锋区人民法院提出破产债权确认纠纷诉讼，请求：（1）依法解除原告、被告双方所签订的《劳务承包合同》；（2）依法判令被告建设集团向原告支付劳务费、保证金、辅材和误工损失、资金占用利息、违约金等共计 31,537,663.10 元，扣除被告已经支付的 8,980,000 元后为 22,557,663.10 元；（3）依法确认原告对上述款项在被告破产债权中享有优先受偿的权利。

前锋区人民法院认为，根据《企业破产法》第 18 条第 1 款之规定，管理人未通知原告建设集团继续履行合同而其自身行为明确表示不再履行合同的，视为管理人解除原告、被告之前签订的《劳务承包合同》。在庭审中，原告、被告一致同意以 9,141,993 元作为涉案工程劳务费用最终结算依据，双方就此已无纠纷，该院予以确认。

关于原告主张的各类损失能否得到支持的问题。原告、被告签订的《劳务承包合同》明确约定了由被告负责人工费，采购、保管、运输等费用由原

告负责承担，且原告、被告在履行涉案合同中均无过错，故对原告主张的各种损失，该院不予支持。

关于原告主张的违约金能否得到支持的问题。由于被告在施工期间申请破产，依据最高人民法院《关于审理企业破产案件若干问题的规定》第55条的规定，违约金不得作为破产债权，故对原告要求被告支付违约金的诉讼请求，该院不予支持。

关于原告主张被告返还保证金的问题。被告在庭审中自认保证金800万元仍在公司未返还给原告，该院予以确认。根据《企业破产法》第109条、第113条的规定，原告对被告享有的保证金800万元债权系普通债权，并不享有优先受偿权，故对原告主张对保证金享有优先受偿权的意见，该院不予支持。

关于被告是否应向原告支付资金占用利息的问题。依据《企业破产法》第46条"未到期的债权，在破产申请受理时视为到期。附利息的债权自破产申请受理时起停止计息"的规定，原告向被告交纳的履约保证金加速到期同时停止计收资金利息，故对原告要求被告支付保证金资金占用利息的主张，该院不予支持。

前锋区人民法院作出（2019）川1603民初788号民事判决书，判决如下：(1) 解除原告劳务公司与被告建设集团签订的《劳务承包合同》；(2) 确认原告劳务公司对被告建设集团享有保证金800万元的债权；(3) 驳回原告劳务公司的其他诉讼请求。

十二、继续履行承包合同的复工续建

这里的复工续建，专指建筑施工企业对因资金断链已经停止施工的承建工程在破产重整中恢复建设并使之竣工的行为。建筑施工企业对承建工程已经开工建设，后因债务危机停工停建，管理人在建筑施工企业破产重整中决定继续履行建筑施工合同，在建工程就必须复工续建。也可以说，只有在能够复工续建的条件下，管理人才可以决定继续履行建筑施工合同。

建筑施工企业停工停建的原因较多，有的是技术原因，有的是规划改变，有的是违法建设，有的是建设单位无力支付预付款、进度款，还有的可能是

发生重大的安全事故、工程质量问题,当这些原因消除后,建筑工程就可自动复工续建。但就建筑施工企业破产而言,停工停建的主要原因是债务危机导致资金断链,所以要在破产重整中继续履行建筑施工合同,首先必须解决复工续建的可行性和资金来源两大问题。

(一)在建工程复工续建可行性分析

建筑施工企业承建工程,前期投入较多,如参与投标的费用、缴纳保证金、采购前期的建筑材料和尚缺设备等。而建设单位给付的预付款不一定能够满足这些需求,特别是建筑施工企业在自有资金不足的情况下承建大中型建筑工程,如果前期投入就靠融资,后续更会遇到严重的财务困难,此时如果依赖借款、赊欠材料款、拖欠民工工资等维持施工,加之运作不当、管理不善,出现资金断链,就很容易出现自身原因造成停工停建的问题。但是,即使建筑施工企业对外负有大量债务,因其对承建工程已有人力、材料、保证金等投入,也对建设单位就承建工程享有相应的工程款,且就工程款享有超级优先受偿权,加之承建工程一般都有一定的利润空间,届时承建工程得以竣工,建筑施工企业可以收回工程款清偿大部分债务,这就为继续履行建筑施工合同并复工续建在理论上提供了可行性。

在建筑施工企业仍有拯救价值的情况下,在建工程复工续建的可行性还表现于以下几个方面的支持:

一是复工续建使建筑工程得以竣工,届时达到建设单位发包目的,能够避免建设单位因建筑施工企业破产清算带来的损失,故建设单位通常都会支持建筑施工企业破产重整以及复工续建。

二是复工续建不仅可以避免解除合同带来的损失赔偿,还可以使建筑工程得以竣工,使建筑施工企业取得完整的工程款,从而实现债权人的利益最大化,故建筑施工企业破产重整以及复工续建的方案会得到绝大多数甚至全体债权人的支持,容易获得债权人会议表决通过。

三是复工续建能使建筑工程资源得以重新配置,且能兼顾社会公共利益,有利于社会稳定,容易得到当地政府及其有关部门的支持。

(二)共益债务为复工续建融资提供法律支撑

在破产状态下,即使建筑施工企业复工续建具有上述可行性,首先也需解决后续资金投入问题。实践中遇到的主要问题是，资金融出方担心今后的债权能否得以保障并顺利实现，在无此把握的情况下，资金融出方往往不愿向建筑施工企业提供资金。在破产重整中，解决该问题的有效方法是将因复工续建融入的资金，根据《企业破产法》第42条"为债务人继续营业而应支付的劳动报酬和社会保险费用以及由此产生的其他债务"的规定，作为共益债务处理，从而确保资金融出方的债权安全。

共益债务是指在债务人破产程序中为债权人、债务人的共同利益所负担的债务。建筑施工企业在破产重整中为复工续建融入资金，使承建工程得以复工续建，最后取得工程款，该资金也就属于建筑施工企业及其债权人的共同利益。共益债务主要是从目的上进行判断的，无论复工续建成功还是失败，建筑工程质量是否合格，共益债务都应随时清偿。

根据《企业破产法》第43条"破产费用和共益债务由债务人财产随时清偿"的规定，共益债务可不列入破产财产分配的清偿顺序，可随时以债务人的财产进行清偿。因为共益债务在法律上有此超级优先受偿权，为资金融出方提供了切实有效的保障，加之共益债权人（资金融出方）另有利息收益或者投资收益等利益，所以为复工续建融资提供了可能性。

（三）复工续建的融资对象和融资方式

破产重整中的融资方式与企业正常情况下的融资方式基本相同，包括银行贷款、民间借款、内部筹资、融资租赁、供应链融资等。但在"资不抵债"的状态下，即使复工续建具有可行性，融入资金也是有困难的，若能找到合适的融资对象并能保障资金融出方的债权届时得以实现，复工续建便有机会融得资金。从上述有利条件来看，本书认为向以下单位或者个人融资成功的可能性较大：

1. 向银行抵质押贷款

建筑施工企业与建设单位不同，建设单位可以提供土地使用权、在建工程抵押获取银行的大量贷款来续建工程，而建筑施工企业并非在建工程的所有权人，不可能拿在建工程进行抵押贷款。建筑施工企业的不动产不多，即使有不动产，在破产前也已用于抵押贷款；建筑施工企业资产大多是施工设备以及其他轻资产，这些资产抵押价值不大，因此难以满足复工续建的融资需求。但在国家的支持和促进建筑业高质量发展政策的引导下，许多地方政府和金融机构正在加大对建筑业的金融支持力度。例如，山东省12部门联合印发的《关于促进建筑业高质量发展的十条措施》（2021年）指出，允许建筑企业在承接政府投资项目后凭施工许可证等材料向银行申请抵质押贷款；人民银行济南分行将给予再贷款、再贴现等货币政策工具支持；对建筑企业参与PPP项目或承接投资、建设、运营一体化项目的，金融机构依法合规给予融资支持。又如，烟台市有关部门联合印发的《关于做好建筑企业申请抵质押贷款工作的通知》（烟建建管〔2021〕50号），要求各驻烟银行机构扩大建筑业企业抵质押业务范围，继续做好建筑业企业抵质押工作，其中指出，注册地在烟台的建筑业企业可以凭建筑材料、工程设备、在建工程等向银行机构申请抵质押融资，或凭应收账款、股权、商标权、专利权等向银行机构申请质押融资；注册地在烟台的建筑业企业在承接政府投资项目后，可以凭该项目的建筑工程施工许可证、中标通知书、建设工程施工合同等材料，向银行机构申请抵质押贷款。

地方政府和金融机构出台这些新政策，将有力地解决建筑施工企业"融资难""贷款难"的问题。建筑施工企业虽处于破产重整的状态，但在复工续建具有可行性、抵质押贷款债权可不依赖破产程序受偿且可为共益债务随时清偿的情况下，根据当地有关融资支持政策，可凭施工许可证、中标通知书、建设工程施工合同等材料向银行申请抵质押贷款；可凭建筑材料、工程设备、应收账款、股权、商标权、专利权等向银行申请质押贷款。银行贷款债权在破产重整中得以有效保障的，建筑施工企业也就容易取得银行贷款来完成复工续建任务。但从金融机构的要求来看，建筑施工企业在破产重整中从银行融入的资金，一般限于流动资金使用，而不能为建设单位垫资，也不宜用于购买大型施工设备。复工续建若需大型施工设备，应采取融资租赁方式承租，然后向出租人分期支付租金，在续建工程竣工后再将设备返还融资租赁企业，从而缓解资金困难。

2. 向建设单位借款

建筑施工企业濒临破产致使承建工程停工停建，建设单位当然停止支付进度款，这对建筑施工企业来说是雪上加霜，会使建筑施工企业债务越陷越深。但管理人决定继续履行建筑施工合同,并在具有可行性的前提下对在建工程进行复工续建,这对建设单位有利无弊。此时,建筑施工企业可向建设单位提出融资,如要求提前支付材料款或者进度款,待工程竣工验收后再行结算。建设单位不愿提前支付的,建筑施工企业可以向其要求借款并支付其利息,管理人将该借款作为共益债务处理。在此情况下,建设单位如有资金都会予以理解和支持,从而解决在建工程复工续建的资金短缺问题。

3. 请求意向投资人融资

在破产重整中,建筑施工企业能够获得足够融资是复工续建最为可靠的方式,但即使复工续建工程最后竣工能使其资产最大化,也不一定满足破产重整的要求,故还需要其他重整模式配合。在此情况下,管理人决定引入重整投资人的,在意向投资人尚未成为正式重整投资人之前,为避免继续停工停建造成损失,复工续建急需资金投入的,建筑施工企业可请求意向投资人融入资金。在意向投资人尚未成为正式重整投资人之前,建筑施工企业可以采取借贷方式向意向投资人借款,届时正式确定意向投资人为重整投资人的,该借款可与重整投资人的投入资金进行折抵;如果意向投资人最终不能成为重整投资人,该借款作为共益债务进行清偿,或者依照借款合同的约定进行清偿。

(四) 复工续建及其融资的许可过程

根据《企业破产法》第26条、第61条的规定,在第一次债权人会议召开之前,管理人决定继续营业的,应当经人民法院许可;在第一次债权人会议召开时,管理人决定继续营业的,应经债权人会议通过。管理人决定继续履行建筑施工合同并复工续建以及融资是一种继续营业行为,根据《企业破产法》第81条的规定,继续履行建筑施工合同、复工续建及其融资等内容,应当编入重整计划草案,然后连同重整计划草案提交债权人会议表决通过。债权人会议经表决不予通过,除人民法院强制裁定批准重整计划草案外,管理人只能解除建筑施工合同。

【案例20】重整投资人出借续建资金给承包人,发包人已清欠承包人工程款的,共益债权不再存在

2014年12月15日,A房地产公司与电力工程公司签订《某某国际项目配电工程建设合同》，约定由电力工程公司承建A房地产公司开发建设的某某国际项目的电力工程，后A房地产公司与电力工程公司签订多份建设合同和补充协议。2019年双方发生建设工程施工合同纠纷，霞浦县人民法院作出（2019）民初1748号民事判决书，后经宁德市中级人民法院再审判决，A房地产公司应向电力工程公司支付工程款、逾期利息、违约金，并向电力工程公司返还履约保证金。2019年7月9日，霞浦县人民法院受理A房地产公司破产重整申请。

2019年7月15日，A房地产公司、电力工程公司、B房地产公司签订《三方协议书》，约定：某某国际项目因资金原因中途停建，B房地产公司有意向成为重整投资方，电力工程公司愿意继续完成某某国际项目二期工程；B房地产公司同意将2000万元保证金中的700万元以分期付款的方式借给电力工程公司，若A房地产公司进入破产重整程序，则B房地产公司作为重整投资人，三方按照协商结果确认工程款。《三方协议书》还约定：在A房地产公司破产程序中，电力工程公司应按照A房地产公司与电力工程公司之间签订的合同形成的结果申报债权，管理人对债权最终确认结果优于本条；B房地产公司成为重整投资人后，电力工程公司按照前款约定获得债务清偿的，A房地产公司和电力工程公司之间的债权债务全部了结。《三方协议书》签订后，B房地产公司分四次给付电力工程公司700万元。

电力工程公司向A房地产公司管理人申报债权，其中包括主张对700万元借款作为共益债权清偿，管理人将该700万元借款认定为普通债权。B房地产公司也向管理人申报700万元共益债权，管理人予以认定。电力工程公司就700万元借款共益债权问题向管理人提出异议，同时对B房地产公司申报的700万元共益债权也提出异议。管理人对电力工程公司的异议不予采纳。

2020年7月，电力工程公司向霞浦县人民法院提起债权确认诉讼，在主张其他工程款债权的同时，请求法院确认其对A房地产公司的700万元借款属于共益债权，并主张对B房地产公司申报的700万元共益债权不予确认。

2020年5月28日，A房地产公司管理人确定B房地产公司为破产重整投资人。2020年8月7日，A房地产公司第三次债权人会议表决通过A房地产公司重整计划草案，后霞浦县人民法院裁定批准A房地产公司重整计划，并终止A房地产公司重整程序。2021年1月4日，B房地产公司向管理人撤回700万元共益债权申报并确认不再申报。

霞浦县人民法院认为，根据《企业破产法》第42条的规定，人民法院受理破产申请后发生的因管理人或者债务人请求对方当事人履行双方均未履行完毕的合同所产生的债务为共益债务。因此，电力工程公司主张的续建工程款为共益债权符合法律规定，并且可以从债务人财产中随时清偿。《三方协议书》第3条约定，因A房地产公司无力支付工程款，由B房地产公司向电力工程公司分期出借资金用于完成后续工程。B房地产公司作为重整投资人，按照A房地产公司重整计划的规定，负有向A房地产公司提供偿债资金的义务，其重整投资包含清偿A房地产公司欠付电力工程公司的工程款。电力工程公司在收取B房地产公司给付的700万元款项过程中已经开具建筑服务增值税普通发票。因此，电力工程公司的工程款债权已在B房地产公司给付的700万元工程款中获得清偿，三方应按照《三方协议书》的相关约定进行结算。本案审理中，对于电力工程公司对B房地产公司申报的700万元共益债权不予确认的诉讼请求，因B房地产公司已向管理人撤回其申报的700万元共益债权并确认不再重新申报，B房地产公司申报700万元共益债权的事实已经不存在，电力工程公司坚持该诉讼请求缺乏基础事实，不予支持。

霞浦县人民法院作出（2020）闽0921民初2237号民事判决书：驳回电力工程公司的诉讼请求。电力工程公司不服上述一审判决，向宁德市中级人民法院上诉，宁德市中级人民法院作出（2021）闽09民终1142号民事判决书：驳回上诉，维持原判。

【案例21】 管理人在破产重整期间安排挂靠的工程款作为共益债务随时清偿

某某省建设集团（以下简称建设集团）具有房屋建筑工程施工总承包一级资质等，是某某省唯一一家省管国有建筑施工企业，后因自身发展迟缓、业务模式落后等发生债务危机，当地省国资委组织清算组对其进行清算，后经某某省政府研究，省国资委授权某某化工集团（以下简称化工集团）托管建设集团，化解建设集团债务危机。2019年7月，建设集团向某市中级人民法院申请破产重整，某市中级人民法院作出（2019）豫01破申38号民事裁定书，裁定受理建设集团的破产重整申请；同日作出（2019）豫01破申38号决定书，指定建设集团破产重整清算组担任建设集团管理人。

截至审计基准日，建设集团全部资产市场评估值为7.3亿元，若在清算状态下评估值为7.2亿元。管理人经审查，确认建设集团债权人的债权金额为13.8亿元，待确认债权金额为5.4亿元。经评估机构测算，建设集团假设破产清算的清偿率为9.2%，实际债权清偿率可能会更低、债权获偿时间更久，且有大量挂靠施工的在建工程项目尚未竣工，涉及发包方、承包方、分包方、实际施工人、供应商、农民工、购房户等众多利益群体，如果简单适用《企业破产法》禁止对债权人个别清偿的规定，必然导致许多工程项目停工停产，将会造成大量资源的浪费，并有可能影响社会稳定。

建设集团管理人据此和省国资委授权化工集团托管建设集团的实际情况，向某市中级人民法院提出许可建设集团继续营业的申请，某市中级人民法院决定准许建设集团在管理人的监督下，由化工集团管理建设集团财产和营业事务。

2019年11月，建设集团管理人公开招募战略投资人，无战略投资人报名。2020年1月，管理人第二次公开招募战略投资人，化工集团报名参加招募获得成功，成为建设集团的重整投资人，于是建设集团管理人与化工集团签订了《重整投资协议》，由化工集团提供2亿元资金用于清偿建设集团的债务。

管理人在与化工集团签订《重整投资协议》的基础上，在某市中级人民法院指导下，制订了重整计划草案。该草案有以下两大亮点：

一是采取预留共益债权模式对建设集团进行破产重整，是为了提高普通债权的清偿率，设计了短期一次性清偿（清偿率低）和长期留债清偿（清偿率高）两种不同的清偿方案供债权人选择，以满足债权人不同清偿需求，最大限度地保护债权人合法利益。

二是实际施工人对在破产重整前已支付到建设集团账户内的挂靠工程款享有不当得利返还请求权，需在重整期间作为共益债务认定，以破产财产随时清偿。

2020年4月30日,建设集团第二次债权人会议各表决组均表决通过了重整计划草案。2020年7月21日,某市中级人民法院裁定批准建设集团重整计划,终止重整程序。随后,建设集团的重整计划得以顺利执行,保住了建设集团的宝贵施工资质,建设集团涅槃重生,最终实现社会利益最大化。

十三、建筑工程中介合同的效力

我国中介服务有悠久的历史,在促成物质交流和某些特定关系(如婚姻介绍)方面发挥了巨大作用。现代社会虽然网络信息发达,但不可能覆盖人们对所有信息的需求,因此中介服务市场仍然经久不衰,且在信息量需求越来越大的情况下发挥更为重要的作用。建筑工程的发包与承包也不例外,在许多情况下需要中介服务促成建设单位与施工单位订立工程施工合同。但从实践来看,建筑工程中介服务普遍存在的同时,也有不少法律问题需要探讨,有不少纠纷案件需要依法处理。这里主要分析建筑工程中介合同的权利义务、法律效力以及在破产重整中的处置问题。

(一)建筑工程中介合同的主要义务与权利

在此先说明,《民法典》第三编第二分编第二十六章将原《合同法》规定的居间合同改为中介合同,于是在《民法典》2021年1月1日施行前的居间合同在《民法典》施行后被称为中介合同。

根据《民法典》第961条的规定,建筑工程中介合同是中介人向委托人报告订立工程施工承包合同的机会或者提供订立工程施工承包合同的媒介服务,委托人支付报酬的合同。建筑工程中介服务有三个基本过程:一是委托人(主要是建筑施工企业)委托中介人提供工程承包的中介服务,二是委托人与中介人订立建筑工程中介合同,三是委托人与发包人(包括总承包人等,下同)订立工程施工承包合同。在这三个过程中所形成的各个合同的主要权利义务既有区别又密切关联。

1. 委托人委托中介人提供中介服务

在建筑工程中介服务中,中介人是在发包人与委托人之间起媒介作用并促成发包人与委托人订立建筑施工合同的中间人,俗称介绍人。委托人通常是指意欲承包工程的建筑施工企业。

建筑工程中介服务先应根据《民法典》第三编第二分编第二十三章的规定成立委托关系，由意欲承包工程的委托人委托中介人提供中介服务，即介绍承包工程，委托内容是中介人为委托人报告订立建筑施工合同的机会或者提供订立建筑施工合同的媒介服务。委托人与中介人订立的合同是建筑工程中介合同。

这种中介合同的表现形式，可以是书面委托合同，也可以是委托人单方出具的为中介人所接受的委托书，还可以是口头委托。在事先没有形成委托关系的情况下，双方订立的中介合同明确表达委托或者能够反映委托之意的，委托关系也能成立。

2. 中介人促成建筑施工合同成立

通过中介服务促成委托人与发包人订立建筑施工合同是双方订立中介合同的目的。建筑工程中介合同订立后，促成委托人与发包人订立建筑施工合同也就成为中介人的主要义务。中介人在履行中介合同时促成委托人与发包人成立建筑施工合同的，主要义务履行完毕。中介合同约定的期限届满，中介人不能促成建筑施工合同成立的，中介合同终止不再履行，中介人不能取得中介服务报酬。

3. 委托人支付中介服务报酬

中介人提供中介服务的目的是取得报酬，这种报酬又称"居间费""介绍费""劳务费""信息费"等。按照中介合同的约定，支付中介服务报酬是委托人的主要义务，取得中介服务报酬是中介人的主要权利。中介人促成委托人与发包人成立建筑施工合同的，取得中介服务报酬的条件成就，委托人应当按约向中介人支付中介服务报酬，否则属于违约行为，中介人不仅有权追索中介服务报酬，还可以依法追究委托人的违约责任。

(二) 中介服务报酬纠纷的处理

我国现行法律、法规以及规章对中介服务的主体资格没有限制性规定，对中介服务报酬的具体标准也没有明确规定。中介服务报酬由委托人与中介人根据中介服务市场规则自行约定，在通常情况下都以促成建筑施工合同的总价款约定一定比例为中介服务报酬，但也有不论建筑施工合同总价款多少而约定一个固定的报酬数额的情况。从实践来看，中介服务报酬通常在建筑施工合同总价款的3%左右。在当事人对中介服务报酬发生纠纷时，因中介服务属于市场行为，故应尊重当事人对报酬的自行约定，即委托人应按照约定支付报酬。但从公平合理原则来看，中介服务报酬的约定应当与中介服务活动所付出的劳动基本相当，若约定过高，如报酬约定高于工程承包的预算利润，就有可能使双方的利益严重失衡。此类案件诉至人民法院，人民法院可以根据公平合理原则进行适当调整，但对约定过低的中介服务报酬，如无特别情况，一般不予调高。

建筑工程中介合同对中介服务报酬没有约定或者约定不明确的，通常不能认为没有中介服务报酬，而应依据《民法典》第510条的规定，可由中介人与委托人协议补充，不能达成补充协议，当事人诉至人民法院的，人民法院应当按照合同相关条款或者交易习惯确定，如在公平合理的基础上确定工程承包总价款的3%或者2%为合理报酬。

中介人从事中介服务活动需要支出的费用实际上是成本费。《民法典》第963条第3款规定："中介人促成合同成立的，中介活动的费用，由中介人负担。"中介人在促成委托人与发包人成立建筑施工合同后，在主张中介服务报酬时，不能额外要求委托人支付中介服务活动费用，如要求委托人报销交通、住宿、打交道等费用，委托人有权予以拒绝。如果未能促成建筑施工合同成立，根据《民法典》第964条的规定，中介人不得请求支付报酬，但可以按照约定请求委托人支付从事中介活动支出的必要费用。

(三) 建筑工程中介合同的效力

提到建筑工程中介合同的效力，不得不提及1990年最高人民法院《关于给承包单位介绍工程索要信息费如何处理问题的复函》。最高人民法院在该复函中指出：1987年2月10日原城乡建设环境保护部、原国家工商行政管理局所颁发的《关于加强建筑市场管理的暂行规定》(已失效) 第7条已明确规定，不准任何单位或个人私自介绍工程收取工程"介绍费"，中介人索要"信息费"的行为违反上述规定。同时，根据《民法通则》(已废止) 第61条第2款和第134条第3款的规定，中介人已经取得的部分"信息费"可予以收缴。据此复函，建筑工程中介合同应做无效处理。但是，后来的《合同法》(已废止) 和现行的《民法典》没有禁止建筑工程中介服务，故建筑工程中介行为本身不适用《民法典》第153条第1款"违反法律、行政法规的强制性规定的民事法律行为无效"的规定，但建筑工程中介合同与其他合同一样，如果存在其他违法情形的，亦应依法做无效处理，例如，中介人与委托人恶意串通损害发包方的合法权益，又如，中介人故意隐瞒有关重要事实订立中介合同损害委托人利益，依照《民法典》有关规定都应做无效处理。

从实践来看，建筑工程中介合同无效往往与建筑工程承包违反法律、行政法规的强制性规定有关。如中介人为转包、违法分包、无资质挂靠提供中介服务，因《民法典》和《建筑法》禁止转包、违法分包、无资质挂靠承揽工程，而中介人提供中介服务时故意撮合转承包人、违法分承包人、无资质挂靠人与承包人订立建筑施工合同，故这些建筑施工合同因违反法律、行政法规的强制性规定而无效，中介人为这些非法承揽工程人（委托人）提供中介服务，同样违反法律、行政法规的强制性规定。所以，在认定建筑施工合同无效的同时，亦应对中介合同做无效处理。

中介合同被依法确认无效的，中介人本应依据《民法典》第157条的规定向委托人返还已经取得的报酬，有过错的还应赔偿委托人的损失。但建筑工程中介服务有其特殊性，即在促成发包人与委托人订立建筑施工合同后，建筑施工合同即使因违法被确认无效，委托人作为实际施工人，基于中介服务对所承揽工程仍有权获得工程款利益，故可考虑对中介人就中介服务的劳动付出和费用支出给予适当补偿。

（四）中介人为公开招标工程提供中介服务的效力

这是实践中的一个棘手问题，当前有以下两种不同观点：

一种观点认为，建设单位决定采取公开招标方式发包工程，已公开发布招标信息的，就无须中介人再提供信息服务，中介不再发挥作用。建筑施工企业意欲承包工程的，应当作为投标人参与公开竞标。中介人为公开招标工程提供中介服务，实际上仅将招标公告做交易，并不存在中介服务的劳动，是一种套利行为，故对这种中介合同应做无效处理。

另一种观点认为，建设单位采取招标方式发包工程，虽然发布了招标公告，但这种公告不一定能使意欲承揽工程的建筑施工企业都知道。此时中介人向委托人提供信息服务，并与委托人订立中介合同，而后委托人参与竞标成功中标的，并不违反《招标投标法》的规定，也未破坏建筑市场竞争环境，如无其他违法行为，该中介合同应为有效。

本书赞同第二种观点。一是因为《民法典》和《建筑法》都无禁止中介人为招标工程提供中介服务的规定，根据"法无禁止即可为"规则，中介人受委托人委托，为委托人就招标工程提供信息服务，并非违法；二是因为建设单位虽已公开发包工程，但招标公告并非一定为公众所周知，在委托人不知情的情况下，中介人向其报告投标信息并提供机会，促成委托人参与竞标并非不可；三是因为中介人提供此类信息，能使更多的建筑施工企业参与招标竞争，对建筑工程招投标有利无弊。故除有其他违法行为外，这种中介合同并不必然违反《招标投标法》而无效。

实践中的主要问题是，中介人帮助委托人建筑施工企业与招标人建设单位规避公开招标程序，撮合双方订立建筑施工合同，或者协助委托人通过围标、串通投标等方式使委托人建筑施工企业中标。中介人利用人缘关系或者采用其他不正当手段，致使发包人将公开招标的工程不经招标程序而直接与委托人订立建筑施工合同。这些行为明显违反了《招标投标法》的规定，破坏了建筑市场竞争环境，通过这些行为订立的建筑施工合同无效，中介合同亦应随之无效。

（五）在破产重整中需要注意的问题

建筑施工企业作为委托人进入破产重整，中介合同尚未履行完毕，中介人申报中介服务报酬债权的，管理人需要注意以下两个问题：

一是先行审查中介合同以及由中介人促成的建筑施工合同是否有效。管理人经审查认为两个合同均为有效的，应当确认中介服务报酬债权。但中介服务报酬债权与工程款债权、职工劳动债权不同，不属于优先受偿范围，故只能被作为普通债权确认，若另有他人担保的，也只能向担保人主张担保债权。

二是建筑施工企业已与中介人订立中介合同，但未促成建筑施工合同成立的，属于《企业破产法》第18条规定的双方当事人"均未履行完毕的合同"，管理人应视破产重整是否需要继续承建工程再决定解除还是继续履行中介合同。管理人因建筑施工企业破产重整需要继续承建工程的，可以决定继续履行中介合同;认为不需要继续承建工程的,则可解除中介合同,并适当赔偿中介人在中介服务活动中已经支出的必要费用。

【案例22】 承包人在居间合同有效的情况下中途解除劳务承包合同仍应按约支付居间服务费

2020年3月25日,李某某与某某建筑工程公司(以下简称建筑工程公司)签订《居间合同》,该合同的主要内容为:李某某把某某小区劳务工程介绍给建筑工程公司施工,建筑工程公司向李某某支付居间服务费用;居间服务费单价20元/平方米,建筑面积暂按51,000平方米计算,总居间服务费暂定为102万元,最终居间服务费金额等工程主体封顶后按实际施工面积×20元/平方米计算;建筑工程公司同某某小区工程的发包人三建公司签订《建筑工程劳务分包合同》后且建筑工程公司进场施工后3日内,建筑工程公司支付给李某某居间服务费10万元,剩余费用分3次付清,如未按合同约定按时支付,建筑工程公司每逾期一日需向李某某支付1000元,违约金累计计算;建筑工程公司和发包人三建公司签订《建筑工程劳务分包合同》后就代表李某某的居间服务工作完成,后期建筑工程公司在施工过程中发生的安全事故及与发包人之间的任何纠纷均与李某某无关。2020年3月27日,建筑工程公司与发包人三建公司签订《建筑工程劳务分包合同》。2020年9月27日,建筑工程公司完成部分工程后,与发包人三建公司协商解除了《建筑工程劳务分包合同》。

李某某以《居间合同》约定的第二、三节点服务费的支付条件已经成就为由,向新河县人民法院提起居间合同纠纷诉讼,请求判令被告建筑工程公司依照《居间合同》约定向其支付居间服务费50万元,并支付每日120元的违约金。

新河县人民法院认为:(1)关于原告、被告之间达成的《居间合同》效力问题。《合同法》第424条(参见《民法典》第961条)规定:"居间合同是居间人向委托人报告订立合同的机会或者提供订立合同的媒介服务,委托人支付报酬的合同。"本次庭审中,建筑工程公司主张原告、被告之间达成的《居间合同》违反了最高人民法院《关于给承包单位介绍工程索要信息费如何处理问题的复函》的有关规定应为无效。经本院核查，最高人民法院《关于给承包单位介绍工程索要信息费如何处理问题的复函》属于部门规章，颁布执行于 1990 年 11 月 19 日；《合同法》为单行法律，颁发于 1999 年 3 月 15 日、施行于 1999 年 10 月 1 日；原告、被告达成的《居间合同》符合《合同法》中关于居间合同的相关规定，根据新法优于旧法、上位法优于下位法的原则，对被告建筑工程公司提出的辩解主张一审不予支持，确认原告、被告之间达成的《居间合同》合法、有效。(2) 关于原告诉求能否得到支持的问题。根据原告、被告双方均已认可的涉案工程施工进度情况，《居间合同》约定支付第二、三节点服务费用的条件已经成就，被告建筑工程公司应依约承担给付居间费用的民事责任，因此对原告要求被告支付涉案工程第二、三节点居间服务费 50 万元的诉求予以支持。原告要求被告建筑工程公司每日支付 120 元违约金的标准过高，该院依法调整为银行贷款市场报价利率的 150%×130% 的标准计付原告违约金直至实际履行之日止。根据《居间合同》关于建筑工程公司和发包人三建公司签订《建筑工程劳务分包合同》后就代表原告的居间服务工作完成，后期发包人之间的任何纠纷均与原告无关的约定，因本案《居间合同》所约定的合同义务已在被告建筑工程公司与三建公司签订《建筑工程劳务分包合同》时完成，被告建筑工程公司与三建公司解除《建筑工程劳务分包合同》与本案诉争的居间合同纠纷无关，故对被告建筑工程公司提出的辩解理由不予采纳。被告建筑工程公司提出的因原告过错导致《建筑工程劳务分包合同》被解除、原告应承担过错责任的主张缺少相应的事实与法律依据，该院不予采信。原告李某某要求被告建筑工程公司支付居间服务费 50 万元及违约金的诉求符合法律的相关规定，应予支持。

新河县人民法院作出 (2020) 冀 0530 民初 832 号民事判决书：(1) 被告建筑工程公司于本判决生效后 10 日内支付原告李某某居间服务费 50 万元及违约金；(2) 驳回原告李某某的其他诉讼请求。

建筑工程公司不服上述一审判决，向邢台市中级人民法院提起上诉：建筑工程公司于 2020 年 9 月 27 日解除与三建公司的《建筑工程劳务分包合同》是因居间人干扰施工，一审判决认定解除《建筑工程劳务分包合同》与本案诉争的居间合同纠纷无关，明显属于事实认定错误；根据最高人民法院《关于给承包单位介绍工程索要信息费如何处理问题的复函》，不准任何单位或个人私自介绍工程收取工程介绍费，本案《居间合同》无效。请求撤销一审判决，依法改判驳回李某某一审全部诉讼请求或将本案发回重审。

邢台市中级人民法院认为，关于《居间合同》的法律效力，应适用签订合同时有效的《合同法》第52条的规定进行审查，一审认为《居间合同》不违反法律、行政法规的强制性规定，应为有效，并无不当，建筑工程公司上诉主张《居间合同》无效，不能成立。关于居间服务费的支付，建筑工程公司上诉提出李某某作为居间人干扰施工造成了三建公司解除《建筑工程劳务分包合同》、其不应再支付居间服务费的主张，只有其单方陈述，没有证据支持，故对建筑工程公司该项上诉理由，该院不予采纳。《建筑工程劳务分包合同》的解除是否影响居间服务费的支付，应根据双方《居间合同》的约定来确定。《居间合同》第2条关于服务费用计算部分明确约定，居间服务费单价为20元/平方米，建筑面积暂按51,000平方米计算，总居间服务费暂定为102万元，最终居间服务费金额等工程主体封顶后按实际施工面积×20元/平方米计算。这说明居间服务费要按实际施工面积×20元/平方米计算得来，102万元的服务费总额是按拟完成的总建筑面积51,000平方米计算得来的，并非固定不变的一口价，在《居间合同》中也没有即使施工面积达不到51,000平方米仍按102万元支付居间服务费的约定，因此，在《建筑工程劳务分包合同》被中途解除、建筑工程公司未能实际完成51,000平方米建筑面积的情况下，如仍然按照102万元计算居间服务费，显然有失公平，也没有合同依据。《居间合同》第3条是对暂定的102万元居间服务费用分期支付的约定，应结合《居间合同》第2条102万元暂定居间服务费的数据来源综合把握。一审仅依据《居间合同》第3条约定的支付节点，没有考虑实际施工面积，而支持李某某的诉讼请求不当，该院予以纠正。在《建筑工程劳务分包合同》被中途解除的情况下，应以建筑工程公司的实际施工面积为准，按照单价20元/平方米综合计算居间服务费用。建筑工程公司和三建公司均确认双方《建筑工程劳务分包合同》解除时建筑工程公司已完成施工建筑面积29,608.79平方米，则居间服务费应为592,175.80元，扣除本院（2020）冀05民终3522号判决书确定支付的第一期居间服务费10万元，建筑工程公司应给付李某某居间服务费的数额为492,175.80元。

邢台市中级人民法院作出（2021）冀05民终660号民事判决书：（1）维持新河县人民法院（2020）冀0530民初832号民事判决书第二项；（2）变更新河县人民法院（2020）冀0530民初832号民事判决书第一项为：建筑工程公司于本判决生效后10日内给付李某某居间服务费492,175.80元及违约金（自2020年9月30日起按同期全国银行间同业拆借中心公布的贷款市场报价利率的195%计付至实际履行之日止）。

【案例23】 居间合同随非法分包合同无效而无效

2020年，伏某某为促成沈某某承包刘某相关的建设工程，介绍刘某与沈某某相识。沈某某在微信中承诺，合同签订后，每个月拿进度款时支付伏某某3%的介绍费，但不包含增加、整改及为前面施工人扫尾的部分工程款。后徐某通过刘某与某某装饰工程公司（以下简称装饰工程公司）签订了《装饰工程劳务协作合同》。该合同约定：装饰工程公司将某某项目（二标段）装饰装修部分的木工、封板工程委托徐某进行劳务协作。徐某与装饰工程公司签订合同并实际施工后，伏某某多次通过微信要求沈某某支付介绍费，沈某某也多次在微信中承诺支付，并于2020年8月3日向伏某某微信转账7000元。2021年3月9日，沈某某微信回复伏某某，截至当时徐某收到工程款240多万元。

伏某某以沈某某未能支付全部介绍费为由，向建湖县人民法院提起诉讼，请求判令沈某某支付伏某某工程介绍费6.5万元及利息。

沈某某辩称：案涉工程并非沈某某承包，沈某某仅仅是在案涉工程提供介绍劳务并获取劳务报酬。（1）沈某某的相关承诺是无权代理行为，且未获得承包方的事后追认，系无效行为；（2）案涉劳务分包因违反相关法律法规的强制性规定，系无效合同，基于该合同衍生出来的所谓介绍费也无效；（3）最高人民法院《关于给承包单位介绍工程索要信息费如何处理问题的复函》中明确，相关的工程信息费是不予支持的；（4）沈某某基于与伏某某的邻居关系，在案涉工程被徐某承接后，从中斡旋给伏某某部分信息介绍费是以70万元为基数进行商谈的，而非包含后期工程增项的总结算。按伏某某所说一个电话便将案涉工程介绍费提升到 7 万元不符常理，该价格也与中介服务内容不相匹配。请求驳回伏某某的诉讼请求。

建湖县人民法院认为，中介合同是中介人向委托人报告订立合同的机会或者提供订立合同的媒介服务，委托人支付报酬的合同。本案争议焦点为：案涉中介合同是否有效，沈某某是否应向伏某某支付中介费。该院认为，徐某通过伏某某介绍的刘某与装饰工程公司签订的《装饰工程劳务协作合同》虽然从形式上看为承揽合同，但其实质为建设工程分包合同。《建筑法》第26条规定，承包建筑工程的单位应当持有依法取得的资质证书，并在其资质等级许可的业务范围内承揽工程。禁止建筑施工企业超越本企业资质等级许可的业务范围或者以任何形式用其他建筑施工企业的名义承揽工程。无论沈某某还是徐某，作为个人，并无承包相应建设工程的资质，故徐某与装饰工程公司签订《装饰工程劳务协作合同》，并以个人名义进行相关工程的承包、施工，违反《建筑法》的禁止性规定，该《装饰工程劳务协作合同》为非法分包合同。伏某某为非法承揽工程提供居间服务，亦违反《建筑法》的强制性规定，故伏某某与沈某某之间订立的居间合同应属无效。《民法典》第157条规定，民事法律行为无效、被撤销或者确定不发生效力后，行为人因该行为取得的财产，应当予以返还；不能返还或者没有必要返还的，应当折价补偿。考虑到中介人付出的主要是人脉资源及劳务，而本案沈某某的关联方徐某基于伏某某的中介行为承揽了工程，从中获取了利益，沈某某也应支付伏某某一定的劳务报酬，现伏某某在沈某某已支付7000元的情况下，要求沈某某支付中介费，缺乏法律依据，该院不予支持。

建湖县人民法院作出（2021）苏0925民初3193号民事判决书：驳回伏某某的诉讼请求。

专题三

建筑施工企业破产重整模式

破产重整的目的是使债务人摆脱财务困境、恢复营业能力,而实现这个目的需要根据债务人的实际情况,采用相适应的方式对债务人的业务、股权、资产、债权、债务等进行重组或调整。建筑施工企业也不例外,选择哪种重整模式,以及多种重整模式如何配合适用,事关其能否成功重整这一重大问题。但是,我国《企业破产法》只对破产重整作出了程序性和原则性规定,而对重整模式没有作出规定。法律没有规定重整模式,这更激发了人民法院和管理人对拯救债务人的追求和探索,于是在实践中创建了不少行之有效的重整模式,并办理了许许多多的破产重整案件,使债务危机企业重获新生。这一专题根据建筑施工企业的特点,分析和探究引资式、分拆式、剥离式、清算式、出售式、债转股式等破产重整模式。

十四、建筑施工企业引资式重整

引资式重整,通常是指在破产重整期间利用债务人的资产置换、股权转让等方法引入重整投资人,由重整投资人注入资金清偿债务,并使债务人继续经营的一种重整模式。引资式重整是破产重整普遍采用的一种被称为"腾笼换鸟"的重整模式。就建筑施工企业破产重整而言,引资式重整的主要特点是利用建筑施工企业的资产置换、股权转让等方式引入重整投资人,重整投资人转换为股东接管企业,而企业名称不变,财产所有权不转移,施工资质仍可保留,重整投资人注入的资金无须偿还,在化解债务危机的同时避免了破产清算，从而达到拯救目的。但是，建筑施工企业采取引资式重整模式在实践中也会遇到一些需要探讨和处理的问题。

（一）建筑施工企业重整投资人的主体资格

重整投资人是在重整程序中为债务人提供资金或者其他资源，同时获取债务人的相应资产、股权等权益的单位或个人。建筑施工企业虽可采取多种重整模式，但因破产系债务危机引发，故在其自身无法向外融资的情况下，采取引资模式便是破产重整成功的重要方式之一。引资式重整的首要任务是引入重整投资人，实践也证明，大多数成功的重整案件都离不开引入重整投资人。

在破产重整中，具有参与破产重整潜在能力的单位和个人都可为"战略投资人"；已有投资意向的单位和个人为"意向投资人"；经公开招募、协商谈判后，建筑施工企业或者管理人与之订立投资协议的投资人为确定的"重整投资人"。重整投资人原本不是建筑施工企业破产重整中的民事主体，后因其参与建筑施工企业重整，与建筑施工企业或者管理人订立重整投资协议而成为破产重整中的一个重要角色。

但在建筑施工企业破产重整中，重整投资人在主体上往往会遇到以下两个问题。

1. 建筑施工企业股东可否作为重整投资人

在实践中，有些管理人认为建筑施工企业的股东对其所在企业的破产有不可推卸的责任，且有可能承担连带责任，因此不宜作为投资人参与破产重整。本书认为，建筑施工企业的部分股东认为本企业具有重整价值和发展前景，有信心和实力进行拯救，并明确向管理人表示注入资金进行重整的，应当允许其参与竞争重整投资人，主要理由如下：

一是股东与其所在的企业是两个不同的民事主体，且我国法律和行政法规没有股东不可作为投资人参与破产重整的禁止性规定，如果排除其意向投资人资格，则会侵害其正常民事权利。

二是股东对其所在企业的情况最了解，其作为重整投资人接管企业后可轻车熟路地继续营运，破产重整很容易获得成功。

三是股东作为重整投资人参与重整，可大大简化破产重整程序。例如，将股权在股东内部依法进行转让即可，无须将股权调整为零或者另行处置；又如，企业资产、在建工程、债权债务只要交付其接管即可，无须另行处置。

基于上述理由，本书认为，股东不仅可以公开竞争投资人，在不损害债权人的利益和同等条件下还应当优于他人成为重整投资人。股东成为重整投资人后，其与企业因破产而产生的连带责任往往会随之消失，即使还有个别问题，也容易得到解决。

2. 重整投资人是否需要相应施工资质

在引资式重整中，建筑施工企业及其管理人为确保投资协议得以履行和破产重整得以成功，在引入重整投资人时通常会根据破产重整的需求设定一些条件，如意向投资人应当具有良好的商业信誉和足够的资金实力，能够保证在约定时间内注入资金，并保证持续生产运营的能力。那么，意向投资人是否需要相应的施工资质？

在建筑施工企业破产重整中，重整投资人只是注入资金取得股权，从而成为重整企业的主人，而企业在破产重整时，主体资格仍然存在，依附其存在的施工资质也不会发生变化，因此无须考虑重整投资人有无相应资质的问题。

但是，因建筑施工企业破产重整需要，在建工程脱离承包人由第三人续建的，无论续建人是重整投资人还是其他第三人，都应具有相应的施工资质。例如，根据《民法典》第807条的规定，承包人催告发包人在合理期限内支付工程款，发包人逾期不支付的，承包人可以与发包人协议将建筑工程折价，也可以申请人民法院将该工程依法拍卖。建筑施工企业据此将在建工程折价或者拍卖给受让方续建的，续建人应具有相应的施工资质。又如，建筑施工企业作为总承包人出现破产原因，无力继续完成在建工程，根据《民法典》第791条第2款的规定，经发包人建设单位同意，承包人将自己承包的部分工作交由第三人完成的，该第三人也应具有相应的工程施工资质。再如，管理人在破产重整中因建筑施工企业无力续建工程，而将在建工程托管他人续建的，被托管人应当具有相应的施工资质。

（二）引入重整投资人的基本方式

我国企业破产法律没有规定应采取何种方式引入重整投资人，人民法院和管理人通常的做法是"以公开招募为主、自愿协商为辅",也就是说,在一般情况下应当采取公开招募方式引入重整投资人,但有特别情况的可以通过协商方式确定重整投资人。

1. 公开招募重整投资人

这里的公开招募是管理人或者债务人向社会不特定对象披露信息、公开条件并通过竞争方式引入重整投资人的行为。公开招募是人民法院强调的实践中普遍适用的一种引入重整投资人的方式。公开招募重整投资人,能够体现公开、公平、公正原则;能够通过公开竞争实现资金注入最大化;能够有效防止管理人、债务人、债权人利用不正当关系或者为了不正当利益遴选重整投资人。因此,凡是能够公开招募的都应公开招募,在不宜公开招募或者公开招募不成的情况下,才可以采取自愿协商方式确定重整投资人。

2. 协商引入重整投资人

这里的协商是债务人或管理人与意向投资人通过谈判方式自愿达成意向性重整投资协议的行为。协商引入重整投资人适用于特别情况,如果公开招募不成或者自愿协商比公开招募更有利于债权人和重整成功,应当允许管理人或者债务人经人民法院同意后采取自愿协商方式引入重整投资人。深圳市中级人民法院《审理企业重整案件的工作指引(试行)》(2019年)第73条规定,管理人负责管理财产和营业事务的,重整投资人由管理人向社会公开招募,但经审查存在下列情形的,管理人可以申请协商确定重整投资人:(1)债务人与意向投资人已在预重整或者债务人自行经营管理期间初步形成可行的债务清偿方案和出资人权益调整方案的;(2)在重整申请受理时,债务人已确定意向投资人,该意向投资人已经持续为债务人的继续营业提供资金、代偿职工债权,且债务人已经就此制订出可行的债务清偿和出资人权益调整方案的;(3)重整价值可能急剧丧失,需要尽快确定重整投资人的;(4)存在其他不适宜公开招募重整投资人的情形,并经债权人会议或者债权人委员会同意的。

3. 引入重整投资人需要注意的问题

(1)管理人或者建筑施工企业可以参照深圳市中级人民法院上述规定的例外情形,结合个案的实际情况,在不损害债权人利益的情况下,经人民法院同意后适当放宽自愿协商的范围，以利于尽早成功重整。

（2）管理人已经接管建筑施工企业，并负责管理财产和营业事务的，引入重整投资人应为管理人的履职行为，故应由管理人出面与意向投资人进行协商，从中择优确定重整投资人，而不宜由建筑施工企业与意向投资人自行协商确定重整投资人。建筑施工企业在破产重整期间依照《企业破产法》第73条的规定，经人民法院批准，由其自行管理财产和营业事务的，该建筑施工企业可以自行与意向投资人协商投资事宜，双方达成意向性协议后报管理人审查，然后将意向性协议纳入重整计划草案提交债权人会议表决。

（3）无论公开招募还是自愿协商，在债权人会议表决通过前，建筑施工企业及其管理人不宜与投资人订立确定性投资协议，只能订立意向性投资协议。意向性投资协议连同重整计划草案，经债权人会议表决通过并经法院批准后，建筑施工企业及其管理人才可与确定的投资人签订正式投资协议。

（4）建筑施工企业破产在当地影响较大，当地政府及其有关部门往往也予以关注，有的为建筑施工企业寻访意向投资人，甚至亲自出面与意向投资人进行谈判，着力促使重整成功，应该说这是一件好事。但是，采取公开招募方式引入重整投资人的，仍应尊重市场规律和招募条件；采取自愿协商方式引入重整投资人的，仍应坚持建筑施工企业和意向投资人的意思自治原则。当地政府及其有关部门和人民法院不可动用行政权力或者利用审判权迫使管理人或者建筑施工企业与意向投资人达成投资协议。否则，如果投资协议不符合大多数债权人意愿，就难以获得债权人会议的表决通过，反而不利于建筑施工企业的破产重整。

（三）引资式重整所涉股权问题

在建筑施工企业引资式重整中，重整投资人看重的是建筑施工企业的资产、资质、股权等，其中股权转让是吸引重整投资人的主要方式之一。

股权是股东对公司享有经济利益并参与公司经营管理的权利，其中最具代表性的是股东所持有的股权具有财产内容，故在正常情况下，股权转让所得的转让款应归股东所有，而非归公司所有，且公司无权通过处分股东的股权来清偿公司的债务。但是，股东作为公司的出资人，其所持有的股权在公司破产程序中具有特殊性，即公司在资不抵债的情况下净资产必然为零，甚至呈现负数，因此股东在本公司的财产权益已经名存实亡，股权已经不存在价值，股东在其公司破产的情况下也就丧失股权价值。《企业破产法》第77条第1款规定："在重整期间，债务人的出资人不得请求投资收益分配。"此时，应由债权人会议代替股东或者股东会议处置股权。在引资式重整中，投资人向建筑施工企业注入资金，相当于对建筑施工企业出资，故应获得相应的股权。于是，这类重整投资协议在约定将建筑施工企业重整财产作为标的物转让的同时，应当约定与转让价值相对应的股权转让，即将建筑施工企业重整财产和建筑施工企业股权作为双重标的物，在同一价值上一并处置。故在破产重整的实践中，重整投资协议通常都有类似以下的内容：通过股权拍卖式重整程序，以在公开市场上拍卖某某公司股权的方式招募重整投资人，意向投资人应以不低于起拍价的价格参与公开竞拍；意向投资人竞拍成功后，某某公司原出资人持有的100%股权在工商行政管理部门变更为重整投资人或重整投资人指定的受让人持有，重整范围的资产为100%股权对应的资产。

（四）公开招募重整投资人是否适用公开招标

公开招募与公开招标有相似之处，即两者都以公告方式公开邀请不特定对象参与竞争，最终选择出价最高者得以招募或者中标。因此，有些管理人在重整投资人招募公告或者说明书中有"竞标""开标""中标""竞标保证金"等招标投标的专门术语，致使一些参与招募的意向投资人认为招募重整投资人的行为就是招标投标的行为，应当适用《招标投标法》的规定确定重整投资人，并由此与管理人发生相关的争议。

根据《招标投标法》的规定，招标投标只适用于工程建设项目，包括项目的勘察、设计、施工、监理以及与工程建设有关的重要设备、材料等的采购。而管理人公开招募投资人中的"招募"，从表面上看也有"招标"的意思，但这里招募的是"重整投资人"，而不是建设单位发包的"工程建设项目"。因此，管理人即使在重整投资人招募公告或者说明书中有"竞标""开标""中标""竞标保证金"等招标投标词语，也不能据此认为公开招募投资人属于《招标投标法》的调整范围，故不应适用《招标投标法》来处理相关争议，意向投资人或者债权人主张管理人公开招募投资人的行为违反《招标投标法》的有关规定是不成立的。

专题三　建筑施工企业破产重整模式

【案例24】 利用资质招募重整投资人，建筑施工企业成功重整

2019年3月，龙湾区人民法院根据债权人的申请裁定受理某某建筑安装工程公司（以下简称建筑安装工程公司）破产清算一案，并指定北京德恒（温州）律师事务所担任管理人。管理人在调查后分析认为：（1）破产清算将会出现以下不利后果：①建筑安装工程公司已严重资不抵债，房地产已被拆迁，拆迁款不足以偿还抵押债权，一旦宣告其破产，即使应收款项能够全部收回也无法偿还所有债务，如果无法收回，则职工债权、税费债权就难以被清偿，普通债权清偿率更几乎为0；②建筑安装工程公司名下尚有多个工程项目未竣工结算，其中涉及多个挂靠项目，一旦进行破产宣告，会导致建筑安装工程公司主体灭失，相关挂靠项目就无法进行竣工验收结算；③建筑安装工程公司及项目公司现有员工近100人，一旦进行破产宣告，将不可避免地导致大批人员的工资无法得到有效清偿；④建筑安装工程公司持有的一级资质证书，在破产清算状态下会因主体灭失而失效，无法发挥其最大价值。（2）关于重整可行性：①重整利益高于清算利益，相比清算状态，重整状态下通过拍卖建筑安装工程公司的一级资质获取重整资金，以该部分重整资金清偿债务，有利于提高债权的清偿率，实现企业资产价值最大化；②重整可使建筑安装工程公司名下尚未竣工验收结算的多个项目顺利竣工验收并结算，也可保障员工就业；③通过重整程序，建筑安装工程公司持有的一级资质证书能够在持续经营下得以延续并发挥其最大价值。

建筑安装工程公司股东郑某某依照管理人上述意见，向龙湾区人民法院申请对建筑安装工程公司进行重整。2019年9月，龙湾区人民法院裁定对建筑安装工程公司进行重整。

管理人在建筑安装工程公司重整计划草案中拟订，在不影响债权人利益的前提下，由重整投资人经营管理建筑安装工程公司并自行制订和实施经营方案。

在重整期间，管理人先行委托资产评估公司、会计师事务所对建筑安装工程公司的资产和财务进行评估和审计，在确认建筑安装工程公司资不抵债、所有者权益为负数、出资人股权价值为零的基础上，决定公开招募重整投资人，然后通过报纸、信息网等媒介发布招募战略投资人的公告。该公告公示：

股权转让的范围仅包含建筑安装工程公司的资质,其余资产由管理人另行处置;重整投资人需注入1406.76万元资金,用于清偿建筑安装工程公司的各类债务以及破产费用;重整投资人取得100%股权,以建筑安装工程公司的名义继续持有相应的资质,原股东不再持有建筑安装工程公司股权;股权交易过程中涉及纳税义务由重整投资人承担;建筑安装工程公司名下项目及挂靠项目的相关竣工验收结算手续以及开具发票等事项需由重整投资人及重整后的建筑安装工程公司负责配合处理。

建筑安装工程公司成功招募重整投资人后,第二次债权人会议表决通过了重整计划草案。2019年12月25日,龙湾区人民法院裁定批准建筑安装工程公司的重整计划,并终止建筑安装工程公司重整程序。

【案例25】招募投资人不属招投标行为,管理人未采取招投标方式并不违法

2015年8月19日,杭州市经济技术开发区人民法院(以下简称开发区法院)裁定受理某某房开公司破产重整申请,同日指定某某律师事务所担任管理人。

2016年7月4日,管理人在官网上发布某某房开公司重整投资人招募说明书,其中载明:重整投资人需缴纳参与重整竞标保证金100万元,在提交重整意向书时缴纳;通过评审并经债权人大会通过确认的最终意向投资人,应当在签订重整协议的同时向管理人缴纳履约保证金2000万元,保证期限最长至重整计划执行完毕之次日,否则保证金将作为违约责任的赔偿金由管理人全额没收;上述保证金在保证期间不计利息,在重整计划执行完毕无应当承担责任扣款的情况下由管理人全额不计息退还。

经管理人筛选,最终确定某某公司为重整方。2016年12月28日,开发区法院作出裁定,确认644位债权人对某某房开公司享有475笔债权,其中实业投资公司申报的28,088,052.86元债权为普通债权。

2016年12月24日,某某房开公司将重整计划草案提交第二次债权人会议表决。该重整计划草案载明:选定某某公司提交的重整方案作为唯一候选方案提交第二次债权人会议表决;重整方某某公司已向管理人缴纳重整竞标保证金100万元;本重整计划通过后重整方某某公司向管理人缴纳重整履约保证金 2000 万元。2017 年 1 月 17 日，第二次债权人会议表决通过了上述重整计划草案。2017 年 2 月 20 日，开发区法院裁定批准某某房开公司重整计划，同时终止某某房开公司重整程序。2017 年 5 月 6 日，管理人与某某公司签订《重整协议书》，后某某公司向管理人缴纳重整履约保证金。2019 年 4 月 19 日，实业投资公司收到债权总额 10% 的清偿款。

2019 年 3 月 20 日，实业投资公司以管理人某某律师事务所为被告，向开发区法院提起管理人责任纠纷诉讼。实业投资公司认为，管理人所发布的某某房开公司重整投资人招募说明书要求重整方在签订重整协议时交纳履约保证金 2000 万元，重整方某某公司在与管理人签订重整协议时仅支付了 1000 万元，管理人违反了《企业破产法》"勤勉尽责，忠实执行职务"的规定，也违反了《招标投标法》的有关规定，损害了实业投资公司的公平受偿权，请求某某律师事务所按照实业投资公司债权本金的 50% 支付赔偿款。

开发区法院认为：根据《企业破产法》第 130 条的规定，管理人未勤勉尽责、忠实执行职务，承担民事责任须同时具备以下条件：（1）管理人实施了违反勤勉尽责义务和忠实义务的客观行为；（2）管理人的不当行为对债权人、债务人或第三人造成损失；（3）管理人的不当行为与债权人、债务人或第三人所遭受的损失之间存在一定范围的因果关系；（4）管理人在主观上存在故意或过失。实业投资公司应当对以上 4 个条件同时具备的事实承担举证责任，否则将承担举证不能的法律后果。

关于履约保证金的交纳时间，某某房开公司重整投资人招募说明书载明，重整方需在签订重整协议时交纳，而重整计划载明重整方在重整计划通过后交纳。重整计划的形成时间晚于某某房开公司重整投资人招募说明书的形成时间，且重整计划经债权人会议表决通过并经法院裁定批准，故认定履约保证金的交纳时间应为重整计划通过后。案涉重整计划于 2017 年 2 月 20 日通过，某某公司应当在重整计划通过后的合理期限内向管理人交纳履约保证金。而管理人至 2017 年 11 月 24 日才收足履约保证金 2000 万元，时间长达 9 个月，管理人存在未及时收足履约保证金的行为，但该瑕疵行为并未对实业投资公司造成损失。实业投资公司关于某某房开公司重整投资人招募说明书属于招标文件,管理人招募重整投资人的行为属于招标投标行为,本案应适用《招标投标法》的意见,于法无据,该院不予采信。

综上,实业投资公司提交的证据既不足以证明管理人实施了违反勤勉尽责义务和忠实义务的客观行为,也不足以证明其存在实际损失,实业投资公司要求某某律师事务所承担管理人赔偿责任的主张,缺乏事实和法律依据。故开发区法院判决:驳回实业投资公司的诉讼请求。

实业投资公司不服上述判决,向杭州市中级人民法院提起上诉称:招募投资人的行为属于招标投标行为。招标投标是一种竞争性的缔约方式,只要符合招标人是一个、投标人是多个、标底保密、择优选择这些特点,就是招标投标行为。本案中,管理人招募重整投资人的行为完全符合上述特征,而且,管理人在某某房开公司重整投资人招募说明书中也有"竞标""开标""中标""竞标保证金"等招标投标专门术语。因此,管理人招募重整投资人的行为是招标投标行为,应当适用《招标投标法》。管理人选定某某公司为唯一重整方,明显是违反《招标投标法》和管理人义务的行为,应当承担相应责任。请求撤销原判,改判支持实业投资公司的诉讼请求。

被上诉人某某律师事务所答辩称:管理人招募重整投资人的行为不属于招投标行为。《招标投标法》适用于两种情况,一种是法律规定必须进行的招投标项目,另一种是自愿采取招投标方式来确定中标人的项目。上述两种情况在本案中均不适用。本案中,某某房开公司重整投资人招募说明书未规定招募行为系招标投标行为,更未约定适用《招标投标法》,从其内容看也不符合招标投标行为的特征。某某房开公司重整投资人招募说明书中虽然用了相关词语,但并不代表招募行为就是招标投标行为。

首先,本案重整招募流程、本质要求都不符合招标投标行为的基本法律特征。比如,本案参与重整投资人招募的人数不到三人,只有两个重整投资人提出重整方案,且其中一个方案是名为重整实为清偿的方案,并不符合法律规定的重整方案要求。若适用《招标投标法》,适格投标人少于三个就属于废标,需要重新招标。在某某房开公司重整案中,管理人并未限定参与招募的人数,即便最终只有一名参与者,只要其提出的重整方案符合招募的条件,就有可能成为最终的重整投资人。从内容上看,如果是招标投标行为,一旦开标，投标方案是不能变更的，而本案中重整投资意向人提交的方案只是意向方案，最终的重整计划草案也不完全是招募时提供的方案。其次，本案招募行为是对投资人的遴选，而非对方案的招标投标，现实中的招标投标是方案的确定。最后，某某房开公司重整投资人招募说明书也并非招标公告。因此，本案重整投资人的招募并非招标投标行为。

杭州市中级人民法院认为，本案中，实业投资公司依据《企业破产法》第130条"管理人未依照本法规定勤勉尽责，忠实执行职务的，人民法院可以依法处以罚款；给债权人、债务人或者第三人造成损失的，依法承担赔偿责任"的规定，要求管理人某某律师事务所承担赔偿责任，其应就管理人存在违反勤勉尽责义务和忠实义务的行为、实业投资公司存在损失、管理人的不当行为与实业投资公司的损失之间存在因果关系承担举证责任。本案中，实业投资公司认为管理人存在的违反勤勉尽责、忠实执行职务行为的主要表现是招募重整投资人时未进行招标投标以及未足额收取保证金，而某某律师事务所则否认实业投资公司的上述主张。

关于招募重整投资人时未进行招标投标的问题。我国法律并未规定招募重整投资人必须按照《招标投标法》的规定进行招标投标，管理人发布的某某房开公司重整投资人招募说明书亦未规定将以招标投标方式招募重整投资人，故实业投资公司认为管理人未以招标投标方式招募重整投资人违反相关法律的意见，该院不予采纳。

关于某某律师事务所有无按时足额收取保证金的问题。现有证据显示，管理人直到2017年11月24日方才收足履约保证金，此时距重整计划通过已逾9个月，管理人的该行为确实存在瑕疵，但实业投资公司已实际按照重整计划确定的比例获得清偿，最终因重整计划得以执行而受益，其主张管理人在重整程序中的行为给其造成损失的依据不足。

杭州市中级人民法院认定，实业投资公司未能提供充分有效的证据证明管理人的行为给其造成实际损失，应承担举证不能的不利后果，其要求某某律师事务所赔偿其损失的事实和法律依据不足，该院对其上诉请求不予支持；原审判决查明事实基本清楚，实体处理并无不当。

杭州市中级人民法院作出（2019）浙01民终9547号民事判决书，判决：

驳回上诉，维持原判。

十五、建筑施工企业分拆式、剥离式重整

分拆式与剥离式是破产重整常用模式，两者都是通过资产分离使债务企业资产分块变小，并都利用其中被保留在债务企业的资产引入重整投资人，使企业得以存续，而将另一部分资产转移至新公司（目标公司）进行清算，故分拆式重整与剥离式重整的做法基本相同。建筑施工企业进入破产重整程序，管理人可以根据其资质、资产、债务等实际情况，采取分拆式、剥离式进行破产重整。

（一）分拆式重整

这里的分拆，通常是指将债务企业的核心资产或者主要资产保留下来用于破产重整，而将其他资产剥离至新成立的公司进行清算的行为。分拆式重整与吸收合并重整相反，吸收合并是运用股权互换方法，将两个独立的法人合并为一个法人，分拆式重整却将一个法人的资产分离为两个独立法人的资产。债务企业分拆后的资产由原企业与新公司分别享有，而债务企业原股东结构在新公司中保持不变，因此，分拆式重整起始时不存在股权和控制权向第三者转移的情况。但在随后，管理人将会采取股权转让（包括拍卖）方式，利用债务企业保留下来的核心资产或者主要财产（如施工资质）引入投资人，然后由投资人受让股权并接管相应的资产以继续经营。管理人将其他资产剥离至新公司不是逃避债务，而是将新公司进行清算，清算完毕后，注销新公司。分拆式重整利用重整投资人注入的资金和新公司清算的资金，按照重整计划清偿债务后，债务企业得以存续，从而达到破产重整的拯救目的。

笔者和团队从承接破产案件的实际情况出发，采用分拆模式办理了多起破产重整案件。如前文已经提及的成龙集团和某某建筑安装工程公司的破产重整案，二者将施工资质作为独立资产保留在重整企业的运营板块，后通过公开竞价方式引入重整投资人，由重整投资人利用施工资质继续经营，并用资质价款清偿部分债务，而将其他资产作为非运营板块剥离至新公司后进行清算，清算完毕后注销新公司。于是，既保留了建筑施工企业及其施工资质，又清理了破产重整的债权债务。

(二) 剥离式重整

这里的剥离，通常是指将方便用于重整的资产保留在债务企业，而将其他资产分拆出来转移至新成立的公司的行为。在实践中，剥离式重整将"分拆"作为剥离资产的措施进行表述，而在分拆式重整中将"剥离"作为分拆资产的措施进行表述，但无论是"分拆"还是"剥离"，无论是剥离式重整还是分拆式重整，都保留债务企业的部分资产用以引入重整投资人，而另一部分资产转移至新公司进行清算，最后都保留债务企业而注销新公司。

但是，在具体操作上，有些管理人认为两者还是有所区别的：一是认为，分拆式重整只是分拆重整企业的资产，而剥离式重整除分拆重整企业的资产外，还可以剥离债务，即在分拆重整企业的资产的同时将相应的债务剥离至新公司，由新公司在清算时进行清偿；二是认为，分拆式重整所保留的资产应当是债务企业的核心资产或者主要资产，而剥离式重整所保留的资产应当是方便用于破产重整的资产，即保留资产的对象范围有所区别。

本书认为，为使债务企业减轻压力、迅速得以重整，管理人根据债务企业的实际情况，采取剥离式重整的，在分拆资产的同时是可以剥离债务的。也就是说，将方便重整的资产保留下来用以引入重整投资人，使债务企业迅速恢复生产经营，将不方便重整的资产，如一时难以收回的应收款债权以及相应的债务剥离至新公司，由管理人继续处置。但是，根据《民法典》第551条第1款"债务人将债务的全部或者部分转移给第三人的，应当经债权人同意"和《企业破产法》第64条第3款"债权人会议的决议，对于全体债权人均有约束力"的规定，同时剥离资产和债务的方案应当被纳入重整计划草案，经债权人会议表决通过后方可实施。

例如，由北京德恒（温州）律师事务所担任管理人的龙化化工公司预重整转重整案，该公司严重资不抵债，名下资产种类多且复杂，整体打包处置难度大，且变现时间太长，采用传统重整模式难以达到拯救目的，也难以保障债权人的利益。在此情况下，他们结合该公司的资产、债务等实际情况采取剥离式（分拆式）重整，将该公司名下的土地、厂房、设备等方便处置的主要资产纳入运营板块，通过公开竞价的方式招募重整投资人，利用重整投资人注入的资金先清偿部分债务，将其他资产归入非运营板块转移至新公司，由管理人继续清查和变现，并按照重整计划继续清偿债务。在该公司预重整、重整期间，管理人在当地法院的指导下自始至终处理好破产重整与企业生产的关系，确保该公司能够连贯经营，稳定了职工情绪，保护了政府税源，最终实现了重整法律效果与社会经济效果的有机统一。

(三) 主要资产保留

在通常情况下，建筑施工企业的主要资产是施工资质、大中型施工设备以及在建工程权益（主要是工程款），在破产重整中如何处置这些资产，事关建筑施工企业的生死存亡。在分拆式重整或剥离式重整中，如无特别情况，应将这些主要财产保留在建筑施工企业用以吸引重整投资人，使破产重整得以成功。如果将这些主要资产剥离至新公司进行清算，建筑施工企业就将失去重整价值和可行性，导致破产重整失败。

(四) 将母公司资产剥离至子公司

在实践中，有些管理人认为，建筑施工企业如有下属子公司，可将资产剥离至子公司，然后对子公司进行清算，以免成立新公司带来的不必要麻烦。

母公司可以全部出资成立具有法人资格的子公司（全资子公司），也可与他人分别出资成立具有法人资格的子公司（非全资子公司）。具有独立法人资格的子公司，即使由出资或股份占50%以上的母公司控制，其也可以自己的名义进行业务活动，其财产与母公司的财产也彼此独立，两者对各自的债务也各自负责。

但是，在母公司破产的情况下，母公司对子公司的出资也将成为破产财产，故在分拆式、剥离式重整中，将母公司的部分资产分离至全资子公司，与全资子公司的资产一并进行清算是没有多大问题的。实践中的问题是，如果将母公司的部分资产分离至非全资子公司，然后对非全资子公司进行清算，会损害其他股东的利益。因此，管理人不宜将母公司的部分资产分离至非全资子公司进行清算，而只能采取成立新公司的方法分离资产。

通过上述分析能够发现，在分拆式、剥离式重整中，对保留的部分资产后续实际上采取了引资式重整，而对分离的部分资产后续实际上采取了清算式重整，由此可见，管理人综合运用不同但相关的重整模式是债务企业破产重整的成功之道。

【案例26】 保留建筑工程施工总承包特级资质进行重整，其他资产和债务整体移转至子公司进行清算

温州中城建设集团有限公司（以下简称中城集团）成立于1997年，是温州市唯一一家获得建筑工程施工总承包特级资质的建筑施工企业，下设55家分公司（项目部）、9家子公司，曾经是中国民营企业500强之一。后因受互保联保危机的影响，加之自身经营不善，最终资金链断裂，出现严重亏损。2014年，中城集团以资产不足以清偿全部债务为由，向瓯海区人民法院申请破产重整。

至破产重整申请日，中城集团承包建设的132个工程项目尚处于施工阶段和保修期。其中，在建工程项目54个，处于保修期的工程项目78个。经法院裁定确认的各类债务约26亿元，而经审计确认资产只有约10亿元。

管理人认为，中城集团的建筑工程施工总承包特级资质是一笔巨大的无形资产，如果重整不成进入破产清算，将会使该特级资质毫无实用价值；如果采取传统的"承债式重整"，重整投资人接受中城集团的全部资产就需继受约26亿元债务，这就会使重整投资人无法接盘。据此实际情况，管理人提出"分离式处置，清算式重整"的思路，即采取"清算+剥离"的重整模式，也就是说，将中城集团的继续经营价值与清算企业价值进行剥离。具有继续经营价值的建筑工程施工总承包特级资质附着于中城集团100%股权引进重整投资人；具有清算企业价值的其他财产划转至新设立的全资子公司进行清算。

以此为重点内容的中城集团重整计划草案，经债权人会议表决通过、瓯海区人民法院裁定批准后，公开招募重整投资人，某某第一建设股份有限公司和周某组成的联合竞买人，以最高竞价5800万元竞得中城集团100%的股权，同时承接了中城集团的建筑工程施工总承包特级资质。同时，中城集团的资产、负债等，除存留清单列明之外，全部整体性移转至中城集团全资设立的子公司，由该子公司承担清算义务。中城集团经破产重整后，绝大部分建筑施工合同得以继续履行，避免了因违约而造成的巨额索赔，并理顺各项

目部聘用的2万多农民工问题，在实现债权人利益最大化的同时维护了社会的稳定。

十六、建筑施工企业清算式、反售式重整

清算式重整通常是指以清算为方法，以清债为目的，保留优质资源，变现其他资产，使债务企业的法人资格得以存续的一种重整模式。这里的"清算"是指对债务企业的资产进行清理、评估、变现，并对债权债务关系进行清理的行为。这里的"变现"特指将优质资产用于招募重整投资人并由重整投资人注入资金或者承担相应债务的做法。这种"变现"做法，其实是将债务企业的优质资产出售给重整投资人，重整投资人成为股东后，优质资产仍保留在债务企业并不改变主体，故在实践中被称为"反售式重整"。

（一）清算式重整与破产清算的区别

在实践中有不少人疑惑，既然对债务企业进行清算就意味着债务企业即将消灭，那么为什么在破产重整中进行清算呢？

我们认为，清算式重整与破产清算虽然都采取清算方法处置债务企业的资产、债务等，且两者在清算方式上并无实质区别，但两者适用的法律依据和情形以及需要达到的目的和最终结果都是不同的。

一是两者适用法律不同。破产清算是依据《企业破产法》第十章"破产清算"规定的程序和清偿顺序进行的，如管理人应当拟订破产财产变价方案，破产财产变价方案经债权人会议通过或者经人民法院裁定批准后，管理人应当通过拍卖、变卖等方式变价出售破产财产。而清算式重整是依据《企业破产法》第八章"重整"程序的规定进行的，如管理人制订重整计划草案，经债权人会议表决通过并经人民法院批准后，由债务人负责执行等。所以，清算式重整本质上是重整，而不是破产清算。

二是清算式重整是在人民法院裁定债务企业破产重整的情况下，对债务企业的资产、债务等进行清理后，利用债务人的资产引入重整投资人，或者交由并购人，或者部分出售给买受人，再将取得的资金或者价款按照重整计划清偿债务，或由资产继受者承受债务，最终使债务企业得以存续。而破产清算是在人民法院对债务企业宣告破产的情况下，管理人采取强制拍卖、变

卖或者通过协商折价、抵债等方式处置债务企业的全部财产，公平清偿全体债权人，注销债务企业使其主体资格消灭。

（二）清算式重整与其他重整模式的关系

清算式重整与其他重整模式比较只是利用了"清算"方法而已，即对债务企业的资产进行评估和变现，然后清理债权债务。在此基础上，清算式重整如果利用优质资产引入重整投资人，而对劣质资产做变现处置，则与分拆式、剥离式重整相同，因此也可称为分拆式重整或者剥离式重整。

清算式重整对债务企业的资产进行清算后，在保留债务企业名称和法人资格不变的情况下，将全部资产以公开出售方式变现的，则属整体出售式重整；如果被相关企业并购，则属并购式重整。整体出售式重整和并购式重整成功后，债务企业的全部资产仍保留在债务企业，而买受人、并购人即重整投资人成为债务企业的新股东，这种结果实际上与引资式重整没有多大区别，只是两者的操作方法不同而已。整体出售式重整和并购式重整中的重整投资人即买受人、并购人付出的是购买款，而重整投资人表现为注入资金或者承受债务。

（三）"变现"建筑施工企业优质资产需要注意的问题

建筑施工企业虽有多种资产，但最具价值的优势资产主要集中在工程承包资质、工程款权益（应收工程款债权）和大中型设备上。建筑施工企业的这些资产绝大多数是清算式重整的优质资产，可为破产重整带来可行性，但在清算式重整中"变现"这些优质资产，需要注意以下几个问题：

一是在"变现"工程承包资质时必须以"反售"方式将其保留下来。与其他绝大多数重整模式一样，清算式重整和反售式重整都必须将工程承包资质保留在建筑施工企业，如果工程承包资质脱离建筑施工企业，该建筑施工企业就不可能继续经营，清算式重整也会失败。

二是对大中型设备的处置方法应视重整投资人是否需要而定。重整投资人如果也是建筑施工企业，且已有足够的大中型设备，同时满足重整企业施工要求，不需要重整企业的大中型设备的，管理人应当采取变卖、拍卖方式予以变现，以清偿重整企业的债务。重整投资人需要大中型设备的，管理人应将大中型设备纳入保留财产；大中型设备未纳入保留财产而重整投资人需要的，管理人可以另行与重整投资人协议折价给重整投资人，或者由重整投资人参与变卖、拍卖取得，并将其保留在建筑施工企业。

三是应收工程款债权不宜对外变现。建筑施工企业对建设单位依法享有的应收工程款债权，在建筑施工企业破产重整中是可以折价、变卖、拍卖的，但折价、变卖、拍卖应收工程款债权必然减损其原有的价值，这对债权人实现债权不利；又因建筑施工企业对应收工程款具有超级优先受偿权，且有建筑工程为保障，故在清算式重整中不宜向外变现，而应由管理人先行追收，追收不能的，可纳入保留财产由重整投资人承受，重整投资人不愿承受的，才可以采取"变现"给他人的方式用以清算债务。

【案例27】 管理人采取"反售"方式，将工程承包资质和在建工程续建重组给投资人，拯救了债务企业

根据浙江振越建设集团有限公司（以下简称振越建设集团）管理人浙江振邦律师事务所介绍，振越建设集团有9家下属企业、固定员工上百人，持有房屋建筑施工总承包一级、市政公用工程施工总承包二级以及多个工程专业承包资质。振越建设集团原本是以建筑施工为主要业务的企业，后因大量举债投入房地产开发，最终因资金成本压力大、建设周期长、迟迟未见收益而无力清偿大量的银行贷款和民间借贷。2016年1月28日，诸暨市人民法院裁定受理振越建设集团破产清算一案后，经管理人审计和清算，振越建设集团账面资产总计6.28亿元，负债8.51亿元，另欠民间借贷9.7亿元、银行贷款7.48亿元、职工工资300多万元。

管理人经分析认为，对振越建设集团如果按照法院裁定进行破产清算，所有建筑施工合同就必须解除，由此将承担大量的违约责任而扩大债务规模，且尚未完工的106个在建工程项目也无法继续施工，工程款也就难以及时转付，将会继续造成振越建设集团巨大损失；同时，上下游供应商利益不能保障，农民工工资无法兑付，将会严重影响社会稳定。振越建设集团的主要资产为房产投资和建筑承包资质，其中，房产投资的变价处置可不依托振越建设集团的主体资格，而建筑承包资质的价值实现必须依托振越建设集团的主体资格。

根据振越建设集团的实际情况，管理人经多次论证后认为，振越建设集团具有清算转重整的可行性：（1）振越建设集团持有的建筑承包资质，在建筑行业中属于稀缺资源，为其重整提供了可能性；（2）振越建设集团的资产基本上都已设定抵押，如能重整，按初步测算，普通债权的平均清偿率将由破产清算情况下的0.8106%提高至5.5238%；（3）振越建设集团亏损原因主要是管理不善导致负债和财务成本过高，只要引入重整投资人加强管理便能恢复经营，转亏为盈；（4）振越建设集团如能重整，106个在建工程可以避免违法施工问题，同时能够保障工程质量及安全。

在认定振越建设集团具有重整可行性后，管理人就采取何种重整模式进行了分析，认为振越建设集团下属项目公司较多，建筑工程遍布全国各地，且项目公司的债务最终由振越建设集团承担，如果采用传统的存续型重整模式，很难吸引重整投资人；同时，建筑承包资质依附于振越建设集团，如果采用营业转让型重整模式，没有办法将建筑承包资质从振越建设集团中剥离出来。管理人最终决定采用反售式重整模式，即将良性的资产留在振越建设集团，将其余资产剥离出去并在变现之后将所得款项用于清偿债务，从而保留振越建设集团的主体资格，同时将建筑承包资质的价值变现以提高债权分配率。

管理人以反售式重整模式为主要内容制订了重整计划草案，将振越建设集团名下的建筑承包资质等无形资产、在建未完工工程项目及处于保修期的项目重组给重整投资人，将不在重整范围内的其他资产及债务剥离至专门设立的资债处置公司，由管理人继续处置，重整投资人提供的偿债资金及剥离资产清理的变价款项，用来向各债权人进行清偿。债权人会议最终表决通过了重整计划草案，法院随之裁定批准。

振越建设集团破产重整的另一个具有特色的做法是托管经营。振越建设集团在清算转重整期间，有106个建筑工程项目尚未完工，有255个建筑工程项目尚处于保修期内，管理人没有相应的专业技术和知识对继续施工、工程安全、工程质量以及资质维护等进行管理和控制。对此，管理人为了继续履行合同，与具备工程管理资质的第三方签订了托管经营协议，将振越建设集团有关建筑资质维护与管理的营业事务委托专业人员和机构进行代管，并将托管经营期限确定为截至法院裁定批准重整计划之日或破产宣告之日；受托管经营方负责在托管经营期间派驻经营管理团队，自行筹集资金保障托管事项的正常运营，承担所有托管项目工程质量以及生产安全经营管理不善所导致的风险和责任。

本案反售式重整最终获得成功，在公平清理债权债务、保护债权人和债务人的合法权益的同时，拯救了振越建设集团，并保留了其建筑承包资质。

十七、建筑施工企业债转股式重整

公司法上的债权转股权（以下简称债转股），是指债权人以其对债务公司享有的债权通过增加公司注册资本的方式转换为对债务公司持有股权的行为。但破产重整中的债转股，是指债权人以其对债务企业享有的债权转换为债务企业的股权的行为。在债务企业"资不抵债"的情况下，债转股往往难以被单独作为一种重整模式来适用，而是配合其他重整模式一起来拯救债务企业。从实践来看，上市企业破产重整适用债转股是最多的，即以上市企业的资本公积金转增股本分配给债权人的方式进行的债转股，或者以上市企业出资人直接"让渡"股份抵偿债权的方式进行的债转股。我国上市建筑施工企业很少，也未见上市建筑施工企业破产重整案件，因此这里只分析一般建筑施工企业破产重整中的债转股问题。

（一）债转股的法律依据及其适用

企业破产重整中的债转股源于《公司法》的有关规定。《公司法》第27条第1款规定："股东可以用货币出资，也可以用实物、知识产权、土地使用权等可以用货币估价并可以依法转让的非货币财产作价出资；但是，法律、行政法规规定不得作为出资的财产除外。"第2款规定："对作为出资的非货币财产应当评估作价，核实财产，不得高估或者低估作价。法律、行政法规对评估作价有规定的，从其规定。"《公司法》第71条第2款规定："股东向股东以外的人转让股权，应当经其他股东过半数同意……"债权人对债务企业享有的债权属于"非货币财产"。根据上述规定，债权人对股东享有的债权，经债权人与债务股东商定订立以股抵债协议后，经其他股东过半数同意，债权就可转换为股权，然后依照《公司法》第73条的规定，由公司注销原股东的出资证明书，向新股东签发出资证明书，并相应修改公司章程和股东名册中有关股东及其出资额的记载。

最高人民法院《关于审理与企业改制相关的民事纠纷案件若干问题的规定》第14条第1款规定："债权人与债务人自愿达成债权转股权协议，且不违反法律和行政法规强制性规定的，人民法院在审理相关的民事纠纷案件中，应当确认债权转股权协议有效。"这个规定虽是针对国有企业改制而言的政策性债转股，但在债转股市场化的情况下，对其他企业债转股的效力确认有参照意义。

原国家工商行政管理总局《公司注册资本登记管理规定》（已失效）第7条第2款规定，转为公司股权的债权应当符合下列情形之一：（1）债权人已经履行债权所对应的合同义务，且不违反法律、行政法规、国务院决定或者公司章程的禁止性规定；（2）经人民法院生效裁判或者仲裁机构裁决确认；（3）公司破产重整或者和解期间，列入经人民法院批准的重整计划或者裁定认可的和解协议。据此规定，人民法院批准的重整计划或者裁定认可的和解协议中有债转股方案的，债权人可以将债权转换为重整企业的股权。

（二）以股抵债与股权转让的区别

破产重整中的债转股对债务企业而言是以股抵债。以股抵债虽也属于股权转让范畴，但与正常情况下的股权转让还是有所区别的。

1. 股权受让主体不同

正常股权转让中的受让主体有两种：一种是公司内部转让的公司内部股东；另一种是向公司外部转让的公司内部股东以外的出资人。在破产重整中，因债务企业处于"资不抵债"状态，一般不再发生内部股东之间转让股权的问题，内部股东即使同时是债务企业的债权人（如内部股东将资金借给债务企业），其债权在破产重整中也只能劣后清偿，故债务企业在破产重整中通常不能将其他股东的股权交由内部债权人股东抵偿债务，而只能抵偿给外部的债权人。同时，破产重整中的以股抵债的对方当事人，只能是已经管理人审查并经人民法院裁定确认的债权人。由此可以断定，对非债务企业的债权人以及未经管理人和人民法院依法确认的债权人都不是以股抵债中的股权受让人。

2. 股权出让主体不同

《公司法》第 71 条规定，有限责任公司股东向股东以外的人转让股权，应当经其他股东过半数同意；经股东同意转让的股权，在同等条件下，其他股东有优先购买权。但是，债务企业在"资不抵债"情况下进行破产重整，其股东在破产重整期间不得请求投资收益分配，且股东权益等于零或者为负数，故股东对股权不再具有自主处分权，债转股的相关程序不再适用《公司法》第 71 条的规定，而应适用《企业破产法》的有关规定，由债权人会议代替股东会议，由管理人或债务企业与债权人商定后，将债转股纳入重整计划草案，经债权人会议表决通过，并经人民法院裁定批准后，在重整计划执行时办理债转股手续。

（三）转股债权的评估和股权登记

《公司法》第 27 条第 2 款规定："对作为出资的非货币财产应当评估作价……"据此规定，以非货币财产出资的，非货币财产应当经依法设立的资产评估机构评估，并以评估值为准确定出资金额。金钱债权虽然也是一种"非货币财产"，但其与实物、知识产权、土地使用权等非货币财产不同，实物、知识产权、土地使用权只有经评估确定价值后才能用于出资。而破产重整中债权人用以转股的债权，其数额已经管理人审查并经人民法院确认，故无须再行对其评估，管理人根据建筑施工企业的资产情况调整债务后，就可按照债权清偿率转换相应的股权份额。

（四）债转股是否需要债权人同意

企业破产重整中的债转股，目的是使债务企业得以存续，故只适用于重整与和解，而破产清算的结果是注销破产企业，故债转股不能被适用于破产清算。那么，在破产重整中债转股是否需要债权人同意？

有人认为，管理人或者债务人即使未经债权人同意将债转股纳入重整计划草案，该草案经债权人会议表决通过并经人民法院批准成为正式重整计划的，根据《企业破产法》第 92 条"经人民法院裁定批准的重整计划，对债务人和全体债权人均有约束力"的规定，重整计划中的债转股对不同意债转股的债权人也有执行效力，在此情况下，债权人不接受债转股的，应当以放弃债权论处。本书不赞同这种观点。

在破产重整中常见管理人以公开拍卖股权的方式招募重整投资人。公开拍卖股权具有强制性，也就是说，经债权人会议通过和人民法院批准的重整计划中已经包含债转股清债方式的，不论债务企业及其股东是否同意都应强制拍卖股权，公开拍卖全部股权后，也就不存在债转股的问题。但是，债转股与股权拍卖的性质是不同的，破产重整中的债转股与正常股权转让一样应是双方自愿的行为，全部或者部分债权人不同意债转股，管理人便不能将全部或者部分债权转换为股权纳入重整计划草案。在引资式重整中，股权拍卖不成而债转股成为选择的情况下，也不能强制债权人接受以股抵债。王欣新教授也认为，债转股的权利不受重整程序限制，应由债权人自愿行使权利，在未经债权人同意的情况下，既不受债权人会议关于债转股决议的限制，也不受少数服从多数表决原则的约束，还不受法院批准或强制批准包含债转股内容的重整计划的限制。

基于上述理由，管理人在是否债转股的问题上，应当坚持债权人自愿原则，即只有在债权人选择或者接受债转股的情况下才可以与债权人先行形成意向性协议，然后按照该协议的约定，将债转股纳入重整计划草案；债权人没有债转股意愿或者明确表示不接受债转股的，管理人不能将债转股纳入重整计划草案，也不能强迫债权人接受债转股。一部分债权人愿意债转股，另一部分债权人不愿意债转股的，管理人只能将愿意债转股的债权人以及债权数额纳入重整计划草案，该重整计划草案经人民法院批准后，对这部分债权人具有执行效力，这部分债权人因反悔而要求以其他方式清偿债权的，管理人和人民法院都不应予以支持。但该重整计划对不愿意债转股的债权人不产生债转股的执行效力。

（五）建筑施工企业可转换股权的债权范围

建筑施工企业与其他企业破产重整一样，除将100％股权用于招募重整投资人外，转股的债权应是《企业破产法》规定范围内的各类金钱债权，包括物权转换后的金钱债权。也就是说，债权人对建筑施工企业依法享有的各类金钱债权都可以在破产重整中用来转换股权，但是，某些特殊的债权往往受到债权性质或者法律规定的限制，是不宜或者不可转换为股权的。

例如，行政机关、司法机关基于公法对建筑施工企业产生的税款、罚款、罚金以及其他有关费用,属于国家公法债权,而国家公法债权不能转换为非国有的建筑施工企业的股权,国家在一般情况下也不能直接成为非国有建筑施工企业的股东,且罚款、罚金等只能安排劣后清偿,更不可能以债转股。

又如,法院受理破产申请后,建筑施工企业欠缴款项产生的滞纳金、未履行生效法律文书应当加倍支付的迟延利息等,虽也属债权范围,但债权人申报此类债权,法院不予确认,故此类债权也不能转换为股权,只能劣后清偿。

再如,建设单位在建筑施工企业进入破产重整前提前向建筑施工企业支付的工程进度款所产生的债权,债权人建设单位要求将其与工程款一并结算的,管理人不能要求其债转股。管理人决定继续履行建筑施工合同,建筑施工企业在工程续建中采购原材料对供应商所产生的债务,债权人供应商要求随时清偿共益债权的,管理人也不能要求其债转股。

(六)银行贷款债转股

从实践来看,商业银行往往是建筑施工企业的大额债权人或者主要债权人,那么,银行贷款债权在建筑施工企业破产重整中可否转换为股权?

《商业银行法》第43条规定,商业银行不得向非自用不动产投资或者向非银行金融机构和企业投资,但国家另有规定的除外。这是禁止性规定。就建筑施工企业破产重整而言,商业银行不得将贷款债权直接转换为建筑施工企业的股权。但国务院《关于市场化银行债权转股权的指导意见》指出,银行将债权转为股权应通过向实施机构转让债权、由实施机构将债权转为对象企业股权的方式实现。鼓励金融资产管理公司、保险资产管理机构、国有资本投资运营公司等多种类型实施机构参与开展市场化债转股;支持银行充分利用现有符合条件的所属机构,或允许申请设立符合规定的新机构开展市场化债转股;鼓励实施机构引入社会资本,发展混合所有制,增强资本实力。鼓励银行向非本行所属实施机构转让债权实施转股,支持不同银行通过所属实施机构交叉实施市场化债转股。银行所属实施机构面向本行债权开展市场化债转股应当符合相关监管要求。据此,在建筑施工企业破产重整中,商业银行作为债权人,可以先向金融资产管理公司、保险资产管理机构、国有资本投资运营公司等实施机构转让贷款债权,然后由这些实施机构将债权转为企业股权。按此操作，商业银行可将对建筑施工企业享有的贷款债权转让给实施机构，然后由实施机构作为债权人与建筑施工企业进行债转股。在建筑施工企业破产重整中，按此方法进行债转股，既避开了《商业银行法》第43条的禁止性规定，避免了商业银行与企业直接债转股所带来的法律风险，又开通了商业银行贷款置换企业股权的合法渠道。

(七) 债转股与减债偿还的关系

在破产重整中，一部分债权人并不看好建筑施工企业的发展前景，不愿接受债转股；而另一部分债权人对建筑施工企业的破产重整持乐观态度，认为债转股比减债偿还更为合算，愿意接受债转股。债权人对债转股持不同意见，有可能使债权人组在债权人会议中难以表决通过债转股方案。就此，管理人可以参照最高人民法院《关于审理与企业改制相关的民事纠纷案件若干问题的规定》第16条"部分债权人进行债权转股权的行为，不影响其他债权人向债务人主张债权"的规定，提供债转股与减债偿还两种方式相结合的方法供债权人选择；一部分债权人选择债转股，另一部分债权人选择减债偿还的，在债权利益调整和平衡两者关系的基础上，将这两种方式都纳入重整计划草案。例如，建筑施工企业重整计划草案拟订：债权人选择债转股的，债权金额不做调整，全部作为注册资本金投入建筑施工企业，债权人成为建筑施工企业股东。若对普通债权选择现金清偿的，按一定的比例进行清偿，剩余债权不再清偿。当然，全体债权人选择减债偿还的，管理人不再适用债转股式重整；全体债权人选择债转股的，管理人不再适用减债偿还方式重整。

(八) 破产重整中债转股的法律效应

债转股的法律效应主要表现为债权消灭与股权产生，即在消灭债权人相应债权的同时，使债权人取得相应的股权成为企业的股东。但破产重整中债转股的法律效应，还要视重整计划中的债转股方案能否得以执行而定。在重整计划执行时，成功进行债转股的，债权人的债权自债权转为股权时即为清偿而消灭；重整计划包括债转股失败，债务企业进入破产清算的，债权人的债权应当恢复原状，然后参与破产财产分配。

建筑施工企业成功执行重整计划使主体资格存续下来的，管理人应将原出资人 (股东) 的股权强制调减或者强制清零，并协助债权人持人民法院批准的重整计划、债转股协议等有关材料,到登记机关办理股权变更登记手续。登记机关予以办理股权变更登记后,债权人以债权为代价向建筑施工企业出资,从而抵缴相应股款,相应债权在置换股权后也就随之消灭,债权人转换为建筑施工企业的股东,获得建筑施工企业的决策权、管理权、收益分配权等股东权利。

【案例28】 重整计划设置债权人可选择现金受偿或以股抵债的偿债方式

2017年,振兴区人民法院判决隋某某给付迟某某工程款1,300,182.99元及利息,某某建筑工程公司(以下简称建筑工程公司)对上述工程款承担连带给付责任。该判决生效后,迟某某向振兴区人民法院申请强制执行。

2019年1月25日,大连市中级人民法院裁定对某某集团公司等9家公司(以下简称集团公司)采取实质合并式重整,对集团公司的全体债权人按照同等债权分类、调整和受偿的标准进行统一安排。2019年3月5日,大连市中级人民法院裁定批准集团公司合并重整计划。该重整计划规定,已向管理人申报但暂未审查确定债权的债权人,应当作出或现金清偿或以股抵债及转股的选择,在债权确定后,可要求集团公司按照重整计划中规定的同类债权清偿方案进行清偿,该等债权的清偿方案分为两部分。关于债权清偿部分:(1)50万元以下(含50万元)的债权部分,按照100%的比例以现金方式一次性清偿;(2)超过50万元的部分,债权人可以选择按照约27%的清偿率由集团公司在重整计划获得法院裁定批准之日起分两年进行现金清偿,未获清偿的部分,集团公司不再承担清偿责任。关于股权抵债部分:债权人也可以选择按照统一的比例接受抵债股票并实施债转股,即接受集团公司所持大化股份B股非流通股股票及持有集团公司的股权;债权人选择以股抵债及债转股的,则原本为该部分债权人安排的偿债资金将按比例向所有以股抵债及转股债权人分配。关于清偿方式选择:债权人只能就上述两种清偿方式选择其一进行受偿,不能将债权金额拆分成两部分分别选择受偿,不选或者两种方式都选均视为选择按照27%清偿率分两年现金受偿。之后该重整计划进入执行阶段。

建筑工程公司在集团公司破产重整过程中,向集团公司管理人申报了

×××万元工程款债权，但该笔债权申报所涉证据资料不完整，管理人暂未予以确定。

2020年1月13日，振兴区人民法院向集团公司发出履行到期债务通知书，该通知书载明：你单位自收到本通知后的15日内向申请执行人迟某某履行对被执行人建筑工程公司到期债务人民币2,022,400元或将此款存入法院执行账户，不得向被执行人建筑工程公司清偿。

2020年1月16日，集团公司向振兴区人民法院提出书面执行异议时称：异议人集团公司正在破产重整中，建筑工程公司工程款债权申报所涉证据资料不完整，管理人暂未予以确定，不能按照履行到期债务通知书的要求支付建筑工程公司的工程款及破产管理人处的破产分配债权人民币2,022,400元，请振兴区人民法院终止本次执行。

振兴区人民法院认为：最高人民法院《关于人民法院执行工作若干问题的规定（试行）》第63条规定，第三人在履行通知指定的期间内提出异议的，人民法院不得对第三人强制执行，对提出的异议不进行审查。集团公司是在履行到期债务通知书指定的期间内提出异议的，该院不得对其强制执行，对提出的异议内容不进行审查。于是作出（2020）辽0603执异50号异议执行裁定书，裁定不得对集团公司强制执行。（人民法院受理破产申请后，有关债务人财产的执行程序应当中止，然后移送至破产程序统一执行，或者由债权人向管理人申报债权参与破产程序统一分配。——笔者注）

【案例29】 债权人在重整计划确定债转股后不得再请求清偿债权

2015年，A公司因经营需要，在某某金融信息服务公司（以下简称融投公司）的互联网平台上三次发布借款融资信息，同时发布由B公司提供的担保函对债务连带责任保证担保。梁某等99名投资人通过该平台向A公司筹集了1300万元的借款。融投公司根据交易规则，将上述借款转至其在第三方支付平台开立的资金托管账户内，后经A公司和融投公司确认，由其下载平台自动生成的《借款担保合同》和担保函，加盖公章并交给第三方支付平台审核无误后，由第三方公司将借款人账户内托管资金划转至A公司，至此原始债权人完成借款任务。A公司在借款到期后未偿还借款本金和利息。

自 2016 年 2 月起，某某商业管理公司（以下简称商业管理公司）陆续与原始债权人梁某等 98 人签订债权转让协议，转售了共计 1298 万元的债权。

2016 年 1 月 14 日，沧州市中级人民法院受理了债权人申请 B 公司重整案，并决定由 B 公司自行管理财产和营业事务。重整期间，B 公司管理人向债权人发出申报债权的通知和公告，商业管理公司作为债权人向 B 公司重整管理人申报债权本金 22,933,000 元、利息 693,718 元，本息合计 23,626,718 元。2017 年 2 月 8 日，沧州市中级人民法院裁定确认 B 公司管理人制作的重整债权表，商业管理公司申报的债权在重整债权表内登记。2017 年 4 月 19 日，沧州市中级人民法院裁定批准 B 公司重整计划草案，并终止 B 公司重整程序。在重整计划草案中，商业管理公司所申报的债权为无担保普通债权，按照重整计划，商业管理公司的债权将全部转化为 B 公司的股权。

商业管理公司向沧州市中级人民法院提起诉讼，请求：（1）被告 A 公司偿还借款本金 1298 万元、利息 61.41 万元、逾期还款违约金；（2）判令被告融投公司对上述款项（借款本金及利息）承担连带清偿责任。

被告融投公司辩称，B 公司是 A 公司借款的连带保证人，沧州市中级人民法院批准了 B 公司的重整计划草案，拟对原告方以债转股形式偿还该债务，而原告却向法院起诉该债权，这明显不符合法律规定。如该案继续审理，将会使同一笔债权得到两次受偿。B 公司重整管理人在召开债权人大会时宣布了 B 公司重整计划草案以及具体实施计划，意味着原告的债权即将得到清偿，请法庭依法驳回原告诉求。

沧州市中级人民法院认为，在金融平台注册的投资人梁某等 99 人，通过金融平台筹集了 1300 万元的借款，A 公司和筹集借款的梁某等 99 人，虽未签订书面的借款担保合同，但双方实际建立了借贷合同关系。商业管理公司通过债权转让的方式转售了梁某等 98 名原始债权人的债权，故原告现依法享有对被告 A 公司 1298 万元借款本金及相应利息、违约金的债权。被告融投公司与案外人 B 公司同为连带保证人，在被告 A 公司逾期未能偿还借款的情况下，原告可以向任一保证人主张债权。现原告已经向 B 公司重整管理人申报了包括本案债权在内的债权，沧州市中级人民法院也批准了 B 公司的重整计划草案。根据 B 公司的重整计划，原告的债权将全部转化为

B公司的股权。重整计划的执行期限自2017年4月19日起3年，如果重整计划成功，原告的债权转为股权时即获得清偿；如果重整计划失败，则B公司进入破产清算程序，原告的债权恢复为普通债权，原告可以向债务人或担保人主张债权。因B公司现在处于重整计划执行期间，原告的债权处于未真正获得清偿阶段，而能否真正获得清偿，取决于B公司的重整计划能否最终成功。因此，现原告要求被告A公司偿还债务、被告融投公司承担连带保证责任的诉讼请求，该院不予支持，原告可以待条件具备后再行起诉。

沧州市中级人民法院作出（2017）冀0104民初3877号民事判决书：驳回原告商业管理公司的诉讼请求。

十八、建筑施工企业留债清偿式重整

破产实践中的留债清偿，通常是指经债权人同意，管理人将全部或者部分债权安排在重整计划执行完毕后的一定时间内由债务企业继续清偿的一种履债方式。在建筑施工企业破产重整中，管理人可以根据案件的实际情况及债权人的意愿，采取留债清偿方式进行重整。

（一）留债清偿方案的基本内容

留债清偿是相对重整执行期间的债务清偿而言的。债务企业因"资不抵债"破产，在重整期间不可能清偿全部债务，更不可能以现金方式清偿全部债务，但预测其重整成功后经营状态将会好转，并能获得盈利的，在采取引入投资人、减债清偿、债转股等方式的同时，留债清偿也是可以选择的一种进行配合的重整模式。

管理人决定采取留债清偿方式对债务企业进行破产重整的，应先行拟订留债清偿方案，初定留债清偿的方法和内容。根据留债清偿的特点，留债清偿方案应有以下几个基本内容：（1）债权人的全部债权或者部分债权不安排在重整计划执行期间内清偿，而安排在重整计划执行完毕后由债务企业继续清偿。（2）在重整计划执行完毕后，所留债权由债务企业以现金清偿，届时债务企业无法用现金清偿的，可由债务企业与债权人另行协商清偿方式。（3）留债债权在一般情况下应当全部清偿；债权人同意减债的，减债后的留

债债权也应当全部清偿。（4）留债清偿期限应自重整计划执行完毕之日起计算。至于留债债权什么时间清偿完毕，应当根据债权人要求和债务企业恢复经营情况而定，有1年、3年、5年、8年、10年等。（5）留债利息。《企业破产法》第46条第2款规定"附利息的债权自破产申请受理时起停止计息"，但留债清偿是在重整计划执行完毕后进行的，且重整计划执行完毕，破产程序就宣告终结，留债利息不受上述规定限制，除债权人同意免息外，债务企业应当向债权人支付留债利息。至于留债利率，管理人应当在留债清偿方案中统一确定，一般不低于贷款市场报价利率。至于留债利息的支付方式，既可以规定分期支付，也可以规定跟随本金一次性付清。（6）留债清偿方案还应规定债务企业逾期清偿留债债权的违约责任以及留债债权的保障措施等。

管理人拟订留债清偿方案后，应先征求债权人的意见，债权人同意留债清偿的，管理人与其订立留债清偿协议，然后将留债清偿协议的内容纳入留债清偿方案，连同重整计划草案报债权人会议表决通过，并经人民法院批准。

（二）建筑施工企业留债清偿的可行性

建筑施工企业进入破产重整程序后，在一般情况下难以单凭留债清偿方式成功重整，需要其他模式配合或者配合其他模式同时进行。因此，建筑施工企业留债清偿式重整是否具有可行性，还要结合其他重整模式进行考察，但就留债清偿本身而言，对多方当事人利多弊少。

1. 有利于普通债权人实现更多的债权利益

留债清偿是否具有可行性与债转股一样主要表现为债权人是否接受。从实践来看，债权人是否接受留债清偿，首先是看建筑施工企业的重整可行性，其次是看预测重整成功后的经营情况，最后是看留债清偿方案的内容设计是否对债权人有利。债权人会据此将留债清偿与减债清偿进行比较，如果认为留债清偿对实现债权更为有利，就会接受留债清偿，反之则会拒绝留债清偿。在实践中，管理人会充分考虑对债权人有利的留债清偿问题，所以大多数普通债权人都会同意留债清偿，留债清偿方案也就容易被普通债权人组表决通过。

留债清偿在一般情况下适用于普通债权人，而难以适用于设有物权担保的债权人、职工债权人和国家公债权人。根据《企业破产法》的规定，物权担保不依赖于破产清偿顺序就可实现债权，职工债权被安排在第一顺序清偿。这些债权具有优先受偿的优势，在重整计划执行期间债权清偿率很高，甚至可以得到100%清偿，而留债清偿对其弊多利少，因此，这些债权人通常不接受留债清偿。当然，如果这些优先受偿债权人接受或者要求留债清偿，也可适用留债清偿。

普通债权人就不一样，其在建筑施工企业"资不抵债"的情况下只能被安排在末位清偿，债权受偿率很低，有的甚至分文不得，因而绝大多数普通债权人都会接受留债清偿。

2. 有利于建筑施工企业实现重整目的

虽留债清偿会对破产重整后的继续经营造成一定的经济压力，但在建筑施工企业面临破产，采取其他重整模式不足以达到重整目的的情况下，管理人采取留债清偿方式，就能缓解建筑施工企业在重整期间的现金清偿压力，促使其重整成功，迅速恢复生产经营，因此不少建筑施工企业以及重整投资人都支持留债清偿。

3. 有利于其他债权人提高债权受偿率

由于留债债权被安排在重整计划执行完毕后清偿，建筑施工企业在破产重整期间的资产可先清偿其他债务，提高了其他债权人特别是接受减债清偿的普通债权人的债权受偿率，所以留债清偿会得到其他债权人的支持。

4. 有利于建设单位工程建设

建筑施工企业通过留债清偿迅速恢复施工，对发包人建设单位有利无弊，故如果建设单位是建筑施工企业的债权人，在多数情况下会同意留债清偿，待在建工程竣工验收后再行结算。

（三）建筑施工企业留债债权的风险及保障问题

我们虽然肯定建筑施工企业留债清偿具有上述可行性，但也应看到留债清偿将有可能给留债债权人带来不能或者难以实现留债债权的风险，这种风险主要表现为建筑施工企业清偿留债的能力具有不确定性。

建筑施工企业经过破产重整后，经营管理恢复正常，在建工程迅速复工续建，继续承接建筑工程，经营状态良好并获盈利的，按照留债清偿方案或者留债清偿协议进行清偿留债债权是没有问题的。但是，在破产重整时往往难以对建筑施工企业重整后的经营状态作出准确判断，故在重整计划执行完毕后，建筑施工企业清偿留债的能力具有不确定性。如果建筑施工企业经营不善，继续亏损，就难以清偿全部或者部分的留债债权，留债债权人只能以建筑施工企业违约为由通过诉讼程序进行追索，反而增加了诉讼成本。建筑施工企业如果再次出现破产原因，留债债权只能作为普通债权参与分配。

为了使留债债权人避免上述留债风险，也为了增强留债清偿式重整的吸引力和可行性，本书建议，在担保人自愿的情况下，为留债债权设定担保，如建筑施工企业利用应收工程款为留债债权提供质押担保、重整投资人为留债债权提供保证担保等，从而完善留债清偿式重整的功能和作用。

【案例30】多家公司实质合并破产统一采取以股抵债与留债清偿相结合的模式进行重整

2019年，丹东市中级人民法院裁定受理A集团、A公司、B公司、C公司实质合并重整一案。A集团、A公司、B公司、C公司管理人（以下统称A集团管理人）在A集团资产评估和负债审计的基础上制订了合并重整计划草案。2019年12月31日，丹东市中级人民法院作出（2019）辽06破2-5号民事裁定书，裁定批准A集团、A公司、B公司、C公司合并重整计划，并终止重整程序。

合并重整计划确定：经法院裁定确认的未清偿债权，清偿方式分现金清偿与以股抵债清偿。其中，以股抵债的，股权交割之日为清偿日，以股抵债的清偿率可参照以下公式计算：清偿率=（抵偿获得的股权数量×每股价值）÷股权抵偿对应的债权金额，每股价值系以资产评估报告等为基础计算，未来以评估机构出具的股权价值评估报告为准，折合每1元注册资本对应的模拟权益价值为0.8177元。

合并重整计划的内容还包括：（1）A集团在重整计划执行过程中拟更名为B集团。（2）有财产担保的债权，每家债权人30万元以下（含30万元）的部分，自重整计划批准之日起至标的股权交割日后30日内由A集团、A

公司、B公司、C公司的全部或任一主体以现金方式全额清偿；每家债权人超过30万元的部分，按照以下方式清偿：

①在B集团留债并在重整计划批准之日起20年内清偿完毕，延期清偿期间暂不支付利息，留债的本金偿还、利息偿付等相关安排由B集团根据经营状况、实际偿付能力与相关债权人协商确定。

②上述留债债权总金额不超过4亿元。

③有意选择留债延期清偿的有财产担保的债权人应在重整计划批准之日前向A集团管理人提出书面申请，逾期未提出书面申请的，视为放弃留债选择。若选择留债延期清偿的债权金额超过4亿元，由A集团管理人按照选择留债延期清偿的债权金额比例在申请留债延期清偿的有财产担保的债权人之间分配不超过4亿元的留债份额。若选择留债延期清偿的债权金额不足4亿元，则相应调整B集团注册资本。除选择留债延期清偿的有财产担保的债权（合计不超过4亿元）外，剩余的有财产担保的债权，自重整计划批准之日起至标的股权交割日前，每家债权人的有财产担保的债权（扣除现金清偿和留债清偿的债权金额）的3.75%由债务人按照1:1的比例以C公司的注册资本（股权）进行抵偿；每家债权人的有财产担保的债权（扣除现金清偿和留债清偿的债权金额）的96.25%由债务人按照1:1的比例以B集团的注册资本（股权）进行抵偿。若选择留债延期清偿的债权金额不足4亿元，则相应调整有财产担保的债权分别以C公司和B集团注册资本（股权）抵偿的债权比例。

④重整计划以股抵债并不当然视为全额清偿，债权人未获全额清偿的债权部分仍然可以向保证人和其他连带债务人进行追偿。

⑤以股抵债的清偿率可参照以下公式计算：清偿率＝（抵偿获得的股权数量×每股价值）÷股权抵偿对应的债权金额。

十九、建筑施工企业共益债式重整

共益债式重整，通常是指对债务企业在破产重整中为继续营业的借款参照共益债务清偿而设计的一种重整模式。共益债式重整实际上是举债重整，即通过借款负债促成重整。建筑施工企业及其管理人在破产重整中可以根据实际需要，采取共益债方式进行重整。理解共益债式重整，先得从共益借款说起。

（一）共益借款的依据

《企业破产法》第42条规定中的"为债务人继续营业而应支付的劳动报酬和社会保险费用以及由此产生的其他债务"为共益债务。这种共益债务，是指用于重整期间继续营业而支付的劳动报酬、水电、安保和社保等费用以及由此产生的其他费用，并未包括重整期间的共益借款债务。为解决这个问题，最高人民法院《关于适用〈中华人民共和国企业破产法〉若干问题的规定（三）》第2条第1款规定，"破产申请受理后，经债权人会议决议通过，或者第一次债权人会议召开前经人民法院许可，管理人或者自行管理的债务人可以为债务人继续营业而借款。提供借款的债权人主张参照企业破产法第四十二条第四项的规定优先于普通破产债权清偿的，人民法院应予支持，但其主张优先于此前已就债务人特定财产享有担保的债权清偿的，人民法院不予支持"。这里规定的"为债务人继续营业而借款"即共益借款，这里的"共益"是指债权人、债务人的共同利益，"为债务人继续营业"即体现共益性。

（二）共益借款的基本要求

根据上述司法解释的规定，债务企业在破产重整中向外借款作为共益借款认定应当符合以下三个基本要求：

1. 借款是为债务企业继续营业

债务企业进入破产程序，如果被宣告破产进行清算，因破产清算的结果是注销债务企业，故无须采取借款方式继续营业，而破产重整的目的是使债务企业得以存续。债务企业在"资不抵债"的情况下，要想得以存续就必须继续经营，而继续经营必须融入资金，其中包括借款融资。用于债务人继续营业的借款根据上述规定应当认定为共益借款。债务企业如果与出借人约定借款的用途不是为了继续营业，而是另有他用的，则不符合上述规定要求，不能认定为共益借款。

2. 借款债务发生在破产重整中

债务企业的借款是否属于共益借款，有一个时间界限，即借款债务发生在人民法院裁定受理破产申请之前,还是发生在破产重整期间。若发生在人民法院裁定受理破产申请之前,无论借款用于当时的生产经营,还是用于破产申请受理之后的继续经营,都不是共益借款,只能作为普通债务处理。借款债务发生在破产重整期间,且确实用于债务企业继续营业的,则属共益借款。如果混淆两者的时间界限,就容易在认定借款债务性质上出现错误。

3. 须经规定程序许可

根据《企业破产法》第26条和最高人民法院《关于适用〈中华人民共和国企业破产法〉若干问题的规定(三)》第2条的规定,债务企业在第一次债权人会议召开前为债务企业继续经营借款的,须由管理人或者债务企业经营管理人审核后,报经人民法院许可后方可借款举债;已经召开债权人会议的,应当报请债权人会议决议通过。债务企业未经上述规定程序擅自借款举债的,不能认定为共益借款,除非后来的债权人会议予以追认。

关于共益借款人的主体,最高人民法院《关于适用〈中华人民共和国企业破产法〉若干问题的规定(三)》第2条规定为"管理人或者自行管理的债务人"。债务企业在破产重整期间,依照《企业破产法》第73条的规定,经债务企业申请和人民法院批准,债务企业在管理人的监督下自行管理财产和营业事务的,应由债务企业作为借款人,在管理人的监督下,与出借人签订共益借款协议;如果由管理人接管的,应由管理人代表债务企业与出借人签订共益借款协议。

(三) 共益借款债务的清偿顺位安排

根据最高人民法院《关于适用〈中华人民共和国企业破产法〉若干问题的规定(三)》第2条的规定,共益借款优先于普通破产债权清偿,但不得优先于特定财产担保债权清偿。结合债务清偿顺序分析,在特定财产担保债权、职工债权、税款债权、共益借款债权和普通债权同时存在的情况下,共益借款债权安排在普通债权之前清偿。

共益借款债务这个清偿顺位安排,与《企业破产法》第43条第1款规定的"共益债务由债务人财产随时清偿"相去甚远,难以保障共益借款债权的实现。因此,有学者提出,共益借款投入继续营业,该借款实际上成为继续营业的成本,譬如,建筑施工企业将共益借款投入续建工程,将会产生相应的工程款,且建筑施工企业对工程款享有超级优先受偿权,而共益借款仅"优先于普通破产债权"清偿,两者之间显失公平。再者,债务企业在"资不抵债"的情况下本来就难以融资,若将共益借款债务仅安排在"优先于普通破产债权"位置清偿,就会使其继续营业借款难上加难,不利于融资重整。因此建议,除共益借款不得优先于"此前已就债务人特定财产享有担保的债权清偿"外,债务企业和管理人根据破产重整的确切需要,也可拟订共益借款为随时清偿的共益债务,经债权人会议表决通过后,根据当事人意思自治原则,依照《企业破产法》第43条的规定与其他共益债务一样由债务企业的财产随时清偿。

我们认为这个观点有一定道理,但实践中的问题是,共益借款作为共益债务随时清偿,如果影响职工债权和税款债权,职工债权人就会持反对意见,税款债权人在债权人会议上也会投反对票,结果难以通过。因此,债务企业、管理人和出借人在借贷关系发生前,必须充分考虑共益借款投入继续经营后能否使职工债权、税款债权、共益借款债权全部得以保障,以防共益借款债权届时不能全部或者部分不能实现。但从实践来看,具有重整可行性的债务企业通过共益借款注入流动资金,通常都能恢复正常运营,实现收益。譬如,房地产开发企业进入破产重整,在建商品房开发项目因缺乏资金成为"烂尾楼",此时能够取得共益借款续建成功,将能产生巨大的收益,这就有可能足以清偿职工债权、税款债权和共益借款债权,还有可能大大提高普通债权的清偿率。此外,共益借款债务并非破产债务,不限于在破产重整中清偿,债务企业可与出借人约定在重整执行期间清偿,也可约定在重整程序结束后继续清偿。因此,保障共益借款债权的关键不在于仅"优先于普通破产债权"而与职工债权、税款债权争先后清偿顺序,而在于共益借款投入继续经营的经济效益。

(四) 共益借款的利息

因《企业破产法》第46条第2款规定"附利息的债权自破产申请受理时起停止计息",又因共益借款利息支出会使普通债权受偿率降低,故在实践中有共益借款是否支付利息及其利息是否优先于普通债权清偿的不同认识。

第一种意见认为,参照《企业破产法》第46条第2款"停止计息"的规定，共益借款债务只能偿还本金，而不能支付利息。这种认识是错误的，其错误在于混淆了人民法院裁定受理重整申请前举债与重整程序中举债的区别。在人民法院裁定受理重整申请前已经产生的债权，应当适用上述规定停止计息，但债务企业在破产重整中为继续营业借款或者管理人为债务企业继续营业借款，则不适用上述规定停止计息。

第二种意见认为，《企业破产法》及其司法解释只是规定为债务人继续营业的"借款"优先于普通债权清偿，而未明确规定共益借款的利息与本金一样也优先于普通债权清偿，再者，共益借款中的利息作为从属性债权，如果与本金一样得以优先受偿，将会损害普通债权人的利益，故利息只能作为普通债权受偿。

第三种意见认为，如果将共益借款利息安排在普通债权清偿，因普通债权清偿率很低，这对共益借款债权人收取利息极为不利。共益借款利息如果得不到法律的支持和保障，共益借款就会形同虚设，不能发挥其应有的功能和作用，因此，共益借款协议约定的合理利息不仅应当支付，而且应与本金一样优先于普通债权清偿。

我们认为，共益借款与正常借款，除用途特定和清偿顺序不同外，没有多大本质区别。出借人在债务企业"资不抵债"的情况下因担心借款债权不能或者难以实现，通常不愿冒此风险出借资金，这是共益借款的最大难题，但若给予较大利息收益且得以保障，就容易解开这个难题。如果无息，商业银行就不可能给予共益贷款；若向民间借款，出借人都会要求支付利息，而且利率高于银行贷款。因此，共益借款协议通常都有利息约定。从司法实践来看，人民法院审理此类案件，通常判决共益借款利息作为普通债权由债务企业支付。当然，共益借款协议约定利息与本金同样具有优先受偿权，且债权人会议没有异议的，该共益借款利息应与本金一样优于普通债权受偿。共益借款协议没有约定利息，债权人会议表决通过的重整计划中也没有支付利息的，根据最高人民法院《关于审理民间借贷案件适用法律若干问题的规定》第24条第1款"借贷双方没有约定利息，出借人主张支付利息的，人民法院不予支持"的规定，应当做无息借款处理。如一些出借人、投资人等因另有利益关系，在向债务企业提供共益借款时，也有可能不要求支付利息。

无息借款只能做无息处理。

（五）建筑施工企业采用共益债式重整

在理解共益债务上述问题后，建筑施工企业采取共益债式重整的基本内容和操作程序也就没有多大疑问了，但仍需注意以下几个事情：

一是建筑施工企业已经采取清算式重整的，一般不再配合适用共益债式重整。主要理由是，既然通过清算方式出售建筑施工企业的资产，就应由买受人自行解决继续经营的资金，故不再需要建筑施工企业共益借款。

二是建筑施工企业在100%股权转让引入重整投资人的重整模式中，一般不再配合适用共益债式重整。主要理由是，既然100%股权转让给重整投资人，建筑施工企业继续经营所需的资金亦应由重整投资人自行解决，无须管理人再为其进行共益借款，至于重整投资人向他人借款投入继续经营，则应另当别论。

三是所谓的投资人与建筑施工企业或者管理人明确约定，投资款届时还本付息的，该投资人不是重整投资人，实际上是出借人，或者借款协议明确约定重整失败返还借款本息的，该类借款毕竟发生在建筑施工企业重整期间，建筑施工企业借入的资金毕竟不是破产财产，由此发生的债务毕竟不是破产债务，故我们主张应当如数返还，至于利息则应根据有无约定而定。

四是建筑施工企业在"资不抵债"的情况下，难以采取单一的共益借款方式使其重整成功，在大多数情况下，共益债式重整需要其他存续式重整配合或者配合其他存续式重整才能使企业重整成功。

【案例31】 在法院受理破产申请前的借贷不应被认定为共益债务

某某旧城改造项目由某某房开公司（以下简称房开公司）进行开发，由某某建设公司承建。在建设过程中，该项目因房开公司资金链断裂等原因停工待建近两年，由此引发了维稳及信访问题。为妥善处理项目相关遗留问题，某某县委办、县府办成立了工作组。2014年3月20日，工作组会议提出对外融资300万元作为4B栋工程的启动资金，按月利率3%计付利息，以后优先偿还本息。2014年至2016年期间，李某两次向房开公司出借共计67.4万元，房开公司先后出具了借条两张和还款承诺书两份，并支付了部分利息。

双方发生诉讼后，依李某申请，合江县人民法院依法查封了房开公司所有的21处房产，后经调解确认，房开公司于2017年8月14日前归还李某借款本金67.4万元，并按月利率2%计付利息。2018年4月9日，合江县人民法院依债权人申请裁定对房开公司进行破产清算，管理人将李某债权确认为普通债权，而李某认为应当确认为共益债权，于是向合江县人民法院提起破产债权确认纠纷诉讼，请求确认其债权67.4万元本息为共益债权，在房开公司破产财产中享有优先受偿权。

合江县人民法院认为，双方主要争议是前述债权能否确认为《企业破产法》规定的共益债务并优先受偿。《企业破产法》及其司法解释虽没有界定共益债权债务的概念，但其中的"共益"，顾名思义是指为了全体债权人的共同利益。结合《企业破产法》的规定，前述债权的确不能被直接认定为共益债务。但房开公司在开发某某旧城改造项目时，因资金链断裂停工近两年，形成了"烂尾楼"，导致众多拆迁户、购房户得不到房屋，引发多次群体上访。李某基于对工作组的信任才出借资金给房开公司，从而使"烂尾楼"得以复工修建并竣工交付。尽管李某出借资金时房开公司并未破产，但房开公司已具备破产的实质条件，且处于工作组的监管之下。因此，李某出借的资金67.4万元，从当时债务发生的条件、债务属性及债务认定程序上看，均区别于其他债务，非纯粹的商业行为，可视为债务人为继续营业而借款，在房开公司破产清算程序中参照最高人民法院《关于适用〈中华人民共和国企业破产法〉若干问题的规定（三）》第2条第1款中"优先于普通破产债权清偿"的规定进行优先清偿（但其不得优先于此前已就债务人特定财产享有担保的债权），并对其主张的利息按资金占用费性质确认为普通债权，按中国人民银行公布的同期同类贷款利率计算，从欠息之日起计算至受理破产之日止，共计56,194.75元，对其过多的利息主张不予支持。

合江县人民法院判决：确认李某出借的资金67.4万元优先清偿，其资金占用费56,194.75元为普通债权。

房开公司不服上述判决，向泸州市中级人民法院提起上诉，请求依法改判，判决被上诉人李某的破产债权依法不能视为共益债务，不得优先清偿。

泸州市中级人民法院认为，根据《企业破产法》第42条"人民法院受理破产申请后发生的下列债务，为共益债务：（一）因管理人或者债务人请求对方当事人履行双方均未履行完毕的合同所产生的债务；（二）债务人财产受无因管理所产生的债务；（三）因债务人不当得利所产生的债务；（四）为债务人继续营业而应支付的劳动报酬和社会保险费用以及由此产生的其他债务；（五）管理人或者相关人员执行职务致人损害所产生的债务；（六）债务人财产致人损害所产生的债务"的规定，共益债务是指破产程序中为全体债权人的共同利益而产生的债务，而本案债务系发生在人民法院受理破产申请前的民间借贷，不符合上述法律规定，不应认定为共益债务。李某要求参照共益债务的法律规定在房开公司破产财产中优先受偿，其请求缺乏事实和法律依据，法院不予支持。李某对房开公司享有的借款本金及利息的债权，应当认定为普通债权，不具有优先受偿权，故一审法院判决错误，应予改判。

泸州市中级人民法院作出（2021）川05民终996号民事判决书，判决如下：（1）撤销合江县人民法院（2021）川0522民初386号民事判决；（2）李某享有房开公司普通债权本金67.4万元及利息56,194.75元；（3）驳回李某其他诉讼请求。

【案例32】 为项目建设借款的本金属于共益债务，但对未约定的利息不予支持

2016年11月14日，某某房开公司（以下简称房开公司）和某某置业公司（以下简称置业公司）经某某区财政局某某办事处（以下简称某某办事处）协调，房开公司向置业公司借款1000万元，用于某某回迁项目建设，同日，置业公司按照房开公司要求将1000万元转至某某办事处银行账号。

2018年2月14日，房开公司向淇滨区人民法院申请破产清算，同日，淇滨区人民法院裁定受理房开公司的破产清算申请。

2018年6月7日，因某某回迁项目建设仍需资金使用，经某某办事处再次协调，房开公司与置业公司签订《借款协议》，约定：（1）置业公司首期借给房开公司2000万元整；（2）借款月利率为1.2%；（3）置业公司首期借给房开公司2000万元整，专项用于某某安置小区建设，如2000万元不足以

完成某某安置小区建设，则由置业公司继续支付后续建设资金（总限额4000万元）；（4）本协议所有借款，依法由房开公司从开发小区收益及其他项目收益中优先偿还；（5）房开公司要确保借款资金全部用于安置小区建设，否则置业公司有权停止借款；（6）置业公司须依据项目建设进度所需提前将借款拨付到位，不得影响安置小区工程施工建设进度，否则按违约处理。某某办事处作为见证方在《借款协议》加盖印章。2018年6月8日，置业公司按照房开公司要求将1000万元转至某某办事处银行账号。

2018年10月，置业公司（甲方）与房开公司破产管理人（乙方）、某某办事处（丙方）签订《共益债务借款合同》，约定：（1）甲方出借给乙方人民币2000万元，根据某某办事处指定的时间、节点按期打入乙方指定的房开公司管理人账户；（2）上述借款资金专项用于某某办事处安置小区回迁房房开公司建设，专款专用，不得挪作他用，丙方监督借款使用情况，保证上述款项专项用于某某安置小区乙方建设应投资的部分，如后续资金不足，经甲乙丙三方协商可继续追加借款；（3）按照《企业破产法》第42条之规定，上述借款为共益债务，从乙方破产财产中优先偿还，甲方对乙方重整投资享有优先权。后置业公司通过案外人分4次向房开公司管理人转款共计1300万元。

2019年11月28日，房开公司管理人向淇滨区人民法院提交关于置业公司共益债相关问题的请示报告，该报告载明：2018年6月7日《借款协议》载明的2000万元包含置业公司于2016年11月14日出借的1000万元、2018年6月8日出借的1000万元。2019年11月29日，淇滨区人民法院作出批复：置业公司2016年11月14日出借的1000万元是否属于共益债务，由房开公司管理人依照《企业破产法》规定处理。

2020年5月5日，房开公司管理人作出关于置业公司要求归还共益债务的复函，该复函载明："经管理人核对2018年6月7日房开公司与置业公司签订的《借款协议》、2018年10月8日房开公司与置业公司签订的《共益债务借款合同》，以及实际发生的借款金额及手续，显示借共益债务数额为3300万元；2020年5月5日，经房开公司、置业公司、管理人三方核对，按照2018年6月7日房开公司与置业公司签订的《借款协议》中约定的利息标准,管理人偿还置业公司利息116万元,截至2020年4月30日,尚欠置业公司2000万元共益债务的利息为655.2万元,上述本息共计3955.2万元;关于置业公司要求归还后续1300万元共益债务利息问题,作为待定事项,置业公司可另行主张。"

2020年8月12日,置业公司向淇滨区人民法院提起破产债权确认纠纷诉讼,请求法院判令被告房开公司支付1300万元共益债务利息。

淇滨区人民法院认为:房开公司管理人经审查,已对原告置业公司2018年10月12日至2019年2月11日期间出借的1300万元共益债务借款本金债权予以确认,双方对该部分债权无异议,原告置业公司仅对利息的计算标准提出异议。

关于原告置业公司要求被告房开公司支付1300万元共益债务利息的诉讼请求,最高人民法院《关于审理民间借贷案件适用法律若干问题的规定》第25条第1款规定,"借贷双方没有约定利息,出借人主张支付利息的,人民法院不予支持"。本案中,原告、被告双方签订的《共益债务借款合同》并未约定借款利息,原告置业公司也未提交证据证明原告、被告双方就涉案1300万元约定有借款利息,且被告房开公司不予认可,故对原告置业公司主张1300万元借款利息的诉讼请求不予支持。

淇滨区人民法院依照《企业破产法》第46条第2款、第57条、第58条,最高人民法院《关于审理民间借贷案件适用法律若干问题的规定》第25条,《民事诉讼法》第64条第1款的规定,作出(2020)豫0611民初2445号民事判决书,判决驳回原告置业公司的诉讼请求。

专题四

破产重整的工程款债权

工程款是建筑工程价款的简称，是指建筑施工企业因承包建筑工程项目按合同约定与发包方建设单位对已完工工程或竣工工程按规定办理结算后应当取得的价款。建设单位欠付工程款，对建筑施工企业而言是一种债权。工程款债权属于建筑施工企业的财产，有的甚至是建筑施工企业的主要财产，对破产重整是否成功具有重大影响，故这里将工程款债权作为一个专题进行分析。

二十、工程款的结算

工程款债权的产生和确定涉及发承包计价、招投标竞价、合同约定总价以及预付款、进度款等一系列问题，这里不可能做全面分析，但对建筑施工企业破产重整而言，其中的依法结算是关键。下面就工程款的结算问题做一些简要分析。

（一）破产重整中的工程款结算

《民法典》第799条第1款规定："建设工程竣工后，发包人应当根据施工图纸及说明书、国家颁发的施工验收规范和质量检验标准及时进行验收。验收合格的，发包人应当按照约定支付价款，并接收该建设工程。"据此规定，工程款是指竣工结算款。在破产程序前，建筑施工企业与建设单位已经依法结算工程款，或者工程款纠纷已经人民法院或者仲裁机构确定，工程款债权带入破产重整的，建筑施工企业管理人只需向建设单位追索即可。但从实践情况来看，在建筑施工企业进入破产重整时，普遍存在未竣工工程，那么未竣工工程是否必须结算工程款？

我们认为，首先要看管理人如何处置未竣工工程，如果将未竣工工程经评估交由重整投资人复工续建，就无须与建设单位结算工程款，但若决定不再复工续建而与建设单位解除建筑施工合同，因工程款债权只有经依法结算才能成为合法的追索依据，故无论建筑工程是否竣工，也无论建筑工程款是否到结算期，根据《企业破产法》第46条"未到期的债权，在破产申请受理时视为到期"的规定精神，管理人都应组织建设单位和建筑施工企业，根据国家财政部、原建设部《建设工程价款结算暂行办法》，住房和城乡建设部《建筑工程施工发包与承包计价管理办法》以及最高人民法院《关于审理建设工程施工合同纠纷案件适用法律问题的解释（一）》进行结算，并收回工程款用于建筑施工企业的破产重整。

（二）工程款结算纠纷及其解决途径

在建筑施工企业破产重整中，管理人决定解除建筑施工合同的，虽然我们主张无论建筑工程是否竣工都应结算工程款，但在实践中，并非所有工程款都能顺利结算。建设单位与建筑施工企业之间如果存在结算期限、计价标准、计价方法、工程质量、设计变更等问题将结算纠纷带入重整程序的，在该纠纷尚未解决前，工程款债权处于不确定状态，管理人就难以向建设单位追索，进而影响工程款优先受偿权的及时实现。因此，管理人应当想方设法解决工程款结算纠纷。

根据《建设工程价款结算暂行办法》第20条的规定，建筑施工企业与建设单位发生工程款结算纠纷时，可以通过自行协商、提请调解、申请仲裁、提起诉讼四条途径解决。但在建筑施工企业破产重整中，管理人基于法定职责，无须提请他人调解就可以采取以下几种方法进行解决：

一是管理人可以代表建筑施工企业主动与建设单位协商解决。

二是管理人作为中间人组织建筑施工企业和建设单位进行调解。

三是双方不愿自行协商、自行协商不成，或者不愿调解、调解不成的，管理人代表建筑施工企业向法院提起诉讼，由法院依法作出裁判。

此外，根据《企业破产法》第 21 条"人民法院受理破产申请后，有关债务人的民事诉讼，只能向受理破产申请的人民法院提起"的规定，破产重整中的工程款结算纠纷不宜申请仲裁机构仲裁。

这里需要注意的是，因工程款涉及建筑施工企业的职工劳动债权和其他债权的清偿问题，故建筑施工企业和管理人无论在协商、调解中，还是在法院审理中，都不能以意思自治为由放弃部分或者全部工程款，否则将会损害建筑施工企业债权人利益。

（三）工程款结算纠纷的处理

1. 工程款结算期限纠纷的处理

在符合《建设工程价款结算暂行办法》规定的结算条件的情况下，有些建设单位为了拖延支付工程款，往往会利用各种理由拖延结算时间。在建设单位拖延结算事由不成立的情况下，建筑施工企业要求结算而建设单位不予结算的，应当依照最高人民法院《关于审理建设工程施工合同纠纷案件适用法律问题的解释（一）》第 21 条、第 22 条的规定进行处理。

一是建设单位与建筑施工企业在建筑施工合同或者中标合同中有约定结算日的，应当按约定结算日进行结算；建设单位未按约定结算日进行结算，给建筑施工企业造成经济损失的，建筑施工企业可以提出索赔，索赔金额按合同约定支付。

二是建设单位收到建筑施工企业递交的竣工结算报告及完整的结算资料等竣工结算文件后，在约定期限内不予答复的，视为建设单位认可竣工结算文件，建筑施工企业就可请求建设单位按照竣工结算文件结算工程款。

三是建筑施工企业未在规定时间内提供完整的工程竣工结算文件，经建设单位催促后仍未提供或没有明确答复的，建设单位有权根据已有资料进行审查后单方进行结算，由此产生的责任由建筑施工企业自负。

2. 建筑施工合同约定工程款与中标合同约定工程款不一致的处理

建筑工程项目采取招标投标方式，通过市场公开竞争定价，具有公平、公正的价值取向，对提高工程建设质量、社会经济效益，健全市场经济体系，打击贪污腐败都具有重要意义。因此，《建筑法》、《招标投标法》和国家发改委《工程建设项目施工招标投标办法》规定，建筑工程建设项目按照规定必须招标的,应当通过招标投标程序订立中标合同,工程款在正常情况下应当根据中标合同的约定进行结算。在招标投标后,作为招标人的建设单位和作为中标人的建筑施工企业另行签订建筑施工合同,因该合同约定的工程款与中标合同约定的工程款不一致而发生工程款纠纷的,根据最高人民法院《关于审理建设工程施工合同纠纷案件适用法律问题的解释(一)》第2条的规定,应当按照中标合同的约定确定工程款。此外,招标人建设单位和中标人建筑施工企业在中标合同之外另行签订合同约定,以明显高于市场价格的价格购买承建房产、无偿建设住房配套设施、让利、向建设单位捐赠财物等方式变相降低工程款的,一方当事人可以以另行签订合同背离中标合同实质性内容为由请求法院确认上述内容无效,工程款应按中标合同的约定结算。

3. 计价标准、计价方法争议的处理

中标合同和建筑工程施工合同通常都有计价标准、计价方法的约定,只要其约定不存在违法问题,就应按其约定的计价标准、计价方法结算工程款。建筑工程施工合同约定的计价标准、计价方法与中标合同约定的计价标准、计价方法不一致的,除因客观情况发生了在招标投标时难以预见的变化外,应当按照中标合同约定的计价标准、计价方法结算工程款。

在建筑工程施工过程中,建设单位变更了设计,建筑施工企业按其变更后的设计进行施工,导致建筑工程量或者质量标准发生变化,进而发生工程款随之增加或者减少纠纷的,就该部分工程款,建筑施工企业与建设单位可以协商解决,若不愿协商或者协商不成,根据最高人民法院《关于审理建设工程施工合同纠纷案件适用法律问题的解释(一)》第19条的规定,可以参照签订建设工程施工合同时当地建设行政主管部门发布的计价方法或者计价标准结算工程款。

(四)因工程质量引起工程款纠纷的处理

建筑工程质量是建筑工程管理的核心内容之一,故因工程质量引起工程款纠纷在实践中是很多见的。建筑施工企业所承建的建筑工程确有质量问题,当然会引起工程款纠纷,但有一些建设单位明知工程质量没有问题,也以工程质量有问题为借口,故意拖延支付工程款,引起与建筑施工企业的工程款纠纷。建筑工程已经验收合格或者经鉴定合格,根据《民法典》第799条的规定，建设单位应当按照约定支付工程款。建设单位借口工程质量不合格而拒绝支付工程款的，建筑施工企业可以拒绝交付建筑工程，并可通过法定程序（如向法院提起诉讼）要求建设单位支付工程款。但在工程质量确有争议的情况下未能结算、支付工程款的，根据最高人民法院《关于审理建设工程施工合同纠纷案件适用法律问题的解释（一）》的有关规定，可以采取以下几种方法进行处理：

一是由于建筑施工企业的原因，造成建筑工程质量不符合约定的，建设单位有权要求建筑施工企业修理、返工或者改建；建筑施工企业拒绝修理、返工或者改建的，建设单位有权减少支付相应的工程款。

二是招标人建设单位和中标人建筑施工企业在订立的中标合同外另行签订有关建筑工程质量的合同，其约定的工程质量内容与中标合同约定的工程质量内容不一致，从而引起工程款纠纷的，除因客观情况发生了在招标投标时难以预见的变化外，应当以中标合同约定的工程质量为标准进行认定，同时按照中标合同约定的工程款进行结算并支付。

三是建筑工程已竣工验收或已竣工未验收，但建设单位已经接收并实际投入使用，而后提出工程质量争议，且该建筑工程确实存在质量问题的，按照该工程保修合同的约定，由建筑施工企业在合理期限内无偿修理或者返工、改建。已竣工未验收且未实际投入使用以及停工、停建引起工程质量争议的，应将有争议部分的竣工结算暂缓办理，双方可将有争议的工程委托有资质的检测鉴定机构进行检测，然后根据检测结果确定解决方案，或者按工程质量监督机构的处理决定执行，无争议部分应当依照约定办理竣工结算，建设单位应当在竣工结算后支付工程款。

二十一、工程款债权优先受偿权

这里的工程款债权优先受偿权，是指法律赋予承包人建筑施工企业对发包人建设单位享有的工程款债权就所承建工程折价或者拍卖的价款优先于其他债权受偿的特别权利。在破产重整中，建筑施工企业对工程款债权有无优先受偿权以及优先受偿权能否实现，是关系债权人的债权能否实现和实现多少的重大问题。

(一) 工程款债权超级优先权

由于建筑工程投资大，建设单位特别是房地产开发企业，为了能够充分融资，往往将在建工程抵押用于取得银行贷款。建设工程是建设单位的主要财产或者重大财产，一旦被用于银行贷款抵押，银行债权人基于别除权可不依赖破产程序就抵押物价款实现优先受偿权。在抵押债权与工程款债权同时存在于建筑工程之上时，如果建筑工程抵押权先于工程款债权受偿，工程款债权就很难全部受偿，甚至分文不得，这不仅对建筑施工企业极为不利，还很有可能导致建筑施工企业债权人的债权特别是农民工的劳动债权受到严重损害，且很有可能造成不利于社会稳定的问题。于是，在司法实践中就会有这样一个重要的问题需要解决，即在同一建筑工程上同时存在抵押债权与工程款债权的情况下由谁优先受偿的问题，也就是说，是按照《民法典》第394条的规定抵押债权优于工程款受偿，还是按照《民法典》第807条的规定工程款债权优于抵押权受偿。对此，《民法典》自身没有规定来解决这个问题。

基于生存权优于债权保护的理念，最高人民法院《关于建设工程价款优先受偿权问题的批复》（已废止）指出，"建筑工程的承包人的优先受偿权优于抵押权和其他债权"。现最高人民法院《关于审理建设工程施工合同纠纷案件适用法律问题的解释（一）》第36条明确规定："承包人根据民法典第八百零七条规定享有的建设工程价款优先受偿权优于抵押权和其他债权。"由于工程款债权优于抵押权受偿，故在法理上其被认为是一种超级优先权。

根据《民法典》物权编担保物权分编的规定，物权担保有抵押、质押、留置三种方式。其中，抵押既适用于不动产担保又适用于动产担保，而质押和留置通常适用于动产担保。建筑工程属于不动产，只能被用于抵押而不能被用于质押，故最高人民法院《关于审理建设工程施工合同纠纷案件适用法律问题的解释（一）》第36条只规定"建设工程价款优先受偿权优于抵押权和其他债权"。

根据《企业破产法》第113条的规定，债务人财产在清偿破产费用和共益债务后，第一顺序清偿职工劳动债权，即职工劳动债权的清偿顺序被安排在"破产费用和共益债务"之后，税款债权、普通债权之前的位置。也就是说，职工劳动债权优于税款债权和普通债权受偿。在建筑施工企业破产重整中，建筑施工企业职工劳动债权虽与其他企业职工劳动债权一样都被安排在第一顺序清偿，但因工程款债权是超级优先权，故建筑施工企业职工劳动债权相比其他企业职工劳动债权更具优越性。

（二）工程款债权的优先受偿范围

1. 属于优先受偿范围的工程款债权

最高人民法院《关于审理建设工程施工合同纠纷案件适用法律问题的解释（一）》第40条第1款规定："承包人建设工程价款优先受偿的范围依照国务院有关行政主管部门关于建设工程价款范围的规定确定。"这里的"国务院有关行政主管部门"主要是指住房和城乡建设部、财政部。

关于建设工程款组成部分的规定有两个：一是住房和城乡建设部、财政部印发的《建筑安装工程费用项目组成》第1条第1项规定，建筑安装工程费用项目按费用构成要素组成划分为人工费、材料费、施工机具使用费、企业管理费、利润、规费和税金；二是原建设部《建设工程施工发包与承包价格管理暂行规定》第5条第2款规定："工程价格由成本（直接成本、间接成本）、利润（酬金）和税金构成。"二者虽然表述不同，但内涵基本一致。据此，工程款债权优先受偿范围有两个方面的限制：一是限于工程费用项目构成要素，如住房和城乡建设部、财政部《建筑安装工程费用项目组成》第1条第1项规定："建筑安装工程费用……划分为人工费、材料费……利润……"上述规定中的"利润"限于已经完工的建筑工程项目中的利润，不包括未完工项目可能产生的逾期利润。二是《民法典》第807条规定："……建设工程的价款就该工程折价或者拍卖的价款优先受偿。"最高人民法院《关于审理建设工程施工合同纠纷案件适用法律问题的解释（一）》第35条也规定："与发包人订立建设工程施工合同的承包人，依据民法典第八百零七条的规定请求其承建工程的价款就工程折价或者拍卖的价款优先受偿的，人民法院应予支持。"据此，建筑施工企业只能就其承建工程的折价款或者拍卖款优先受偿，也就是说，建筑工程的直接费、间接费、利润和税金的总额超过建筑工程折价或者拍卖价款的，超过部分以及其他工程款债权只能作为普通债权，由建设单位以其他财产清偿。

2. 不属于优先受偿范围的工程款债权

发包方建设单位的财产虽然都是清偿工程款债务的责任财产，但不一定都是工程款债权优先受偿的财产。根据最高人民法院《关于审理建设工程施工合同纠纷案件适用法律问题的解释（一）》第40条第2款"承包人就逾期支付建设工程价款的利息、违约金、损害赔偿金等主张优先受偿的，人民法院不予支持"的规定，建筑施工企业对建设单位享有的逾期支付建设工程款的利息、违约金、损害赔偿金，包括停窝工损失、工程停工费等债权，都不在工程款优先受偿范围，在破产重整中只能作为普通债权或者劣后债权处理。

（三）行使工程款优先受偿权的主体

根据最高人民法院《关于审理建设工程施工合同纠纷案件适用法律问题的解释（一）》第35条的规定，只有"与发包人订立建设工程施工合同的承包人"才有权行使工程款优先受偿权。因此，行使工程款优先受偿权的主体限于与建设单位订立建设工程施工合同的承包人，非承包人因未与建设单位成立建设工程施工合同关系，即使对建设单位享有某些债权，也不能依据《民法典》第807条和最高人民法院《关于审理建设工程施工合同纠纷案件适用法律问题的解释（一）》第35条的规定行使优先受偿权。例如，建设单位与总承包人订立建设工程施工合同，将整个建设工程发包给总承包人，总承包人若将其承包的全部建设工程转包给第三人，结果转承包人未向第三人支付建筑工程款，该第三人因未与建设单位成立建设工程施工合同关系，也就无权直接向建设单位行使工程款优先受偿权，只能向转承包人主张债权。但是，转包人、分包人以及其他实际施工人依法行使代位权，结果由建设单位对其负有支付工程款义务的，这些工程款债权主体也可取得相应的优先受偿权。

此外，在建筑施工企业破产重整中，工程款优先受偿权的行使主体有所不同，管理人已经接管建筑施工企业的，根据《企业破产法》有关管理人职责的规定，应由管理人代表建筑施工企业向建设单位追收工程款并行使优先受偿权。

（四）行使工程款优先受偿权的期限

最高人民法院《关于建设工程价款优先受偿权问题的批复》（已废止）

第 4 条规定："建设工程承包人行使优先权的期限为六个月，自建设工程竣工之日或者建设工程合同约定的竣工之日起计算。"最高人民法院《关于审理建设工程施工合同纠纷案件适用法律问题的解释（一）》第 41 条规定："承包人应当在合理期限内行使建设工程价款优先受偿权，但最长不得超过十八个月，自发包人应当给付建设工程价款之日起算。"两者比较，有两大变化：一是建设工程承包人行使工程款优先受偿权的期限由 6 个月改为 18 个月，延长一年时间，这体现了对工程款优先受偿权的充分保护；二是建设工程承包人行使工程款优先受偿权的期限"自建设工程竣工之日或者建设工程合同约定的竣工之日起计算"改为"自发包人应当给付建设工程价款之日起算"，即起算日由竣工日改为给付日。

在实践中，行使工程款优先受偿权期限纠纷大多数是由给付工程款起算日不确定引起的，在解决这种期限纠纷时，首先应当确定给付工程款起算日。根据最高人民法院《关于审理建设工程施工合同纠纷案件适用法律问题的解释（一）》第 27 条的规定，建设单位与施工企业对付款时间没有约定或者约定不明的，下列时间视为应付款时间：（1）建设工程已实际交付的，为交付之日；（2）建设工程没有交付的，为提交竣工结算文件之日；（3）建设工程未交付，工程款也未结算的，为当事人起诉之日。依照上述规定确定给付工程款起算日后，行使工程款优先受偿权的期限纠纷按照 18 个月计算就能得到解决。

工程款优先受偿权具有形成权的特征，该优先受偿权一旦形成，承包人建筑施工企业单方就可通过意思表示向发包人建设单位主张工程款优先受偿权。上述规定的"十八个月"，应当理解为除斥期限，不适用有关时效中止、中断和延长的规定。建筑施工企业自建设单位应当给付工程款之日起，在 18 个月内未主张优先受偿权的，该优先受偿权丧失，法律不再保护该优先受偿权。在当事人向人民法院申请破产时，建筑施工企业已经超过上述期限未行使工程款优先受偿权，由于"十八个月"是除斥期限，故在破产重整中不可恢复。但是，建筑施工企业超过上述期限未行使工程款优先受偿权的，只是丧失工程款优先受偿权，而不丧失工程款债权，该工程款债权在丧失优先受偿权后，建筑施工企业仍可将其作为普通债权向建设单位追索。

(五) 折价、拍卖承建工程

建设单位没有其他财产清偿工程款债务，或者其他财产不足以清偿工程款债务，或者不愿以其他财产清偿工程款债务，致使建筑施工企业未能按照约定取得工程款的，建筑施工企业可以主张折价、拍卖其所承建的建筑工程。

1. 折价、拍卖承建工程的前提条件

根据《民法典》第807条的规定，折价、拍卖建筑工程应当具备以下几个前提条件：

(1) 发包人建设单位未按照约定支付工程款。工程款已经结算，且已经全部支付的，不存在工程款债权的问题。建筑工程款已经结算，但发包人建设单位未按照建设工程施工合同的约定向承包人建筑施工企业支付工程款，是折价、拍卖建筑工程的前提条件。在破产重整中，工程款经结算确认，但未到支付期限，或者双方再行约定的支付期限未到期，此时，人民法院裁定受理建筑施工企业破产申请的，根据《企业破产法》第46条"未到期的债权，在破产申请受理时视为到期"的规定，未到支付期的工程款应当被视为到期，建设单位不能以工程款未到支付期为由抗辩折价、拍卖建筑工程。

(2) 催告建设单位在合理期限内支付工程款。在符合支付条件的情况下，建设单位不支付工程款的，建筑施工企业不能立即要求折价、拍卖承建工程，根据《民法典》第807条的规定，在一般情况下应先催告建设单位在合理期限内支付工程款。建设单位在合理期限内支付工程款的，建筑施工企业不得再主张折价、拍卖承建工程。建筑施工企业在进入破产重整程序前已经依法催告的，该催告的效力应当延续至破产重整程序；在进入破产重整程序前未催告，管理人在破产重整中通知建设单位向其支付工程款并给予合理期限的，亦属催告行为。合理期限届满，建设单位仍不支付工程款的，管理人或者建筑施工企业才可主张折价、拍卖承建工程。

(3) 按照建筑工程的性质可以折价、拍卖。如果按照建筑工程的性质不宜折价、拍卖，如建筑施工企业承建工程的所有权不属于发包人，承建工程属于国家重点工程、具有特定用途的工程等，建筑施工企业主张折价、拍卖建筑工程无效，而应通过其他途径（如向工程投资人）追索工程款债权。

2. 折价、拍卖两种方式的适用

折价体现当事人意思自治，拍卖具有公开、公正的特点。在通常情况下，采取折价方式还是拍卖方式处置建筑工程，由建设单位与建筑施工企业协商确定，但在建筑施工企业破产重整中因处置建筑工程涉及债权人利益，一般都采取拍卖方式处置建筑工程。债权人会议同意折价或者拍卖不成的，才可采取折价方式处置建筑工程。

（1）关于折价方式。这里的折价，是指发包人建设单位与承包人建筑施工企业通过协议方式，参照市场价格或者评估价值，将建筑工程折成价款抵偿工程款债务的行为。协议折价后，建筑工程所有权移交给承包人建筑施工企业，相应工程款债务消灭。但建筑施工企业在破产重整中一般不宜自行折价受偿建筑工程，而应采取以下两种方式进行折价处置：一是经人民法院同意，建设单位在管理人监督下可以与第三人通过协议方式，将建筑工程折成价款交付给第三人，由第三人将折价款交付管理人，从而消灭相应工程款债务；二是建筑施工企业及其管理人可以与建设单位以及重整投资人协商一致折价，由重整投资人受让建筑工程，然后将该建筑工程作为重整投资人的资产投入建筑施工企业进行重整。

（2）关于拍卖方式。这里的拍卖，在正常情况下是指建设单位委托专业机构将建筑工程公开竞卖，由出价最高的竞买人买受的行为。在诉讼情况下，发包人建设单位和承包人建筑施工企业都可以依照《民法典》第807条的规定请求人民法院将建筑工程依法拍卖。在建筑施工企业破产重整的情况下，建筑工程虽非建筑施工企业的直接破产财产，但属于建设单位对建筑施工企业所负工程款债务的责任财产，且与建筑施工企业债权人的利益密切相关，一般不宜由建设单位自行拍卖，而应请求人民法院依法进行拍卖，或者由建设单位委托建筑施工企业管理人处理拍卖事宜，一方面体现公开公正原则，另一方面有利于控制拍卖价款。

（六）关于放弃工程款优先受偿权的问题

工程款优先受偿权是《民法典》第807条规定的法定权利，法定优先受偿权不由当事人取舍。所以，即使建筑施工合同没有约定工程款优先受偿权，届时建筑施工企业提起诉讼主张工程款优先受偿权的，人民法院也应予以支持。但根据当事人意思自治原则，建筑施工企业可以自愿放弃建筑施工合同已经明确约定的工程款优先受偿权，届时只主张普通债权受偿。在建筑施工企业作为债务人的情况下，其放弃工程款优先受偿权的关键问题是有无损害债权人的利益。

我们知道，建筑工程是建筑工人劳动成果的物化，其中包含建筑工人的劳动价值，建筑施工企业在未能或无力支付建筑工人工资而建设单位又未支付工程款的情况下放弃工程款优先受偿权，就会损害建筑工人的工资权益。因此，最高人民法院《关于审理建设工程施工合同纠纷案件适用法律问题的解释（一）》第42条规定："发包人与承包人约定放弃或者限制建设工程价款优先受偿权，损害建筑工人利益，发包人根据该约定主张承包人不享有建设工程价款优先受偿权的，人民法院不予支持。"这里的"不予支持"，实际上是将建筑施工企业就损害建筑工人工资权益的放弃工程款优先受偿权的行为做无效处理。

建筑施工企业放弃工程款优先受偿权，除"损害建筑工人利益"外，还有可能损害其他债权人的利益。那么，其他债权人在破产重整程序中又该如何救济？我们认为，这种损害发生在人民法院受理破产申请前一年内，管理人可以参照《企业破产法》第31条的规定，请求人民法院撤销建筑施工企业放弃工程款优先受偿权的行为，从而维护债权人的合法权益。

【案例33】建筑施工企业对工程拍卖款享有优先受偿权，但同一顺序按照比例分配清偿

2010年8月19日，某某集团公司（以下简称集团公司）与某某建筑公司（以下简称建筑公司）签订建设工程施工合同，约定集团公司将禽肉类、水产品加工项目的土建、装修、建筑安装、市政工程部分承包给建筑公司施工。在合同履行过程中，因集团公司未按时支付工程款，建筑公司于2014年2月19日诉至苍南县人民法院。苍南县人民法院于同年12月22日作出（2014）温苍龙民初字第137号民事判决书，判决集团公司于判决生效后10日内支付建筑公司工程款3,046,101元及违约金。同年7月15日，建筑公司向苍南县人民法院申请强制执行。在苍南县人民法院强制执行的过程中，鹿

城区人民法院另案依法拍卖了集团公司上述工程的国有土地使用权及地上未抵押的在建工程，所得拍卖款6700万元，在扣除优先受偿的债权和相关费用后将剩余款项34,948,506.78元交由苍南县人民法院分配。苍南县人民法院于2018年3月15日作出关于被执行人集团公司所有的不动产等拍卖款分配方案。2018年8月6日，建筑公司向苍南县人民法院提出异议，要求对集团公司的房产拍卖款在3,046,101元工程款范围内享有优先受偿权。2018年9月10日，苍南县人民法院作出（2018）浙0327执异167号执行裁定书，认定上述关于被执行人集团公司所有的不动产等拍卖款分配方案未将建筑公司对集团公司享有的建设工程款3,046,101元作为优先受偿的债权不当，建筑公司要求对被执行人集团公司拍卖款在3,046,101元工程款范围内享有优先受偿权的理由成立，予以支持，遂裁定撤销2018年3月15日作出的关于被执行人集团公司所有的不动产等拍卖款分配方案。

2018年12月19日，苍南县人民法院裁定受理对集团公司破产清算的申请。2019年2月11日，建筑公司向集团公司破产管理人提交材料申报债权，其中本金3,046,101元，违约金2,056,003.89元，合计5,102,104.89元。

2019年3月4日，温州市龙湾区人民法院裁定受理对建筑公司的破产清算申请。2019年3月6日，在集团公司第一次债权人会议上，集团公司破产管理人将建筑公司申报的债权本金3,046,101元、违约金1,707,096.52元，共计4,753,197.52元确认为普通债权。

2019年11月8日，苍南县人民法院裁定集团公司、X公司实质合并破产清算。2019年12月9日，集团公司与X公司管理人向建筑公司发送关于申报债权部分确认通知函，该通知函对集团公司建设工程款优先受偿部分的计算进行了说明，并确认：按照地上建筑物的造价折算，建筑公司可优先受偿的工程款为23,046,816.07元，扣除建筑公司已领取的22,587,440元，建筑公司可优先受偿的建设工程款金额为459,378.07元，剩余建设工程款2,586,722.93元不可优先受偿，应参照普通债权参与分配。

建筑公司向苍南县人民法院提起破产债权确认纠纷诉讼，请求确认原告建筑公司对建设工程款债权3,046,101元享有优先受偿权。在案件庭审过程中，集团公司与 X 公司管理人将建筑公司申报的建设工程款中可优先受偿的建设工程款债权金额修正为 459,376.07 元，将剩余建设工程款金额修正为 2,586,724.93 元不可优先受偿，参照普通债权参与分配。

苍南县人民法院经审理认为：本案第一个争议焦点为建筑公司对集团公司欠付的工程款是否享有优先受偿权。该院（2018）浙 0327 执异 167 号执行裁定书已对建筑公司要求对被执行人集团公司的房产拍卖款在 3,046,101 元工程款范围内享有优先受偿权的请求予以支持，集团公司也无异议，该执行裁定书已发生法律效力，故建筑公司主张优先受偿权依据充分，该院对集团公司就此提出的异议不予采纳。

本案第二个争议焦点为集团公司与 X 公司管理人确认建筑公司可优先受偿债权的金额及计算方式。苍南县人民法院认为，在破产程序中应依法公平保护全体债权人的合法权益。根据《企业破产法》第 113 条的规定，破产财产不足以清偿同一顺序的清偿要求的，按照比例分配。本案中，集团公司与 X 公司管理人基于一共有 4 家公司参与集团公司厂房建设的客观事实，在集团公司地上建筑物拍卖所得明显不足以清偿同一顺序建设工程款的情况下，按照评估公司的估价报告以及 4 家公司各自完成工程造价的金额，结合成新率、成本重置评估价、成本评估价，综合确定 85.3% 的分配比例，在扣减建筑公司已经领取的工程款后确认建筑公司还可优先受偿的建设工程款债权金额为 459,376.07 元，剩余建设工程款金额 2,586,724.93 元不可优先受偿，参照普通债权参与分配，并无不妥，这更能彰显公平且兼顾各方债权人的合法权益，建筑公司主张其全部工程款均应优先受偿的诉讼主张，依据不足，不予支持。

苍南县人民法院作出（2020）浙 0327 民初 90 号民事判决书：（1）确认建筑公司对集团公司的 3,046,101 元建设工程款债权，其中 459,376.07 元为优先受偿债权，其余 2,586,724.93 元按普通债权参与分配；（2）驳回建筑公司的其他诉讼请求。

建筑公司不服一审上述判决，向温州市中级人民法院提起上诉，请求撤销原判，依法发回重审或依法改判支持上诉人的诉讼请求。

温州市中级人民法院二审另查明：根据原审法院（2016）浙 0327 民初

1756号民事调解书，S公司诉请：集团公司立即支付工程款19,183,112元及未付工程款的利息11,480,536.43元，并赔偿未完工利润损失410,251元及鉴定费用30万元；S公司在未支付工程款范围内享有建设工程款优先受偿权。原审法院于2018年3月15日作出的关于被执行人集团公司所有的不动产等拍卖款分配方案载明："扣除上述案件诉讼费计41,253.5元、执行费122,286元及优先受偿款计20,140,085.03元后，剩余执行款14,644,882.25元。"其中，优先受偿款计20,140,085.03元已包括S公司、F公司主张的优先受偿的工程款。

温州市中级人民法院认为，集团公司欠付建筑公司工程款3,046,101元，且建筑公司对集团公司的案涉在建工程拍卖款享有优先受偿权，事实清楚、证据充分，一审法院予以认定，并无不当。本案二审争议焦点为案涉在建工程拍卖处置可分配款项是否足以清偿同一顺位的享有优先受偿权的建设工程款。而评判的时间节点应为原审法院作出关于被执行人集团公司所有的不动产等拍卖款分配方案的时间即2018年3月15日。根据上述分配方案的记载，截至上述时间节点，案涉在建工程拍卖处置可分配款项远大于处于同一顺位的享有优先受偿权的建设工程款（仅建筑公司工程款3,046,101元）。即使考虑S公司因在（2016）浙0327民初1756号民事调解书中可能作出的让渡利益应归属于全体普通债权人这一情形，因S公司可能让渡的最大利益应为其诉请享有建设工程款优先受偿权的金额19,183,112元与调解享有建设工程款优先受偿权金额16,092,032元的差额也仅为3,091,080元，并不改变本案在建工程拍卖处置可分配款项仍远大于处于同一顺位的享有优先受偿权的建设工程款的事实。

温州市中级人民法院认定，建筑公司的上诉请求成立，一审法院相关认定不当，应予以纠正，于是作出（2020）浙03民终2295号民事判决书：（1）撤销浙江省苍南县人民法院（2020）浙0327民初90号民事判决；（2）确认建筑公司对集团公司的3,046,101元建设工程款债权为优先受偿债权。

【案例34】 承包人提起工程款给付之诉未主张优先受偿权并不当然放弃优先受偿权

2011年8月1日,某某能源公司(以下简称能源公司)与某某设备安装公司(以下简称设备安装公司)签订《建设工程施工合同》,约定能源公司将太阳能光伏电池一期工程发包给设备安装公司施工。合同暂定价3100万元,施工过程中按每月形象进度比例支付80%进度款;工程竣工验收审计完成后,支付至最终合同总价的80%,总价15%的余款在12个月内支付;总价的5%作为质量保证金。该工程经设备安装公司施工,于2013年10月16日竣工验收合格,设备安装公司结算总价为39,299,993.23元。能源公司于2013年11月13日签收了设备安装公司编制的工程预结算书。2013年12月6日,设备安装公司向能源公司出具了一份工程联系单,其主要内容包括"一期工程已施工完毕,并于2013年11月13日签收我公司提交的工程预(结)算资料,春节前我公司要支付该工程施工工人工资及材料款,请贵公司尽快组织审计并及时支付工程款,同时我司对该工程款保留优先受偿权"。

因能源公司未支付全部工程款,设备安装公司于2015年12月28日向镇江市京口区人民法院起诉,要求能源公司给付工程余款15,844,693.23元及利息。2016年3月28日,镇江市京口区人民法院作出(2015)京谏商初字第101号民事判决书(101号民事判决书),判决能源公司给付设备安装公司工程款13,879,693.57元及相应逾期付款利息。2016年4月,设备安装公司向镇江市京口区人民法院申请强制执行。

2020年8月3日,镇江市京口区人民法院裁定受理设备安装公司对能源公司的破产清算申请。2020年8月26日,设备安装公司向能源公司管理人提交债权申报表,并主张工程款优先受偿权。2021年5月19日,能源公司管理人向设备安装公司发出债权审查确认通知书,告知审核认定的债权金额为20,502,709.42元,对设备安装公司申报的工程款优先受偿权不予认可,认定设备安装公司的工程款债权性质为普通债权。

2021年6月2日,设备安装公司向镇江市京口区人民法院提起建设工程款优先受偿权纠纷诉讼,请求依法确认设备安装公司对能源公司的15,844,693元工程款享有优先受偿权。

镇江市京口区人民法院认为：第一，关于行使建设工程款优先受偿权的方式。《民法典》第807条规定，发包人未按照约定支付价款的，承包人可以催告发包人在合理期限内支付价款；发包人逾期不支付的，除根据建设工程的性质不宜折价、拍卖外，承包人可以与发包人协议将该工程折价，也可以请求人民法院将该工程依法拍卖。建设工程的价款就该工程折价或者拍卖的价款优先受偿。该条规定了承包人行使建设工程款优先受偿权有两种方式，一是直接向发包人行使，由双方协商解决；二是申请法院拍卖。但结合相关法律、司法解释及司法实践，如最高人民法院《关于适用〈中华人民共和国民事诉讼法〉的解释》第508条第2款规定"对人民法院查封、扣押、冻结的财产有优先权、担保物权的债权人，可以直接申请参与分配，主张优先受偿"。该院认为，以下主张建设工程款优先受偿权的行使方式均应当被认定为是有效的向法院申请拍卖的方式：（1）承包人通过特别程序申请法院直接拍卖所涉工程；（2）向法院起诉要求给付工程款时，主张建设工程款优先受偿权；（3）在执行程序中申请拍卖所涉工程，主张建设工程款优先受偿权；（4）在法院拍卖所涉工程时直接申请参与分配，主张建设工程款优先受偿权；（5）发包人破产时，承包人向破产管理申报债权，主张建设工程款优先受偿权。据此，设备安装公司2018年3月28日向该院申请执行时主张建设工程款优先受偿权，应认定为有效的行使建设工程款优先受偿权的方式。设备安装公司2013年12月6日向能源公司出具的工程联系单，仅表明保留建设工程款优先受偿权，并未明确表示向能源公司行使建设工程款优先受偿权，也没有与能源公司协商拍卖、变卖所涉工程事宜，故对设备安装公司认为该工程联系单是向能源公司主张建设工程款优先受偿权的意见，不予采纳。

第二，关于分期履行之债。分期履行之债是指当事人在同一份合同中约定，对合同约定的债务分期履行，其特点是对合同约定的债务，并非一次性全部给付，而是分期限分别给付。对于约定分期付款的建筑工程，虽然基于同一合同所约定的债务是一个整体，但这种分期分别给付工程款的约定实际为定期给付之债，是在合同履行过程中不断产生的，具有双务性，因此每一期债务具有独立性。债务人应当在各自相对独立的债务的履行期限届满时履行义务，否则构成违约，即构成对债权人相对独立的这部分合同权利的侵犯。

由此可见，分期支付工程款，不属于《民法典》第189条规定的"当事人约定同一债务分期履行的"分期给付之债，而应认为其属于定期给付之债，即每一期工程款的支付均可成立独立请求权，因而每一期工程款均应自其约定支付期限届满时即开始起算优先受偿权的行使期限。最高人民法院《关于审理建设工程施工合同纠纷案件适用法律问题的解释（一）》第41条规定：承包人应当在合理期限内行使建设工程款优先受偿权，但最长不得超过18个月，自发包人应当给付建设工程款之日起算。同时，法律及司法解释并未规定建设工程款优先受偿权行使期限可以中断、中止、延长，应当属绝对期间，即承包人必须在法律规定的期限内行使建设工程款优先受偿权，超过行使期限就再无权主张，也就是说，即使承包人在行使期限内以非诉讼的方式已向发包人主张过建设工程款优先受偿权，如果双方没有协商解决，超过行使期限后，承包人再向法院起诉，也再无权主张。本案中，镇江市京口区人民法院在101号民事判决书中确定了分3期履行给付义务，即合同总价80%的余款7,984,694.59元，付款期限是2014年1月14日，合同总价15%的余款5,894,998.98元，付款期限是2015年1月14日，合同总价5%的工程款即质量保修金1,964,999.66元，付款期限是2018年10月30日。据此计算可见，设备安装公司于2018年3月28日申请恢复执行时主张对101号民事判决书确认的前两期工程款13,879,693.57元享有建设工程款优先受偿权，已超过了建设工程款优先受偿权的行使期限。虽然第三期1,964,999.66元名为质量保修金，但质量保修金是指建设单位与施工单位在建设工程承包合同中约定或者施工单位在工程保修书中承诺，在建筑工程竣工验收交付使用后，从应付的工程款中预留的用以维修建筑工程在保修期限和保修范围内出现的质量缺陷的资金，其本质上是工程款，因此，该1,964,999.66元仍应属于建设工程款优先受偿权的保护范围。但该第三期的付款期限是2018年10月30日，设备安装公司最迟应在2020年4月30日前行使建设工程款优先受偿权。设备安装公司在2018年3月28日申请恢复执行时，仅对101号民事判决书确定的前两期工程款主张了优先受偿权，未对第三期即质保金主张优先受偿权。至2020年8月26日设备安装公司向能源公司管理人申报债权并主张优先受偿权时，已超过了相应优先受偿权的行使期限。如前所述，即使设备安装公司 2013 年 12 月 6 日向能源公司出具的工程联系单属主张建设工程款优先受偿权，因双方并未协商解决，设备安装公司向法院申请恢复执行时主张建设工程款优先受偿权也已超过行使期限。

镇江市京口区人民法院认为，设备安装公司要求确认对能源公司的 15,844,693 元工程款债权享有优先受偿权的诉讼请求，该院不予支持。需要说明的是，我国是成文法国家，虽然人民法院在审理案件时，生效判决确认的事实及判决结果是裁判的依据，但生效判决中对法律适用进行的解释、意见和观点并非裁判的依据。设备安装公司以人民法院的生效判决书中的观点为依据，认为设备安装公司应当享有建设工程款优先受偿权的意见，该院不予采纳。

镇江市京口区人民法院作出（2021）苏 1102 民初 2662 号民事判决书：驳回设备安装公司的诉讼请求。

设备安装公司不服一审判决，向镇江市中级人民法院提起上诉。

镇江市中级人民法院二审查明，2013 年 12 月 6 日，设备安装公司向能源公司出具工程联系单，该联系单载明："……请贵公司尽快组织审计并及时支付工程款，同时我司对该工程款保留优先受偿权。"2013 年 12 月 7 日，能源公司工作人员宋某某签收了该联系单，并备注"按合同条款执行"。

镇江市中级人民法院认为：

1. 设备安装公司 2013 年 12 月 6 日向能源公司出具工程联系单载明"保留优先受偿权"并经对方签字，是否表明其行使了建设工程款优先受偿权。根据《合同法》第 286 条的规定，发包人逾期不支付建设工程款的，承包人既可与发包人协议将该工程折价，也可以申请人民法院将该工程依法拍卖来行使建设工程款优先受偿权。由此可见，承包人享有的建设工程款优先受偿权系法定权利，无须法院确认即可享有。因此，对承包人行使建设工程款优先受偿权的方式不应做过于严格的限制，否则不利于实现《合同法》规定的保护承包人建设工程款优先受偿权制度的目的。本案中，既然设备安装公司在法律规定的期限内以工程联系单的形式向能源公司催要工程款并声明保留建设工程款优先受偿权，且能源公司委托代理人宋某某在该工程联系单上签字并表示"按合同条款执行"，就不应否定该工程联系单具有固定及延续其权利直至此后诉讼、申请执行或参加分配，行使建设工程款优先受偿权的效力，应认定为法律上行使建设工程款优先受偿权的有效形式。能源公司对案涉工程联系单的真实性表示怀疑，其完全可以通过与能源公司工作人员核实以及其他方法进行确认，但能源公司仅提出疑问，并未提供任何证据，对其疑问该院不予采信。故一审法院认为，以工程联系单的形式保留建设工程款优先受偿权并非行使建设工程款优先受偿权的观点既不符合双方当事人出具、签收工程联系单的本意，亦不符合《合同法》规定的保护承包人建设工程款优先受偿权制度目的，应予纠正。

2. 设备安装公司 2015 年向一审法院起诉能源公司要求给付工程款但未主张建设工程款优先受偿权，是否表明其放弃建设工程款优先受偿权。设备安装公司已于 2013 年 12 月 6 日向能源公司出具工程联系单催要工程款并声明保留建设工程款优先受偿权，且经能源公司工作人员宋某某签收，表明设备安装公司已以发出工程联系单并经对方签收认可的形式将其权利状态明确化，且具有延续其权利的效力。至于设备安装公司在 2015 年向一审法院提起工程款给付之诉，是其诉请对工程款具体数额及付款时间进行确定，其未在该诉讼中主张建设工程款优先受偿权并不当然发生放弃建设工程款优先受偿权的后果。况且设备安装公司于 2018 年 3 月向一审法院申请恢复执行时，亦主张了建设工程款优先受偿权。如前所述，既然设备安装公司已以发出工程联系单并经对方签收认可的形式将其权利状态明确化，而《合同法》第 286 条并未规定建设工程款优先受偿权必须以何种方式行使，故一审法院以设备安装公司出具的工程联系单未明确表示向能源公司行使建设工程款优先受偿权，也没有与能源公司协商拍卖、变卖所涉工程事宜，对设备安装公司建设工程款优先受偿权的主张不予支持没有法律依据，应予纠正。

鉴于能源公司已进入破产清算程序，设备安装公司要求确认对能源公司的 15,844,693 元工程款债权（101 号民事判决书判令给付的工程款 13,879,693.57 元 + 到期质保金 1,964,999.66 元）享有优先受偿权的诉请应当获得支持。

镇江市中级人民法院认定，设备安装公司的上诉请求成立，依法应予支持，于是作出（2021）苏11民终3846号民事判决书：（1）撤销镇江市京口区人民法院（2021）苏1102民初2662号民事判决；（2）确认设备安装公司对其为能源公司施工工程在15,844,693元工程款范围内享有优先受偿权。

【案例35】 承包人在建筑施工合同中约定放弃后仍可主张建设工程款优先受偿权

2014年，某某建设工程公司（以下简称建设工程公司）与某某房地产开发公司（以下简称房地产开发公司）签订《房地产开发项目建设工程施工合同》，其中约定"当竣工工程发包人付款达到全部合同价款80%时，承包人放弃优先受偿权"。后双方又签订了《精装修工程施工合同》。上述两份合同签订后，建设工程公司依约进行了施工，后工程竣工验收并交付给了房地产开发公司。双方就上述建设工程施工经结算，确认工程造价为333,391,698元，房地产开发公司结欠建设工程公司工程款本金13,832,511.77元，其中有5,000,875.47元属于优先受偿范围。

建设工程公司向济南高新技术产业开发区人民法院提出建设工程施工合同纠纷诉讼，请求：（1）判令房地产开发公司支付原告工程款本金13,832,511.77元及逾期付款利息；（2）确认建设工程公司对涉案工程享有优先受偿权。

房地产开发公司辩称：根据双方合同约定，当竣工工程发包人付款达到全部合同价款的80%时，承包人放弃优先受偿权，被告所付工程款已超过80%，故建设工程公司无权再就涉案工程主张优先受偿权。

济南高新技术产业开发区人民法院认为，建设工程公司与房地产开发公司签订的两份工程施工合同，均系双方真实意思表示，不违反法律、法规的强制性规定，合法有效，双方均应按约履行。关于房地产开发公司的付款金额，结合双方分别提交的收付款明细、相应证据及双方陈述，对建设工程公司主张的工程款13,832,511.77元予以确认。关于建设工程公司主张的利息，根据合同约定应自2021年2月16日起至实际支付之日止，按全国银行间同业拆借中心公布的贷款市场报价利率计算。关于建设工程公司主张的优先受偿权，房地产开发公司主张双方已在合同中约定付款超过80%时建设工公司放弃该权利，但根据最高人民法院《关于审理建设工程施工合同纠纷案件适用法律问题的解释（一）》第 42 条的规定，该约定损害建筑工人利益，发包人（房地产开发公司）根据该约定主张承包人（建设工程公司）不享有建设工程款优先受偿权，该院不应予以支持，故对房地产开发公司该抗辩主张，该院不予采纳。

济南高新技术产业开发区人民法院作出（2021）鲁 0191 民初 4081 号民事判决书：（1）被告房地产开发公司于本判决生效之日起 10 日内支付建设工程公司 13,832,511.77 元；（2）被告房地产开发公司于本判决生效之日起 10 日内支付建设工程公司逾期付款利息；（3）原告建设工程公司以 5,000,875.47 元为限，对《房地产开发项目建设工程施工合同》中约定的建设工程的折价或者变卖的价款享有优先受偿权；（4）驳回原告建设工程公司的其他诉讼请求。

二十二、分包、转包、挂靠工程款的优先受偿权

在建筑工程领域，分包、转包、挂靠是十分普遍的现象，同时也是一种具有特性的民事行为，那么转承包人、分承包人、挂靠人对工程款债权是否也享有优先受偿权？这是实践中一个十分突出的特殊性问题。

（一）分包、转包工程款的优先受偿权

前文已经阐明，建筑工程分包有合法与非法之分。合法分包中的分承包人与非法分包中的分承包人就工程款债权有无优先受偿权是不一样的。

1. 分包合同有效的工程款债权优先受偿

发包人建设单位与总承包人建筑施工企业订立总承包合同后，总承包人与分包人订立分包合同，在总承包合同和分包合同均为有效的情形下，根据《民法典》第 807 条的规定确定，谁是建筑工程的承包人，谁才有权行使工程款的请求权和优先受偿权。建筑工程分包合同是由总承包人与分包人订立的，根据合同相对性原则，分包人只能向总承包人主张工程款债权，而不能直接向发包人建设单位主张建筑工程款请求权及优先受偿权。但是，在总承包人未支付分包人工程款又未向发包人追索工程款的情况下，分包人可以根据《民法典》第 535 条第 1 款"因债务人怠于行使其债权或者与该债权有关

的从权利，影响债权人的到期债权实现的，债权人可以向人民法院请求以自己的名义代位行使债务人对相对人的权利，但是该权利专属于债务人自身的除外"的规定，向人民法院提起代位权诉讼。就分包人工程款债权而言，这里的债务人是总承包人，债权人是分包人，相对人是发包人建设单位。这里的"怠于行使其债权"是指总承包人对分包人未履行到期工程款债务又不以诉讼方式或者仲裁方式向发包人主张履行工程款债权的行为。据此，总承包人"怠于行使其债权"，影响分包人到期工程款债权实现的，分包人在到期工程款债权范围内可以代替总承包人行使代位权，让发包人直接向自己履行分包工程款债务。此后，发包人仍未向分包人清偿工程款债务的，分包人就可主张以其承建工程的折价、拍卖价款优先受偿。

2. 转包、非法分包工程款的优先受偿权

根据《建筑法》和《民法典》的有关规定，建筑施工工程分包只要不违反法律强制性规定就为有效，而转包没有合法与非法之分，转包人一旦转包和转承包人一旦转承包就为违法。《民法典》第791条规定，承包人不得将其承包的全部建设工程转包给第三人或者将其承包的全部建设工程支解以后以分包的名义分别转包给第三人。建设工程既然不得全部转包也不得支解转包，转包合同也就无效。关于转承包人和非法分承包人的工程款债权有无优先受偿权的问题，在理论上有以下两种不同观点：

一种观点认为，工程款债权基于建筑施工合同有效才能取得优先受偿权，故在转包合同或者分包合同无效的情况下，总承包人或者转包人向发包人建设单位主张工程款是不能成立的，转承包人和非法分承包人更无权向发包人建设单位主张工程款优先受偿权，也无法通过代位权行使工程款债权及其优先受偿权。

另一种观点认为，分包合同和转包合同虽因违反法律强制性规定无效，但因建筑工程毕竟是实际施工人的劳动成果，如果转承包人、分承包人是实际施工人，则违法分承包人、转承包人按照分包合同或者转包合同约定完成建筑施工义务的，就有权向总承包人或者转发包人（承包人）主张工程款债权，并可依法行使代位权对承建工程的折价、拍卖价款实现优先受偿权。

《民法典》第793条第1款规定："建设工程施工合同无效,但是建设工程经验收合格的,可以参照合同关于工程价款的约定折价补偿承包人。"这里的折价补偿,是指因无效合同取得对方当事人的财产不能返还或者没有必要返还时,按照所取得财产的价值进行折算,以金钱方式对对方当事人予以补偿的一种责任形式。因折价补偿款的计算可以参照施工合同约定的工程款计价方式计算,故折价补偿款与工程款在本质上没有多大区别。据此,有人认为,既然折价补偿款的性质相当于工程款,转承包人或者违法分承包人也就有权向总承包人或者转发包人主张折价补偿款债权,在总承包人、转发包人怠于向发包人行使到期债权的情况下,转承包人和分承包人也就可以根据《民法典》第535条规定提起代位权诉讼,向发包人追索并行使优先受偿权。

我们认为,《民法典》第793条规定的折价补偿款仅参照建筑施工合同中的有关工程款计付而已,这种折价补偿本质上是对方因合同无效不能返还或者没有必要返还财产而以金钱方式进行补偿的一种责任形式,而不是一种单独的法律后果,这与纯正的工程款是不同的。再者,《民法典》第793条没有规定折价补偿款债权与工程款债权一样享有优先受偿权。所以,转承包人、违法分承包人无权要求对发包人建设工程折价、拍卖的价款享有优先受偿权。

(二)挂靠工程款的优先受偿权

有一种意见认为,首先,根据《民法典》第807条的规定,只有承包人才享有工程款优先受偿权,而挂靠人作为实际施工人并非承包人;其次,工程款优先受偿权的依据是建筑工程施工合同,而挂靠人只与建筑施工企业成立挂靠关系,与发包人建设单位不存在建筑工程施工合同关系,故挂靠人不应是发包人工程款的债权人;最后,违反强制性规定的挂靠行为被确认无效后,挂靠人主张工程款优先受偿权也就失去合法依据,所以挂靠人不应享有工程款优先受偿权。

我们认为,根据《民法典》第793条的规定,挂靠行为虽然因违反强制性规定而无效,但还应视其是不是实际施工人,再分析其有无工程款请求权以及优先受偿权。挂靠人作为实际施工人组织员工完成了合同约定的建筑施工任务，其工程款债权不应受合同效力的影响，工程经验收合格的，仍应有权取得工程款。但是，挂靠人将所谓的承接工程再转包给他人施工的，因该挂靠人不是实际施工人，就不存在工程款的请求权，更谈不上工程款优先受偿权。

在实践中，挂靠人承揽建筑工程，在通常情况下是瞒不过发包人建设单位的，而且，有的发包人明确表示同意挂靠，有的以行为方式认可挂靠。在这些情况下，挂靠如果被认定为实际承包或者合法分包的，其工程款债权也就应与承包人、合法分包人一样享有优先受偿权。

（三）实际施工人工程款及其优先受偿权

实际施工人是指实际承担建筑工程施工义务的单位或者个人。在转包、分包中，实际施工人有两种情况：一是转包人、分包人自己承担并完成建筑工程施工任务的，该单位是实际施工人；二是再包或者雇请他人承担并完成建筑工程施工任务的，再承包人或者雇佣人员是实际施工人（为了方便阐述，本书称为其他实际施工人）。转承包人、分承包人、挂靠人作为实际施工人的优先受偿权问题，前面已经阐明，留下的问题是其他实际施工人的工程款债权有无优先受偿权问题。

最高人民法院《关于审理建设工程施工合同纠纷案件适用法律问题的解释（一）》第43条第1款规定："实际施工人以转包人、违法分包人为被告起诉的，人民法院应当依法受理。"第2款规定："实际施工人以发包人为被告主张权利的，人民法院应当追加转包人或者违法分包人为本案第三人，在查明发包人欠付转包人或者违法分包人建设工程价款的数额后，判决发包人在欠付建设工程价款范围内对实际施工人承担责任。"这里的"实际施工人"是指其他实际施工人。根据上述规定，转包人、分包人欠付其他实际施工人工程款的，其他实际施工人可以以转包人、分包人为被告向人民法院提起诉讼进行追索；承包人欠付转包人或者违法分包人工程款，致使其他实际施工人未能实现工程款债权的，其他实际施工人也可以以发包人为被告、以转包人或者违法分包人为第三人提起诉讼，人民法院在查明承包人欠付转包人或者违法分包人工程款后，判决发包人在欠付工程款范围内清偿其他实际施工人的工程款。此外，转包人或者违法分包人怠于行使到期工程款债权的，根据最高人民法院《关于审理建设工程施工合同纠纷案件适用法律问题的解释

（一）》第 44 条的规定，其他实际施工人可以依据《民法典》第 535 条的规定提起代位权诉讼，请求人民法院判令发包人直接向其支付工程款。

我们知道，建设工程是实际施工人组织人员通过劳动建成的，法律设置工程款请求权的目的是保障施工人员劳动收入，所以我们可以得出这样一个结论：无论转包、分包、挂靠合同是否有效，实际施工人的工程款债权在通常情况下不受合同效力影响，最终都受法律保护。

关于实际施工人的工程款债权有无优先受偿权问题。根据《民法典》第 807 条以及最高人民法院《关于审理建设工程施工合同纠纷案件适用法律问题的解释（一）》第 35 条的规定，只有与发包人订立建设工程施工合同的承包人才享有建设工程款优先受偿权。实际施工人如果不是"与发包人订立建设工程施工合同的承包人"，则不享有建设工程款优先受偿权。最高人民法院民一庭在 2021 年第 21 次法官会议上也表示，实际施工人不享有建设工程款优先受偿权。

【案例 36】 实际施工人不是涉案工程的承包人，不享有工程款优先受偿权

本案有多个工程款纠纷和诉讼请求，这里只摘编其中实际施工人工程款优先受偿权的认定问题。

2007 年 2 月 6 日，发包人某某开发区国资公司（后名称变更为发展集团公司）与承包人建筑工程公司签订《拆迁安置某某小区一期工程施工承包合同》。2007 年 6 月 4 日，建筑工程公司与建筑安装公司签订《建设工程施工合同》，建筑工程公司将拆迁安置某某小区一期工程转包给建筑安装公司进行施工。2007 年 6 月 5 日，建筑安装公司与嵇某某签订《项目工程施工合同》，建筑安装公司将承包上述的施工任务以责任承包和包工包料的方式发包给嵇某某。嵇某某承包上述工程后，又将该工程项目违法拆分给包括朱某某在内的个人施工。朱某某施工不久后又将全部工程转由苏某实际施工。2008 年 12 月 26 日，某某小区一期工程竣工验收合格。

苏某因工程款被拖欠向连云港经济技术开发区人民法院提起诉讼，请求判决被告建筑工程公司支付工程款 3,502,225.10 元及利息（包括其他工程款），原告享有上述工程款的优先受偿权。

开发区人民法院认为，嵇某某与建筑工程公司的关系应认定为挂靠关系。后嵇某某又将承包的案涉工程以支解分包的形式违法分包给原告苏某在内的无施工资质的其他实际施工人，故嵇某某与原告苏某之间存在违法分包关系。根据最高人民法院《关于审理建设工程施工合同纠纷案件适用法律问题的解释》第1条的规定，被告建筑工程公司将承包的工程转包给没有建筑资质的嵇某某进行施工，违反法律规定，双方签订的合同无效。嵇某某将案涉工程支解分包给原告苏某进行施工，同样违反法律法规的强制性规定，分包行为无效。根据最高人民法院《关于审理建设工程施工合同纠纷案件适用法律问题的解释》第2条的规定，在建筑工程公司与嵇某某及嵇某某与原告苏某就施工工程所签订的合同均为无效的情况下，对建筑工程公司与嵇某某进行的管理事务应给予相应补偿，故原告苏某主张对尚欠涉案工程款享有优先受偿权，符合法律规定。开发区人民法院经核算后作出（2018）苏0791民初271号民事判决书：（1）嵇某某于判决生效之日起10日内向苏某支付工程款2,464,936.27元及利息，建筑工程公司对上述款项承担连带给付责任；（2）发展集团公司在欠付建筑工程公司工程款2,251,331.88元范围内对上述款项承担连带给付责任；（3）苏某对上述工程款享有优先受偿权；（4）驳回苏某其他诉讼请求。

苏某和建筑安装公司不服上述一审判决向连云港市中级人民法院提起上诉。连云港市中级人民法院认为，苏某系从嵇某某处分包取得涉案工程，嵇某某作为合同相对人应承担直接付款的责任。而建筑工程公司与嵇某某之间的关系，从合同签订情况来看，系建筑工程公司将工程转包给建筑安装公司，再由建筑安装公司将工程转包给嵇某某，同时建筑工程公司又直接与嵇某某签订合同，以上合同签订情况表明，建筑工程公司与苏某之间不存在直接的合同关系。涉案工程系嵇某某违法转包给朱某某，再由朱某某转包给苏某，对此本院认为，朱某某施工不久后停工，涉案工程系由苏某出资并施工完成，在苏某和嵇某某之间已形成工程分包关系，且嵇某某在相关结算中都予以确认，因此苏某有权直接向嵇某某主张付款责任。

关于苏某在一审诉讼请求中主张的其对工程款享有优先受偿权问题，本院认为，依据最高人民法院《关于审理建设工程施工合同纠纷案件适用法律问题的解释（二）》第 17 条的规定："与发包人订立建设工程施工合同的承包人，根据合同法第二百八十六条规定请求其承建工程的价款就工程折价或者拍卖的价款优先受偿的，人民法院应予支持。"但因苏某仅系涉案工程的实际施工人，其与发包人发展集团公司之间不存在直接的施工合同关系，其不是涉案工程的承包人，不享有优先受偿权，故一审判决支持苏某享有优先受偿权的诉求显属不当。由于发展集团公司已经因建筑工程公司所欠的债务情况收到多份协助执行通知书，该项关于优先受偿权的认定可能损害到建筑工程公司其他债权人的利益，因此，本案二审应对此一并予以审理，对苏某优先受偿权的主张应予以驳回。

连云港市中级人民法院作出（2019）苏 07 民终 1346 号民事判决书：(1) 维持开发区人民法院（2018）苏 0791 民初 271 号民事判决第 2、4 项，即维持发展集团公司在欠付建筑工程公司工程款 2,251,331.88 元范围内对上述款项承担连带给付责任和驳回苏某其他诉讼请求；(2) 撤销开发区人民法院（2018）苏 0791 民初 271 号民事判决第 1、3 项，即撤销嵇某某于判决生效之日起 10 日内向苏某支付工程款 2,464,936.27 元及利息、建筑工程公司对上述款项承担连带给付责任和苏某对上述工程款享有优先受偿权；(3) 嵇某某于本判决送达之日起 10 日内给付苏某工程款 2,453,063.45 元及利息，建筑安装公司对上述款项承担连带给付责任。

【案例 37】挂靠人是实际承包人的，对工程款享有优先受偿权

2013 年，房开公司（建设单位）将某某工程项目承包给建设公司，约定建设公司向房开公司支付 300 万元履约保证金，后房开公司收到工程公司保证金 300 万元。2014 年，建设公司与不具有施工资质的工程公司签订承包合同，约定由工程公司全额承包建设上述某某工程项目中的 1、4、5 号楼，建设公司按工程款 1.2% 收取管理费，待工程结算书审计通过后，除工程质保金外，余款（不计利息）全部划拨至工程公司。此后，工程公司虽然不具有相应的施工资质，但对案涉工程进行了施工。2016 年 3 月 31 日，房开公司与建设公司签订工程款结算单，确定案涉已完工程（1、4、5 号楼）造价为 122,458,278.48 元，如房开公司未按双方约定支付工程款，则按月息 2 分计

算支付利息。2016年11月16日，工程公司向建设公司出具承诺书两份，载明：因某某工程项目1、4、5号楼工程，本公司承诺，由本公司承担该合同的全部责任，若向房开公司索取费用无果，建设公司不承担任何责任，本公司亦不追究建设公司的总包责任。工程公司如期完工后，收到部分工程款。

由于房开公司与建设公司均未向工程公司支付剩余工程款，工程公司诉至法院，主张对所建工程款享有优先受偿权。案至最高人民法院，最高人民法院作出（2019）最高法民终15号民事判决书，工程公司仍不服申请再审。最高人民法院经再审作出（2019）最高法民申6085号裁定书认为：

第一，关于建设公司在本案中是否应当向工程公司承担支付工程款责任的问题。根据工程公司向建设公司作出的书面承诺，在房开公司不支付工程款的情况下，建设公司不需要承担付款责任。虽然案涉相关合同因为违反法律强制性规定而无效，但并不影响因为实际施工的行为在各方当事人之间形成了民事法律关系，也不影响实际施工人在此民事法律关系中依法享有的民事权利。如果权利人自愿放弃对债务人的权利，同样是有效的。原判决基于工程公司自愿放弃对建设公司权利的承诺，未判令建设公司向工程公司承担付款责任，不存在缺乏证据证明和适用法律错误的问题。

第二，关于工程公司是否可以对工程款就案涉工程行使优先受偿权的问题。依照《合同法》第269条"建设工程合同是承包人进行工程建设，发包人支付价款的合同。"的规定，建设工程施工合同的当事人包括承包人和发包人，承包人是按约定进行工程施工建设的人，发包人是按约定支付工程款的人。承包人按照合同约定的标准进行了施工建设，发包人接受了承包人交付的工程项目，承包人即有权请求发包人按照合同约定支付工程款。依照《合同法》第286条"发包人未按照约定支付价款的，承包人可以催告发包人在合理期限内支付价款。发包人逾期不支付的，除按照建设工程的性质不宜折价、拍卖的以外，承包人可以与发包人协议将该工程折价，也可以申请人民法院将该工程依法拍卖。建设工程的价款就该工程折价或者拍卖的价款优先受偿"的规定，承包人对工程款还享有就该工程折价或拍卖价款优先受偿的权利。法律就工程项目设立优先受偿权的目的，是保障承包人对发包人主张工程款的请求权优先于一般债权得以实现。保障该请求权优先得以实现的原因在于，建设工程系承包人组织员工通过劳动建设而成的，工程款请求权的实现意味着员工劳动收入有所保障。无论合同是否有效，只要承包人组织员工按照合同约定建设了工程项目，交付给了发包人，发包人就没有理由无偿取得该工程建设成果。因此，虽然在最高人民法院《关于审理建设工程施工合同纠纷案件适用法律问题的解释》第1条"建设工程施工合同具有下列情形之一的，应当根据合同法第五十二条第（五）项的规定，认定无效：（一）承包人未取得建筑施工企业资质或者超越资质等级的；（二）没有资质的实际施工人借用有资质的建筑施工企业名义的；（三）建设工程必须进行招标而未招标或者中标无效的"规定的情形下，建设工程施工合同应当认定为无效，但该解释第2条规定："建设工程施工合同无效，但建设工程经竣工验收合格，承包人请求参照合同约定支付工程价款的，应予支持。"据此，合同虽然无效，但承包人仍然享有向发包人主张工程款的请求权。而且，承包人组织员工施工建设工程项目，同样需要向员工支付劳动报酬，与合同有效时相同。因此，在合同无效的情况下，承包人的工程款请求权同样需要优先于一般债权实现，故应当认定承包人享有优先受偿权。在该解释第1条第2项"没有资质的实际施工人借用有资质的建筑施工企业名义的"情况下，实际施工人和建筑施工企业谁是承包人，谁就享有工程款请求权和优先受偿权。在合同书上所列的"承包人"是具有相应资质的建筑施工企业，即被挂靠人；而实际履行合同书上所列承包人义务的实际施工人，是挂靠人。关系发包人实际利益的是建设工程是否按照合同约定的标准和时间完成并交付到其手中，只要按约交付了建设工程，就不损害发包人的实际利益。但是否享有工程款请求权和优先受偿权，直接关系对方当事人的实际利益。事实上，是挂靠人实际组织员工进行了建设活动，完成了合同中约定的承包人义务。所以，挂靠人因为实际施工行为而比被挂靠人更应当从发包人处得到工程款，被挂靠人实际上只是最终从挂靠人处获得管理费。因此，挂靠人比被挂靠人更符合法律关于承包人的规定，比被挂靠人更应当享有工程款请求权和优先受偿权。挂靠人既是实际施工人，也是实际承包人，而被挂靠人只是名义承包人，认定挂靠人享有主张工程款请求权和优先受偿权，更符合法律保护工程款请求权和设立优先受偿权的目的。

在建设工程施工合同关系中，优先受偿权是为了保障工程款请求权得以实现而设立的，而工程款请求权又是基于合同关系产生的，所以，应受合同相对性的限制。最高人民法院《关于审理建设工程施工合同纠纷案件适用法律问题的解释（二）》第17条"与发包人订立建设工程施工合同的承包人，根据合同法第二百八十六条规定请求其承建工程的价款就工程折价或者拍卖的价款优先受偿的，人民法院应予支持"的规定即体现了此种精神。在发包人同意或者认可挂靠存在的情形下，挂靠人作为没有资质的实际施工人借用有资质的建筑施工企业（被挂靠人）的名义，与发包人订立了建设工程施工合同。挂靠人是实际承包人，被挂靠人是名义承包人，两者与发包人属于同一建设工程施工合同的双方当事人。因此，认定挂靠人享有优先受偿权，并不违反该条的规定。

在本案中，工程公司借用建设公司的资质，以挂靠方式对发包人房开公司发包的1、4、5号楼进行了实际施工，属于实际施工人；同时，工程公司与房开公司之间已经履行了发包人与承包人之间的义务，双方在事实上形成了建设工程施工合同关系，工程公司是案涉工程的实际承包人。而且，房开公司从签订合同开始到实际履行合同过程中，知道并认可工程公司是借用建设公司资质进行实际施工的事实，还接受了工程公司直接支付给自己的保证金，并向工程公司直接支付过工程款，这更进一步证明房开公司认可了工程公司系工程实际承包人的事实。所以，一审判决认为工程公司享有优先受偿权是正确的。原判决认为："现行法律及司法解释并未赋予实际施工人享有建设工程价款优先受偿的权利。因此，工程公司作为案涉工程的实际施工人主张建设工程价款的优先受偿权，缺乏法律依据，不予支持。"将最高人民法院《关于审理建设工程施工合同纠纷案件适用法律问题的解释（二）》第17条解释为只要是实际施工人，便缺乏行使优先受偿权的法律依据，排除了挂靠关系中的实际施工人作为实际承包人应该享有优先受偿权的情形，适用法律确有错误。但是，最高人民法院《关于审理建设工程施工合同纠纷案件适用法律问题的解释（二）》第22条规定："承包人行使建设工程价款优先受偿权的期限为六个月，自发包人应当给付建设工程价款之日起算。"在本案中，工程公司主张的是1、4、5号楼的工程款，而该部分工程款双方在

2016年3月31日就进行了结算,签订了工程款结算单,确定案涉工程款为122,458,278.48元。此时房开公司就应当向工程公司给付此部分建设工程款。原判决和一审判决亦以该时间点为应付工程款时间并作为利息起算点,工程公司对此并未提出异议。但此后工程公司直到2018年本案诉讼时才提出优先受偿权的主张,早已经超过了法律规定的6个月期限。因此,一审判决认定工程公司已经丧失了优先受偿权并驳回工程公司相应的诉讼请求,原判决认为一审判决驳回工程公司主张优先受偿权的裁判结果正确。

最高人民法院裁定:驳回工程公司的再审申请。

这个案例虽然发生在《民法典》施行之前,适用当时的合同法和有关司法解释作出判决,但当时《合同法》及其有关司法解释与现行的《民法典》及其有关司法解释基本一致,故最高人民法院(2019)最高法民申6085号裁定书中对挂靠人享有工程款优先受偿权的以下几个理由至今仍值得借鉴和参照:一是在建设工程施工合同无效的情况下,挂靠人在规定期限内享有工程款优先受偿权;二是挂靠人既是实际施工人又是实际承包人,而被挂靠人只是获得管理费的名义承包人;三是认定挂靠人工程款优先受偿权,更符合法律设立工程款优先受偿权的目的,且挂靠人比被挂靠人更应享有工程款优先受偿权。

二十三、建筑工程垫资款及其优先受偿权

这里的垫资,是指承包人根据发包人的要求为承建工程暂时支付资金的行为。垫资是建筑行业内部常见现象,在不少地方还成为潜规则,但垫资行为在解决建设单位资金暂时困难并促进建筑工程按期完工的同时也存在不少风险和纠纷。

(一)建筑工程垫资行为的主要表现情形

在正常情况下,建筑施工合同应当约定建设单位向施工单位支付预付款和进度款,在工程竣工验收合格后经结算支付工程款。但在实践中,有些建设单位由于建设工程资金不足或者暂有困难要求承包人垫资,有些建筑施工企业为了承接工程也愿意垫资。承包人垫资行为主要有以下三种表现情形:

一是全额垫资。承包人在自有资金充足而建筑工程盈利较高的情况下承建工程，可与发包人约定无须支付预付款、进度款，等工程项目建设完工验收合格后，发包人再向承包人支付工程款。这种情况并不多见，但工程总承包企业承接 BT 模式的政府利用非政府资金建设基础设施工程的，则应通过融资合作利用资金对工程建设进行全额垫资，在工程完工验收合格并移交后，政府或者业主按 BT 合同约定支付承包人（投资方）的工程总投资加上合理回报。

二是部分垫资。建筑施工合同已经约定预付款、进度款，发包人只支付预付款让承包人进场启动施工，后续违约未支付的进度款属于承包人的垫资款；建筑施工合同只约定预付款，而未约定进度款，待工程竣工验收后结算工程款的，其中的进度款属承包人自愿垫付的垫资款。

三是以保证金垫资。建筑施工合同特别约定承包人向发包人交付保证金，承包人在工程竣工验收合格后返还。在有此约定的情况下，发包人动用保证金向承包人支付预付款、进度款，又不与承包人约定减少相应保证金数额的，承包人已被动用的这部分保证金虽然重新回到自己手里，但发包人违约了，其实并未支付预付款、进度款，这部分未支付预付款、进度款也就成为承包人的垫资款。

（二）建筑工程垫资的法律效力问题

我国法律既没有禁止建筑工程垫资也没有支持建筑工程垫资的规定，实践中就建筑工程垫资是否合法以及有无效力问题一直有不同的看法。

1996 年 6 月 4 日，原建设部、财政部、原国家计委在《关于严格禁止在工程建设中带资承包的通知》第 4 条规定："任何建设单位都不得以要求施工单位带资承包作为招标投资条件，更不得强行要求施工单位将此类内容写入工程承包合同……"第 5 条规定："施工单位不得以带资承包作为竞争手段承揽工程，也不得用拖欠建材和设备生产厂家贷款的方法转嫁由此造成的资金缺口……"照此通知理解，建筑工程垫资是被禁止的行为。但该通知仅为部委规范性文件，不能作为认定垫资行为效力的依据。

2006 年 1 月 4 日，原建设部、国家发改委、财政部、中国人民银行《关于严禁政府投资项目使用带资承包方式进行建设的通知》废止了 1996 年的上述通知。《关于严禁政府投资项目使用带资承包方式进行建设的通知》规定，"政府投资项目一律不得以建筑业企业带资承包的方式进行建设，不得将建筑业企业带资承包作为招投标条件；严禁将此类内容写入工程承包合同及补充条款，同时要对政府投资项目实行告知性合同备案制度"。该通知仅禁止政府投资项目垫资，大大地缩减了禁止垫资范围。即便如此，2006年的通知也只是部委的行政管理规范性文件，同样不能作为认定垫资行为效力的依据。

在法律没有禁止垫资的情况下，应当尊重承包人和发包人的意思自治，发包人要求垫资，承包人也愿意垫资，垫资属于双方的自愿行为，故应确认垫资行为有效。最高人民法院《关于审理建设工程施工合同纠纷案件适用法律问题的解释（一）》第25条第1款规定："当事人对垫资和垫资利息有约定，承包人请求按照约定返还垫资及其利息的，人民法院应予支持，但是约定的利息计算标准高于垫资时的同类贷款利率或者同期贷款市场报价利率的部分除外。"第2款规定："当事人对垫资没有约定的，按照工程欠款处理。"第3款规定："当事人对垫资利息没有约定，承包人请求支付利息的，人民法院不予支持。"这条规定体现了当事人意思自治原则，肯定垫资行为属于正常的民事行为，在通常情况下应当做有效认定。

(三) 垫资款在破产重整中的处理

垫资款带入破产重整程序，如果是建筑施工企业破产重整的，垫资款属于建筑施工企业的债权财产，故应予以收回用于破产重整；如果是发包人建设单位破产重整的，应向建设单位管理人申报债权，然后取回垫资款。但无论是建筑施工企业破产重整，还是建设单位破产重整，都必须搞清楚垫资款的性质，这对建筑施工企业的垫资款权益有重大影响，特别是与建筑施工企业破产重整中的债权人有重大的利益关系。

1. 垫资款转换为借款

从最高人民法院《关于审理建设工程施工合同纠纷案件适用法律问题的解释（一）》第25条的规定来看，垫资款在通常情况下不是按借款处理就是以工程款处理，到底是以借款处理还是以工程款处理，则应根据双方有无约定以及如何约定而定。垫资款本身不是借款，但在双方有特别约定的情况下是可以转换为借款的。例如，双方明确约定，发包人今后将垫资款作为借款偿还的，就应按照借款处理。又如，建设单位就垫资款给建筑施工企业出具借据、借条，建筑施工企业予以接受没有提出异议的，该垫资款应当作为借款处理。在建设单位破产重整中，垫资款已经转换为借款的，建筑施工企业作为垫资款债权人，在申报债权的同时主张工程款优先受偿权的，难以得到管理人的支持，通常只能作为普通债权参与分配，这对建筑施工企业及其债权人不利。

2. 垫资款属于工程款

建筑施工企业为承建工程垫资所付出的资金实际上已经成为建设单位的工程建设成本，因此垫资款可以转化为工程款。最高人民法院《关于审理建设工程施工合同纠纷案件适用法律问题的解释（一）》第25条第2款规定："当事人对垫资没有约定的，按照工程欠款处理。"据此，建筑施工企业与建设单位对垫资没有约定（如没有约定转换为借款），或者明确约定垫资款作为工程款结算，应当认定为建设单位欠付的工程款，然后按照工程欠款处理。既然作为工程欠款处理，因建筑施工企业对工程款享有优先受偿权，故建筑施工企业在建设单位破产重整中就该垫资款对所承建工程的折价、拍卖价款得以优先受偿，这对建筑施工企业及其债权人极为有利。

3. 垫资款属于共益债权

建设单位进入破产重整程序，建筑施工企业经建设单位管理人和人民法院同意或者协调，为在建工程复工续建垫资的，属于共益债权，这种共益债权应当按照约定先予清偿；建筑施工企业如果作为建设单位重整投资人的，则可以垫资款抵偿投资款，然后成为建设单位的股东。

4. 垫资利息

最高人民法院《关于审理建设工程施工合同纠纷案件适用法律问题的解释（一）》第25条第3款规定："当事人对垫资利息没有约定，承包人请求支付利息的，人民法院不予支持。"据此，建设单位是否支付垫资利息，应视双方有无约定而定。垫资款已经转换为借款的，属于民间借贷，该垫资款利息应当适用最高人民法院《关于审理民间借贷案件适用法律若干问题的规定》的有关规定处理。如果垫资款被认定为工程款的，双方约定欠付利息的，按照约定付息；双方没有约定利息的，建设单位不付利息。但无论是民间借贷利息还是工程款利息，依照《企业破产法》的有关规定，都自法院裁定受理建设单位破产之日开始暂停计付利息。

5. 实际施工人垫资款的优先受偿

实际施工人与承包人订立分包合同有效的，原则上按照上述办法处理其为承建工程垫资的问题，当其垫资款被管理人依法认定为工程款债权的，该垫资款债权也就随之优先受偿。但是，实际施工人与承包人因转包、违法分包以及挂靠所订立的施工合同被管理人、人民法院依法确认无效，垫资款为工程款债权的，实际施工人虽然有权取得该垫资款，但无优先受偿权。

【案例38】违法承包人之间的垫资款亦应作为工程款支付

2017年和2018年，某某路桥梁工程公司中标金平县交通运输局发包的某某乡村道路硬化工程，后将该工程转包给王某，王某又将该工程转包给何某某，何某某组织曹某某等4人施工。王某与何某某签订转包合同时，向何某某提出为工程垫资300万元，何某某分3次将300万元支付给王某。2019年12月12日，王某、何某某及实际施工人员与发包人金平县交通运输局结算工程款后，达成关于某某乡项目资金支付情况的说明，在该说明中，王某承诺从曹某某等4人施工班组的工程款中扣除支付给何某某垫资款129万元。2020年11月16日，曹某某等4人出具垫资工程款凭证，同意王某直接支付何某某垫资款129万元。2020年5月25日，案涉工程验收合格并交付使用。但王某未支付何某某垫资工程款129万元。

何某某向金平县人民法院起诉，请求判决被告王某支付垫付的工程款129万元。

金平县人民法院认为，最高人民法院《关于审理建设工程施工合同纠纷案件适用法律问题的解释（一）》第1条规定，承包人未取得建筑业企业资质或者超越资质等级的，应当认定建设工程施工合同无效。因王某和何某某均不具备相应施工资质，双方之间形成的某某乡村道路硬化工程转包合同及2018年5月16日签订的《工程承包协议书》违反了法律强制性规定，应认定无效。最高人民法院《关于审理建设工程施工合同纠纷案件适用法律问题的解释（一）》第25条第2款规定，"当事人对垫资没有约定的，按照工程欠款处理"。因王某与何某某签订的《工程承包协议书》未对何某某的垫资明确约定，故王某对何某某垫资的129万元应按照工程欠款处理。因某某乡村道路硬化工程已经验收合格并投入使用，实际施工班组曹某某等4人均同意王某支付何某某垫资款129万元，故王某应支付何某某工程款129万元。金平县人民法院作出（2021）云2530民初69号民事判决书：王某于本判决生效后10日内支付何某某工程款129万元。

王某不服上述一审判决，向红河哈尼族彝族自治州中级人民法院上诉，请求依法撤销（2021）云2530民初69号民事判决书，并依法改判驳回被上诉人何某某要求王某支付工程款129万元的诉讼请求。

红河哈尼族彝族自治州中级人民法院认为，王某作为某某乡村道路硬化工程的实际承包人，将其中的大部分工程转包给何某某组织施工，王某和何某某均无从事建筑行业的施工资质，双方当事人签订的《工程承包协议书》无效。在施工过程中，何某某向王某支付款项300万元。2019年12月12日，王某、何某某及实际施工人员经工程款结算，达成关于某某乡项目资金支付情况的说明，何某某要求支付项目129万元，王某承诺从曹某某等4人工程项目款中扣除后交给何某某。现某某乡村道路硬化工程已经验收合格并投入使用，建设方按35万元/公里价款拨付的资金已经到位，曹某某等4人均同意扣款后支付何某某，王某也应信守承诺，支付何某某款项129万元。红河哈尼族彝族自治州中级人民法院作出（2021）云25民终1878号民事判决书：驳回上诉，维持原判。

专题五

建筑施工企业职工劳动债权问题

企业劳资关系是以雇佣劳动为基础的资本对劳动占有的经济关系，由这种经济关系产生的职工债权是劳动债权。职工劳动债权关乎职工本人及其家属的生存问题，《企业破产法》对此十分重视，将其安排在第一顺序清偿。建筑施工是一种劳务活动，相对其他企业，职工劳动债权显得更为突出，若不能妥善解决，有可能危害社会稳定。这一专题就职工劳动债权在建筑施工企业破产重整程序中的处置问题做一些分析。

二十四、建筑施工企业职工的劳动债权

（一）建筑施工企业职工的身份认定

在建筑施工企业破产程序中处理职工劳动债权，首先要认定参与建筑施工企业劳动的人员是否具有职工身份。《企业破产法》第82条和第113条规定中的"职工"是指债务企业的内部职工，即债务企业的劳动者。那么，如何认定建筑设施企业的职工身份？

1. 企业职工身份的认定标准

劳动者与企业发生一定的雇佣关系或者劳务关系并取得企业相关的劳动报酬，并不一定都是企业职工。在通常情况下，企业职工身份是按照《劳动合同法》的规定与企业建立劳动关系而形成的，也就是说，劳动者只有与企业订立劳动合同，建立劳动关系，才能认定该劳动者属于企业职工，该职工成为以工资收入为主要生活来源的企业劳动者。但是，有些建筑施工企业

（特别是民营企业），没有严格执行劳动法律，在招用劳动者时未与劳动者签订劳动合同，这种情况带入破产程序，劳动者往往主张自己是企业职工，认为其劳动债权属于职工劳动债权，请求参与第一顺序受偿，而管理人在审查劳动合同和职工名册时没有发现该劳动者，在此情况下，管理人就必须搞清这些人员是不是企业职工的问题。

劳动关系可分为合同劳动关系和事实劳动关系。依照《劳动合同法》的有关规定，建筑施工企业招用劳动者应与劳动者订立书面劳动合同，建立劳动关系。建筑施工企业与劳动者已经订立劳动合同，则该劳动者属于建筑施工企业的职工是容易认定的。建筑施工企业已经实际招用劳动者，但未与劳动者订立书面劳动合同的，属于事实劳动关系。事实劳动关系一旦成立，就与合同劳动关系成立一样，应当认定劳动者为企业职工，且两者都应自企业用工之日起认定建立劳动关系。

实践中的问题是，建筑施工企业在未订立书面劳动合同的情况下如何认定事实劳动关系。根据原劳动和社会保障部《关于确立劳动关系有关事项的通知》的规定，事实劳动关系应当按照以下几条标准认定企业职工身份。

一是企业招用劳动者未订立书面劳动合同，但同时具备下列情形的，事实劳动关系成立：（1）企业和劳动者符合法律、法规规定的主体资格；（2）企业依法制定的各项劳动规章制度适用于劳动者，劳动者受企业的劳动管理，从事企业安排的有报酬的劳动；（3）劳动者提供的劳动是企业业务的组成部分。

二是企业未与劳动者签订劳动合同，但双方存在事实劳动关系的，可参照下列凭证认定：（1）工资支付凭证或记录（职工工资发放花名册）、缴纳各项社会保险费的记录；（2）企业向劳动者发放的"工作证""服务证"等能够证明身份的证件；（3）劳动者填写的企业招工招聘"登记表""报名表"等招用记录；（4）考勤记录；（5）其他劳动者的证言等。其中，上述第1、3、4项的有关凭证由用人企业承担举证责任。

按照上述规定标准，认定劳动者与建筑施工企业已经建立事实劳动关系的，无论是订立固定期限劳动合同的员工还是订立无固定期限劳动合同的员工，也无论是临时工还是学徒工，都自建筑施工企业用工之日起成为企业职工。

2. 实际施工人招用劳动者的职工身份

根据《民法典》第791条第2款的规定,建筑工程施工总承包人(以下亦称建筑施工企业)经发包人同意,可以将自己承包的部分工作交由第三人完成。这里的"第三人"即实际施工人。交由第三人完成包括采取转包、分包方式交由具备相应资质的实际施工人完成的工程建设任务。那么,实际施工人为完成承受的工程建设任务招用劳动者,该劳动者是否具有总承包人建筑施工企业的职工身份?

根据企业劳动关系成立规则,实际施工人招用的劳动者,如果只是与实际施工人成立劳动关系,且工资由实际施工人发放的,应属于实际施工人的职工,而不是建筑施工企业职工。建筑施工企业如果与实际施工人招用的劳动者订立劳动合同,且工资由建筑施工企业发放,或者建筑施工企业将自己的职工派遣至实际施工人处工作的,该劳动者当然属于建筑施工企业的职工。

实践中另一个问题是转包、非法分包中实际施工人招用劳动者的职工身份如何确定。《民法典》第791条规定,建筑工程承包人不得将其承包的全部建设工程转包给第三人或者将其承包的全部建设工程支解以后以分包的名义分别转包给第三人。禁止承包人将工程分包给不具备相应资质条件的单位,禁止分包单位将其承包的工程再分包。在此规定下,建筑施工企业将建筑工程转包、非法分包给实际施工人,实际施工人招用的劳动者是不是建筑施工企业的职工?

《关于确立劳动关系有关事项的通知》还特别指出:"建筑施工、矿山企业等用人单位将工程(业务)或经营权发包给不具备用工主体资格的组织或自然人,对该组织或自然人招用的劳动者,由具备用工主体资格的发包方承担用工主体责任。"对这里的"用工主体责任"问题,有两种不同意见:一种意见认为,"用工主体责任"包括实际施工人招用的劳动者与建筑施工企业之间存在劳动关系;另一种意见认为,"用工主体责任"不应包括这种劳动关系,实际施工人招用的劳动者不是建筑施工企业的职工。我们支持后一种意见,有两个主要理由:一是建筑施工企业与实际施工人是两个不同的主体,实际施工人招用的劳动者只与实际施工人建立劳动关系,而与建筑施工企业既未建立劳动关系，亦未直接受建筑施工企业的聘请和管理，更没有从建筑施工企业直接取得劳动报酬，故建筑施工企业不是其用工主体，也就不承担主体责任；二是如果认定用工主体责任等同于存在劳动关系，就意味着建筑施工企业对实际施工人招用的劳动者承担劳动法律责任，譬如，劳动者未取得实际施工人应当支付的工资报酬，就需建筑施工企业直接支付，这明显违背劳动关系规则，故以"用工主体责任"认定建筑施工企业与该类劳动者存在劳动关系的理由是不能成立的。

基于上述理由，最高人民法院 2011 年《全国民事审判工作会议纪要》第 59 条指出："建设单位将工程发包给承包人，承包人又非法转包或者违法分包给实际施工人，实际施工人招用的劳动者请求确认与具有用工主体资格的发包人之间存在劳动关系的，不予支持。"由此可见，建筑施工企业将建筑工程转包、非法分包给不具备用工主体资格的组织或自然人，该组织或自然人招用的劳动者与建筑施工企业不存在劳动关系，故该类劳动者不属于建筑施工企业的内部职工。

3. 临时工和临时雇佣人员的职工身份

临时工是相对正式工而言的，是指暂时在单位工作的人员，但在企业劳务市场实行合同制后，临时工与正式工的概念逐渐淡化。然而，有些建筑施工企业，一方面需要大量的体力劳动者去完成工作，另一方面又不需要保持长期固定的体力劳动者队伍，故仍存在从事大量体力劳动的临时工，且绝大多数是农民工。这些临时工是不是建筑施工企业的职工？

首先要看建筑施工企业与临时劳动者有无订立临时工劳动合同。已经订立临时工劳动合同成立临时劳动关系的，临时工在职期间应为企业职工，但在临时工劳动合同约定期限届满后离职的，就不再是企业职工。在建筑施工企业破产程序中，无论劳动者是正式职工还是临时职工，其对企业享有的工资债权都享有优先受偿权，至于其他劳动债权，如基本养老保险、基本医疗保险，则应视双方有无约定以及如何约定而定。

如果未订立临时工劳动合同，但事实上已经成立临时劳动关系的，应是临时职工还是临时雇佣人员？如果该临时劳动者有规律地取得工资报酬的，则为临时职工。如果只是提供一次性劳务，且一次性取得报酬的，则为临时雇佣人员，而不是临时职工，如建筑施工企业请几位农民工临时清理一堆建筑垃圾，雇请电工临时修理工地用电线路，这些雇佣人员一旦完成临时性任务，雇佣关系即告结束。再者，这些临时雇佣的劳动者平时不受建筑施工企业的管理、指挥与监督，只是提供一次性劳动服务并获得临时性劳动报酬，而未与建筑施工企业建立法律上的劳动关系，不享有基本养老保险、基本医疗保险费用等待遇，故不属于建筑施工企业的临时职工。至于临时雇佣人员的劳动债权应否优先受偿，有管理人认为，《企业破产法》只规定职工劳动债权具有优先受偿权，而临时雇佣人员不是企业职工，故其劳动报酬只能作为普通债权处理。我们认为，劳动报酬是劳动者生存权所必需的保障，临时雇佣人员的劳动报酬应与职工劳动债权一样得以优先受偿，但除劳动报酬外的其他非劳动债权不在优先受偿范围内。

4. 原职工在破产程序中的身份

根据《劳动合同法》第36~40条的规定已经解除劳动合同，《劳动合同法》第41条的规定已被裁减，《劳动合同法》第44条的规定终止劳动合同的，原职工离职后，企业仍对其负有劳动债务，如未支付工资报酬，这类原职工的劳动债权性质不变，故其在企业破产程序中仍有权以职工的身份行使劳动债权的请求权，管理人应当按照《企业破产法》第113条的规定，将这类职工劳动债权安排在第一顺序清偿。

5. "吃空饷"人员的职工身份

企业主和大股东等实际控制人无视企业用人制度和财务制度，将未与企业建立劳动关系或者采取虚假手段订立劳动合同的父母、子女、配偶等挂名为企业职工，给予发放工资、津贴等，而这些人员实际上没有参与企业劳动，没有上下班签到，没有业绩记录，不劳而获取得收入。这种"吃空饷"行为属于典型的不当得利，不仅侵害了企业的利益，在破产程序中还会损害债权人的利益。对此，管理人不仅应当否定其企业职工身份和所谓的劳动债权，而且应当依照《民法典》《企业破产法》的有关规定追还其不当得利，然后作为债务人的财产供债权人分配。

为保障企业职工身份的准确认定，在人民法院裁定受理破产申请后，企业应当及时向管理人提供职工名册、劳动合同、工资发放记录、社会保险费用等资料。管理人应当根据建筑施工企业提交的资料和上述职工身份认定的标准，对职工身份进行审查和确认。

（二）建筑施工企业职工劳动债权的范围

在破产实践中，有些管理人认为，职工劳动债权指的就是职工债权。我们认为，不能简单地将两者混为一谈，职工对本企业享有的债权，可能有因民间借贷形成的债权，也可能有为企业垫资形成的债权等，故职工债权包括但不限于职工劳动债权，而职工劳动债权仅指因劳动关系发生的债权，非因劳动关系发生的职工对其所在企业享有的其他债权不是职工劳动债权，其他债权不适用《企业破产法》第113条的规定安排在第一顺序清偿。

首先需要说明的是，企业破产程序中的职工劳动债权，是指企业与职工在人民法院裁定受理破产申请前成立劳动关系而产生的劳动债权。在人民法院裁定受理破产申请后，债务企业也有可能产生职工劳动债务，如职工在建筑施工企业重整的继续营业中应当取得的劳动报酬和社会保险费用，根据《企业破产法》第42条的规定应当作为共益债务清偿。而在人民法院裁定受理破产申请前形成而带入破产程序的职工劳动债权不属于共益债务，是只能参与债务企业财产分配的债权。

根据《企业破产法》第48条第2款和第113条第1款的规定，结合《劳动合同法》有关规定和建筑施工企业的特点，下面介绍和分析职工劳动债权的具体内容。

1. 职工工资

职工工资，是指用人单位依据国家有关规定或者劳动合同约定，以货币形式直接支付给劳动者的劳动报酬，包括计时工资、计件工资、奖金、津贴等。工资是职工劳动债权的主要部分。

2. 职工医疗、伤残补助、抚恤费

建筑施工具有高处作业多、露天作业多、手工劳动多、繁重体力劳动多等特点，事故发生率较高，工伤事故较多，故职工医疗、伤残补助、抚恤费等债权往往是职工劳动债权的争议焦点，在建筑施工企业破产程序中应当予以高度关注。这部分职工劳动债权的主要内容有：

（1）发生工伤事故致残职工享有的一次性伤残补助金、一次性工伤医疗补助金、一次性伤残就业补助金；

（2）由工伤职工生前承担抚养、赡养、扶养责任的亲属所需费用；

（3）发生工伤或者工亡事故，企业应支付的其他有关费用，如营养费、护理费、误工费、交通费、后续治疗费、丧葬补助金、供养亲属抚恤金和一次性工亡补助金。

3. 应当划入职工个人账户的基本养老保险、基本医疗保险费用

基本养老保险是按国家统一政策规定强制实施的为保障离退休人员基本生活需要的一种养老保险制度。企业作为用人单位与职工必须依法缴纳养老保险费，在劳动者达到国家规定的退休年龄或因其他原因而退出劳动岗位后，社会保险经办机构依法向其支付养老金等待遇，从而保障其基本生活。按照《社会保险法》《社会保险费征缴暂行条例》的有关规定，职工应当参加基本养老保险，由用人单位和职工共同缴纳基本养老保险费。其中，应由企业缴纳而未缴纳的基本养老保险费，在破产程序中属于职工劳动债权。

基本医疗保险是为补偿劳动者因疾病风险造成的经济损失而建立的一项社会保险制度。通过用人单位和个人缴费而建立的医疗保险基金，参保人员患病就诊发生医疗费用后，由医疗保险经办机构给予一定的经济补偿，以避免或减轻劳动者因患病、治疗等所遭遇的经济问题。

但在破产程序中有两个事情需要注意：一是债务企业欠缴职工个人部分的社会保险费所产生的滞纳金不属于破产债权，因此，应当划入职工个人账户的基本养老保险、基本医疗保险费用仅指欠缴的本金；二是根据《企业破产法》第113条第1款的规定，除前面规定外的社会保险费用，不能安排在第一顺序清偿，而只能安排在第二顺序与税款同顺序清偿。

4. 应当支付给职工的补偿金

这里的补偿金是指按照《劳动合同法》第46条、第47条的规定应向职工支付的经济补偿。

《劳动合同法》第46条规定，有下列情形之一的，用人单位应当向劳动者支付经济补偿：

（1）劳动者依照《劳动合同法》第38条的规定解除劳动合同的；

（2）用人单位依照《劳动合同法》第36条的规定向劳动者提出解除劳

动合同并与劳动者协商一致解除劳动合同的；

（3）用人单位依照《劳动合同法》第40条的规定解除劳动合同的；

（4）用人单位依照《劳动合同法》第41条第1款的规定解除劳动合同的；

（5）除用人单位维持或者提高劳动合同约定条件续订劳动合同，劳动者不同意续订的情形外，依照《劳动合同法》第44条第1项的规定终止固定期限劳动合同的；

（6）依照《劳动合同法》第44条第4项、第5项的规定终止劳动合同的；

（7）法律、行政法规规定的其他情形。

根据《劳动合同法》第47条的规定，补偿金标准如下：

（1）经济补偿按劳动者在本单位工作的年限，每满1年支付1个月工资的标准向劳动者支付；

（2）6个月以上不满1年的，按1年计算；

（3）不满6个月的，向劳动者支付半个月工资的经济补偿；

（4）劳动者月工资高于用人单位所在直辖市、设区的市级人民政府公布的本地区上年度职工月平均工资3倍的，向其支付经济补偿的标准按职工月平均工资3倍的数额支付，向其支付经济补偿的年限最高不超过12年。

这里所称月工资是指劳动者在劳动合同解除或者终止前12个月的平均工资。

在人民法院裁定受理破产申请前已经产生但未支付或缴纳的上述补偿金，在破产程序中属于职工劳动债权。

5. 违法用工的赔偿金

《劳动合同法》第85条规定，在用人单位未按照劳动合同的约定或者国家规定及时足额支付劳动者劳动报酬、低于当地最低工资标准支付劳动者工资、安排加班不支付加班费、解除或者终止劳动合同未依法向劳动者支付经济补偿的情况下，由劳动行政部门责令用人单位应限期支付给劳动者的劳动报酬、加班费、经济补偿金、最低工资差额以及用人单位逾期不支付前述款项应向劳动者支付50%~100%的加付赔偿金。《劳动合同法》第87条规定，在用人单位违反《劳动合同法》的规定解除或者终止劳动合同的情况下，应当按照《劳动合同法》第47条规定的经济补偿标准的2倍向劳动者支付赔偿金。

(三) 董事、监事和高管工资核减及非正常收入处置

建筑施工企业的董事、监事和高管（包括经理、副经理、财务负责人）的地位和作用显然高于普通职工，其工作责任也显然重于普通职工，故其工资待遇也显然高于普通职工。但是，在建筑施工企业出现破产原因时，这些人员如果仍然享受高工资、高待遇，则属非正常收入。因此，《企业破产法》第113条第3款规定，"破产企业的董事、监事和高级管理人员的工资按照该企业职工的平均工资计算"，据此，在破产重整程序中应当对这类人员的工资待遇进行调减。

关于非正常收入的认定，最高人民法院《关于适用〈中华人民共和国企业破产法〉若干问题的规定（二）》第24条规定，债务人有《企业破产法》第2条第1款规定的情形时，债务人的董事、监事和高级管理人员利用职权获取的以下收入，人民法院应当认定为《企业破产法》第36条规定的非正常收入：

(1) 绩效奖金；

(2) 普遍拖欠职工工资情况下获取的工资性收入；

(3) 其他非正常收入。

在破产重整程序中，建筑施工企业的董事、监事和高级管理人员应当向管理人返还上述财产，拒不返还的，管理人应当向人民法院提起诉讼，由法院判决返还。

管理人在审查和处置上述人员非正常收入时，因非正常收入毕竟不是违法收入，故需要注意以下几个事项：

一是时间界限把握在"债务人有企业破产法第二条第一款规定的情形"即出现破产原因时，而不以人民法院裁定受理破产申请时为准。

二是这些人员的非正常收入应当向管理人返还，如果未经管理人同意向本企业返还，后又被本企业挪用不能追回的，不免除其继续向管理人返还的责任。

三是应以"企业职工的平均工资"为标准核减这些人员工资待遇，核减后工资待遇在破产重整程序中作为职工劳动债权参与第一顺序清偿。

四是返还"绩效奖金""其他非正常收入"形成的债权作为普通破产债

权清偿。

五是因返还"普遍拖欠职工工资情况下获取的工资性收入"形成的债权，高出企业职工平均工资计算的部分，可以作为普通破产债权清偿。

(四) 职工劳动债权的处置程序

1. 建筑施工企业提交职工劳动债权资料

根据《企业破产法》第11条的规定和职工劳动债权的特点以及管理人审查、确认的需要，人民法院裁定受理破产申请后，建筑施工企业应当及时向管理人提供职工名册、工资发放记录、社会保险费用等资料；并说明是否欠付职工工资和医疗、伤残补助、抚恤费用，基本养老保险、基本医疗保险费用，以及法律、行政法规、地方性法规规定应当支付给职工的补偿金等情况。建筑施工企业不能完整提供上述资料的，管理人可以通过建筑施工企业住所地的劳动监察机构和社会保险机构进行调查。管理人需要调查职工劳动债权的，可以要求建筑施工企业提供劳动合同、考勤记录、解除或者终止劳动合同的通知、劳动仲裁裁决书等涉及职工权益的生效法律文书、死亡证明书、工伤认定书、伤残登记鉴定报告等资料。

2. 管理人核实职工债权的具体数额

职工劳动债权牵涉劳动者切身利益和合法权益等问题，建筑施工企业进入破产程序后，职工更为关注自己的劳动债权，更加迫切需要实现劳动债权，管理人对此必须认真对待，在审查职工身份的同时或者之后，应当结合劳动合同约定的基本薪酬、业绩考核、业务提成、福利待遇等具体情况，核实并认定每位职工劳动债权的具体数额。管理人在核查中遇有复杂疑难问题，凭自身专业不能予以查明和认定的，应当聘请专业机构或人员进行专项审计，并以审计报告作为认定职工劳动债权的依据。

在破产实践中，管理人可能会遇到这样一种情况：债务企业的一些留守职工，在职工劳动债权尚未统一清偿前，就要求管理人支付人民法院裁定受理破产申请前的欠付工资，否则不予配合工作（如留守会计不提供财务资料），这些行为当然不具合理性，但我们认为，基于职工对劳动债权享有优先受偿权，并考虑留守职工生活的迫切需要，在工资债权已经确定的情况下，管理人经报人民法院同意后，可以先予部分或者全部清偿，待职工劳动债权统一清偿时再行结算。至于留守职工在破产重整中产生的工资,则应作为共益债务,按照约定支付。

3. 管理人公示职工劳动债权

职工劳动债权经核实后,管理人应根据调查核实的情况,初步确认职工劳动债权数额,并编制职工劳动债权清单,然后根据《企业破产法》第48条第2款的规定,由管理人予以公示。职工对清单记载的劳动债权以及公示的劳动债权有异议的,可以要求管理人更正;管理人不予更正的,职工可以向人民法院提起债权确认之诉,由人民法院依法裁判。

职工劳动债权公示期满后,管理人应向债权人会议通报职工劳动债权情况,并将职工劳动债权编入债权表与其他债权一并提交债权人会议审议,经人民法院裁定批准后进行清偿。

(五)建筑施工企业职工劳动债权的优先受偿权

这里的优先受偿权,是指建筑施工企业的职工劳动债权按照《企业破产法》的规定在清偿过程中优先于其他债权受偿的权利。我们上面分析的职工身份、工程款、职工劳动债权等一系列问题,最终的归属点都在于建筑施工企业职工劳动债权的优先受偿权。

根据《企业破产法》第113条的规定,债务人财产在清偿破产费用和共益债务后,第一顺序清偿职工劳动债权,即职工劳动债权的清偿顺序安排在"破产费用和共益债务"之后而在税款债权、普通债权之前的位置,也就是说,职工劳动债权优于税款债权和普通债权受偿,就此,我们称为职工劳动债权优先受偿权。

建筑施工企业职工劳动债权的优先受偿权与建筑施工企业的工程款优先受偿权不同:

一是职工劳动债权的优先受偿权是对建筑施工企业所有财产而言的,即在建筑施工企业所有财产中得以优先受偿;工程款优先受偿范围限于建筑施工企业所承建工程的折价、拍卖价款,建设单位非其承建工程的其他财产,则不属于工程款优先受偿范围。

二是工程款属于超级优先受偿权,而职工劳动债权属于一般优先受偿权,即在清偿顺序中就税款债权和普通债权而言得以优先受偿,而不能优于抵押权、质押权、留置权受偿。

在破产程序中，职工劳动债权虽然安排在第一顺序清偿，但在特定财产中担保债权不依赖破产程序先行实现，破产费用和共益债务清偿后，职工劳动债权才得以受偿，就很有可能出现债务人所有财产不足以清偿职工劳动债权的情况，结果使剩余的职工劳动债权无法获得清偿，劳动者生存权不能得以充分保障。就此，有专家主张将职工劳动债权并列为物权担保债权、破产费用、共益债务清偿，或者赋予其像工程款债权一样的超级优先受偿权。

我们认为，这对建筑施工企业的职工劳动债权没有多大意义，主要理由是，建筑施工企业的工程款债权已经享有超级优先受偿权，建筑施工企业行使这种超级优先受偿权，通常都会取得大量的建筑工程款，职工劳动债权又安排在第一顺序清偿，于是，建筑施工企业破产中的职工劳动债权与其他企业的职工劳动债权相比更具有优先性，法律保护建筑施工企业职工劳动债权至此足矣，如果在此基础上再赋予超级优先受偿权，就有可能严重损害其他债权人的利益，这不符合《企业破产法》规定的"公平清理债权债务"的立法目的。

二十五、建筑业农民工工资债权的特别保护

国家统计局发布的《2021年农民工监测调查报告》显示，2021年，全国农民工总量为27,395万人，其中外出农民工16,821万人，人均月收入2864元，当年人均被拖欠工资9511元。根据有关部门统计，近几年在建筑业从业的农民工约4000万人，其中约3200万人在施工现场一线操作，占建筑从业总人数的80%左右。由此可见，农民工是我国建筑业的主力军，为我国建筑行业持续发展和城乡建设作出了巨大贡献。但是，建筑业农民工背井离乡来到城市，从事繁重的体力劳动，工资收入虽然相对其他行业的农民工高一些，但是工资被拖欠情况更为严重，多数处于艰难生活中。

为了保障农民工劳动债权，促使用人单位按时足额支付工资，国务院制定了《保障农民工工资支付条例》，人力资源和社会保障部等七部门还专门制定了《工程建设领域农民工工资保证金规定》。这里以上述行政法规和规章为依据，分析建筑施工企业中农民工工资债权的特别保障问题。

（一）建筑业农民工的界定

在建筑业从事工作的人员是不是农民工，事关其工资债权是否受《保障农民工工资支付条例》《工程建设领域农民工工资保证金规定》保障的问题，那么，如何界定农民工身份呢？

《保障农民工工资支付条例》第 2 条第 2 款规定："本条例所称农民工，是指为用人单位提供劳动的农村居民。"这里的"农村居民"是指户籍在农村的公民。据此界定，凡是具有农村户籍为建筑施工企业提供劳动服务的农村居民都属于农民工范畴。

许多人认为，在建筑施工企业中，只有在工程现场一线施工的人员才叫农民工。我们认为这种认识是有缺陷的。在建筑工程施工中，虽然大多数农民工是一线建筑工人，但"农村居民"在建筑施工企业中担任董事、监事、高级管理人员、工程管理人员、技术人员并不少见，而且，民营建筑施工企业的业主包括董事长、总经理多数是"农村居民"，那么这些从事脑力劳动的"农村居民"是不是农民工？如果是，《保障农民工工资支付条例》规定的农民工定义的范围是不是太广？如果不是，《保障农民工工资支付条例》规定的农民工定义的范围是不是太窄？

我们认为，凡是在建筑施工企业中工作的"农村居民"都应认定为农民工，主要有三个理由：一是《保障农民工工资支付条例》只规定农民工的身份是"农村居民"，而没有按照企业人员的职务和岗位来划分是不是农民工；二是《保障农民工工资支付条例》规定中的"劳动"，应当包括脑力劳动和体力劳动；三是上述行政法规和规章规定所特别保障的仅为工资，而不涉及其他待遇和利益。

（二）农民工工资的界定

农民工在城市属于弱势群体，其工资收入是维系家庭生存的主要经济来源，故其工资是国家在职工劳动债权中最为关注的债权。农民工工资是职工劳动债权中最为重要的债权，但不是职工劳动的唯一债权。根据《企业破产法》第 113 条第 3 款的规定，职工劳动债权包括企业所欠职工的工资和医疗、伤残补助、抚恤费用，所欠的应当划入职工个人账户的基本养老保险、基本医疗保险费用，以及法律、行政法规规定应当支付给职工的补偿金。而农民工工资,根据《保障农民工工资支付条例》第 2 条第 3 款的规定,仅指农民工为用人单位提供劳动后应当获得的劳动报酬,故农民工工资债权是用人单位拖欠的劳动报酬。

劳动报酬是劳动者付出体力或脑力劳动所得的对价,体现的是劳动者创造的社会价值。原劳动部《关于贯彻执行〈中华人民共和国劳动法〉若干问题的意见》第 53 条规定,劳动报酬,一般包括计时工资、计件工资、奖金、津贴和补贴、延长工作时间的工资报酬以及特殊情况下支付的工资等。劳动者的以下劳动收入不属于工资范围:(1)单位支付给劳动者个人的社会保险福利费用,如丧葬抚恤救济费、生活困难补助费、计划生育补贴等;(2)劳动保护方面的费用,如用人单位支付给劳动者的工作服、解毒剂、清凉饮料费用等;(3)按规定未计入工资总额的各种劳动报酬及其他劳动收入,如根据国家规定发放的创造发明奖、国家星火奖、自然科学奖、科学技术进步奖、合理化建议和技术改进奖、中华技能大奖等,以及稿费、讲课费、翻译费。此意见明确且具体地划清了劳动报酬与非劳动报酬以及职工劳动债权的界限。

在建筑施工企业破产程序中,认定农民工工资债权的范围应当适用上述规定,即限于计时工资、计件工资、奖金、津贴和补贴、延长工作时间的工资报酬以及特殊情况下支付的工资等。在实践中需要特别注意的是,除工资外,农民工的其他劳动债权应当作为职工劳动债权处理,而不适用上述行政法规和规章加以特别保障。

在建筑施工企业中担任董事、监事、高级管理人员、工程管理人员、技术人员等"农村居民"都应归类于企业职工,所有企业职工在破产程序中的劳动债权都应安排在第一顺序受偿。其中,具有"农村居民"身份的董事、监事、高级管理人员,依照《企业破产法》第 36 条的规定,对非正常收入进行核减后的合理工资,其收入应与其他农民工一样属于维持生存的收入,在安排在第一顺序受偿的同时,亦应适用上述规定以农民工的身份获得保障。

(三)建筑施工企业与农民工之间的劳动关系

农民工作为农村居民只有与作为用人单位的建筑施工企业建立劳动关系,为建筑施工企业提供劳动服务,才能成为特定建筑施工企业的农民工,然后才能取得劳动工资；建筑施工企业拖欠农民工劳动工资的，农民工对建筑施工企业享有劳动债权。从实践来看，建筑施工企业与农民工建立劳动关系有以下几种情况：

一是建筑施工企业与劳动者直接签订劳动合同。建筑施工企业根据企业结构和施工资质等需要建立固定员工队伍，如聘请"农村居民"为高级管理人员、工程管理人员、技术人员、行政人员，双方按照《劳动合同法》订立劳动合同，这些人员也就成为在册职工。但因建筑工程项目具有阶段性、一次性和农民工具有流动性的特点，建筑施工企业一般不会专门建立一支以农民工为主的固定施工队伍，以免空闲时劳动力闲置而支付不必要的工资、费用等，故很少直接与一线施工人员签订劳动合同，而是采取其他方式使用农民工。

二是建筑施工企业与劳务公司签订劳务分包合同。劳务分包合同是建筑工程施工总承包方或者专业工程分包方将其承包工程中的劳务作业发包给劳务分包企业的合同，如木工作业、砌工作业、抹灰作业、油漆作业、钢筋作业、混凝土作业、脚手架作业等合同。在劳务分包中，承包方建筑施工企业通常负责购买建筑材料，劳务施工单位负责招募工人进行施工，并对合同约定的劳务分包范围内的工程质量向承包人建筑施工企业负责。此时，农民工与劳务公司构成雇佣和被雇佣的劳动关系，而与建筑施工企业没有构成雇佣和被雇佣的法律关系。

三是建筑施工企业与劳务派遣公司签订劳务派遣合同。劳务派遣，是指劳务派遣单位与被派遣劳动者建立劳动关系，并将劳动者派遣到用工单位，被派遣劳动者在用工单位的指挥、监督下从事劳动的一种用工形式。在劳务派遣中，由劳务派遣单位与被派遣劳动者订立劳动合同，按月支付被派遣者的劳动报酬；劳务派遣单位派遣劳动者应当与建筑施工企业订立劳务派遣协议，约定派遣岗位和人员数量、派遣期限、劳动报酬和社会保险费的数额与支付方式以及违反协议的责任。在劳务派遣中，由劳务派遣单位与被派遣劳动者构成雇佣和被雇佣的劳动关系，而与建筑企业没有构成雇佣和被雇佣的法律关系，但被派遣劳动者应当在建筑施工企业的指挥、监督下从事劳动。

四是工程项目部直接雇用农民工。工程项目部是建筑施工企业为了完成某项建设工程任务而设立的一次性组织，具体负责组织指挥工程现场施工。工程项目部因一线施工需要，可以直接雇用农民工，并与农民工签订劳动合同。但是，工程项目部不具备法人资格，雇用农民工需经建筑施工企业同意，工程项目部并与雇用农民工签订劳动合同后，等于建筑施工企业与雇用农民工建立了劳动关系。

根据《保障农民工工资支付条例》"坚持市场主体负责""农民工有按时足额获得工资的权利""用人单位实行农民工劳动用工实名制管理"等规定，建筑施工企业无论采取何种用工方式，无论农民工是正式职工还是非正式职工，对其劳动工资都应按时足额支付，并始终受上述行政法规和规章的保障。

（四）农民工工资的保障措施

为保障农民工按时足额获得工资，根治欠薪问题，《保障农民工工资支付条例》在规定有关部门职责、监督管理、行政处罚的同时，还规定了以下多个保障措施：

1. 强调建设单位应当向施工单位提供工程款支付担保。这里的支付担保，是指担保人向承包人施工单位提供保证，发包方建设单位按照建筑施工合同的约定支付工程款的行为。工程款支付担保通常采用第三方保证担保的方式，即民法上的保证担保，通常由银行或者专业担保机构作为担保人，向承包人施工单位出具保函或担保书，并明确承诺承担连带责任，担保金额不得低于工程款的10%，且不少于建筑施工合同约定的分期付款的最高额度，以防建设单位届时不能支付工程款导致施工单位欠付农民工工资。在设定工程款支付保证担保后，建设单位届时不能支付工程款的，由担保人代替建设单位偿付工程款，从而保障农民工工资的支付。

2. 建筑工程施工总承包单位应当开设农民工工资专用账户。根据《保障农民工工资支付条例》第26条"施工总承包单位应当按照有关规定开设农民工工资专用账户"的规定，以及人力资源和社会保障部等十部门联合印发《工程建设领域农民工工资专用账户管理暂行办法》的相关规定。农民工工资专用账户是指施工总承包单位在工程建设项目所在地银行业金融机构开立的，专项用于支付农民工工资的专用存款账户。建设单位应当按工程施工合同约定的数额或者比例等，按时将人工费用，即建设单位向总包单位专用账户拨付的专项用于支付农民工工资的工程款，拨付到总包单位专用账户，从而保证按时足额发放农民工工资的资金来源。农民工工资专用账户上的资金专项用于支付农民工工资，除法律另有规定外，农民工工资专用账户不得因支付为本项目提供劳动的农民工工资之外的原因被查封、冻结或者划拨。由于工程建设总包单位对农民工工资支付负总责，故总包单位应当按时将审核后的工资支付表等工资发放资料报送开户银行，由开户银行将农民工工资通过专用账户直接支付到农民工本人的银行账户，再由总包单位向分包单位提供代发工资凭证。

3. 建设单位先行垫付拖欠的农民工工资。建设单位如果未按照合同约定及时拨付工程款导致农民工工资被拖欠的，《保障农民工工资支付条例》第29条第2款规定，建设单位应当以未结清的工程款为限先行垫付被拖欠的农民工工资。

4. 分包单位直接支付农民工工资。分包单位对所招用农民工负有直接支付工资的责任，故分包单位应当直接支付农民工工资。分包单位如果拖欠农民工工资的，由施工总承包单位先行清偿，然后再向分包单位追偿。分包单位的农民工工资委托施工总承包单位代发的，应由总承包单位予以代发农民工工资。这里需要特别注意，施工总承包企业（包括直接承包建设单位发包工程的专业承包企业）对所承包工程项目的农民工工资支付负总责，所以，分包单位拖欠农民工工资的，先由施工总承包单位代为清偿，又因分包单位是支付农民工工资的直接责任主体，故总承包单位代为清偿后，有权向分包单位追偿。

5. 发生其他争议不影响支付农民工工资。建设单位与施工总承包单位，或者承包单位与分包单位，因工程数量、质量、造价等产生争议，建设单位不得因这些争议不按规定拨付工程款中的人工费用，施工总承包单位也不得因争议不按照规定代发工资。

6. 工程建设项目转包，转包人拖欠农民工工资的，由施工总承包单位先行清偿，然后再向转包人追偿。

7. 建设单位或者施工总承包单位将建设工程发包或者分包给个人或者不具备合法经营资格的单位，导致这些个人或者单位拖欠农民工工资的，应当由建设单位或者施工总承包单位支付农民工工资。

8. 施工单位允许其他单位和个人以施工单位的名义对外承揽建设工程（挂靠），导致挂靠人拖欠农民工工资的，由施工单位清偿农民工工资债权。

9. 工程建设项目违反国土空间规划、工程建设等法律法规，导致承包人拖欠农民工工资的，由建设单位清偿农民工工资债权。

10. 建设资金不到位、违法违规开工建设的社会投资工程建设项目拖欠农民工工资的，由人力资源和社会保障部门、其他有关部门按照职责依法对建设单位进行处罚；对建设单位负责人依法依规给予处分。相关部门工作人员未依法履行职责的，由有关机关依法依规给予处分。

11. 用人单位一时难以支付拖欠的农民工工资或者拖欠农民工工资逃匿的，县级以上地方人民政府可以动用应急周转金，先行垫付用人单位拖欠的农民工部分工资或者基本生活费。对已经垫付的应急周转金，应当依法向拖欠农民工工资的用人单位进行追偿。

12. 建立农民工工资保证金制度。这里的工资保证金，是指工程施工总承包单位在银行设立账户并按照工程施工合同额的一定比例存储，专项用于支付为所承包工程提供劳动的农民工被拖欠工资的专项资金。根据《保障农民工工资支付条例》，施工总承包单位应当按照有关规定存储农民工工资保证金，账户上的资金实行专款专用，除用于清偿或先行清偿施工总承包单位所承包工程拖欠农民工工资外，不得用于其他用途，除法律另有规定外，农民工工资保证金不得因支付为本工程提供劳动的农民工工资之外的原因被查封、冻结或者划拨。工资保证金，专项用于支付为所承包工程提供劳动的农民工被拖欠的工资。人力资源和社会保障部等部门专门制定了《工程建设领域农民工工资保证金规定》。根据该规定要求，施工总承包单位应当在工程所在地的银行开设农民工工资保证金账户，按照工程施工合同额的一定比例（原则上不低于1%、不超过3%）存储农民工工资保证金，也可以用银行类金融机构出具的银行保函替代农民工工资保证金。

农民工工资保证金账户上的资金实行专款专用，除用于清偿或先行清偿施工总承包单位所承包工程拖欠的农民工工资外，不得用于其他用途，除法律另有规定外，农民工工资保证金不得因支付为本工程提供劳动的农民工工资之外的原因被查封、冻结或者划拨。

当施工总承包单位所承包工程发生拖欠农民工工资时，先由人力资源和社会保障部门依法作出责令限期清偿或先行清偿的行政处理决定，施工总承包单位应当按照该处理决定清偿农民工工资债权；到期拒不履行的，属地人力资源和社会保障部门可向经办银行出具农民工工资保证金支付通知书，通知有关施工总承包单位和经办银行，从工资保证金账户中将相应数额的款项以银行转账方式支付给属地人力资源和社会保障部门指定的被拖欠工资农民工本人；提供银行保函的经办银行应在收到农民工工资保证金支付通知书5个工作日内，依照银行保函约定支付农民工工资。

农民工工资保证金账户内本金和利息属于施工总承包单位所有，所以，建筑工程完工后，施工总承包单位不存在拖欠农民工工资问题的，经规定的申请、审查、公示程序后，应当返还工资保证金。

（五）农民工工资债权在破产重整中的清偿

《保障农民工工资支付条例》采取上述多种措施保障农民工工资，有力地制止拖欠农民工工资的行为，但农民工工资债权在破产重整中的清偿有以下三个法律问题值得注意。

1. 清偿顺序问题

不能仅因为《保障农民工工资支付条例》采取的保障农民工工资的措施多，就认为农民工工资债权具有超级优先受偿权，其他债权都应让路先予清偿。与《企业破产法》比较，《保障农民工工资支付条例》属于下位法，根据下位法不得与上位法的规定相抵触的立法规则，《保障农民工工资支付条例》并未改变农民工工资债权在破产程序中的清偿顺序。也就是说，根据《企业破产法》第113条的规定，农民工工资债权作为职工劳动债权仍应安排在第一顺序清偿，要说职工劳动债权优先受偿权，也只能优于税款债权受偿，不存在别除权而高挂于法定清偿顺序之上优先受偿，除农民工工资保证金外，农民工工资债权不得对抗破产费用、共益债务和特定财产担保债权的优先受偿权。

2. 农民工工资保证金受偿问题

工程施工总承包单位根据《保障农民工工资支付条例》《工程建设领域

农民工工资保证金规定》在银行开设农民工工资保证金账户，存储其中的农民工工资保证金，专项用于支付农民工被拖欠工资，不得挪作他用，且不得在没有法律规定的情况下以其他原因予以查封、冻结或者划拨，故在建筑施工企业破产重整中，农民工被拖欠的工资债权对工资保证金享有绝对受偿权，破产费用、共益债务和特定财产担保债权都不得从农民工工资保证金中支付。农民工工资债权清偿完毕后，剩余的农民工工资保证金才属于建筑施工企业的破产财产，才可清偿其他债权。

3. 预付、垫付问题

在建筑施工企业破产重整中，按照正常程序，对职工劳动债权先行核实、公示，经债权人会议审核，报请人民法院予以裁定确认后，优先清偿破产费用和共益债务，再安排在第一顺序进行清偿。但在实践中，许多管理人考虑农民工生存需要和社会稳定问题，在核实农民工工资后，未经后续程序，就经报请人民法院同意向农民工预支工资，地方政府就动用应急周转金先行垫付。农民工工资的预付和垫付，并不损害其他债权人的利益，故不属于个别清偿行为。再者，预付和垫付并不影响法定清偿顺序，前者只是在时间上的提前清偿，而法定清偿顺序是根据债权性质所安排的次序，预付和垫付并不超越职工劳动债权的第一清偿顺序，只需将预付和垫付的工资数额在第一清偿顺序确定的职工劳动债权总额中减扣即可。

【案例39】承包单位违法分包工程对实际施工人欠付农民工工资负有先予清偿的责任

2016年年初，某某公司承包修建某某安置点工程项目后，将该工程中的水池、配电房、堡坎、围墙入小区路口的道路硬化、供水水管等项目发包给何某某施工，何某某、张某等25人参与了修建。该工程完工后，某某公司于2017年6月15日向何某某出具了449,148元欠条，欠条包括25人的工资148,548元，其中张某的工资为6700元。因某某公司资不抵债，何某某等债权人向金沙县人民法院提出申请，要求对某某公司进行破产清算。金沙县人民法院于2019年1月17日裁定受理某某公司破产清算申请。在申报破产债权时，何某某将449,148元欠条上的债权进行了申报，被认定为普通债权。

之后，张某等债权人将449,148元债权中的148,548元工资（其中张某的工资为6700元）分别单独再次向破产管理人进行申报。经债权人会议讨论认定，该148,548元债权仍为普通债权。

张某以某某公司为被告，向金沙县人民法院提出破产债权确认纠纷诉讼，请求确认原告工资6700元为农民工工资，被告应优先支付。

某某公司辩称：涉案项目的附属工程由被告发包给何某某进行施工，被告与原告之间并不存在劳动用工关系，被告从未组织、安排原告施工，原告的劳务或是劳动报酬不应由被告直接支付；原告申报的金额已含在何某某与被告结算的工程款项里面，由于何某某申报的工程款债权并不享有优先受偿权，原告申报的工资更不享有优先受偿权。请求依法驳回原告诉请。

金沙县人民法院认为：关于原告张某在参与修建被告某某公司承包的某某安置点工程时未领取到的工资应由谁承担支付责任，被告某某公司称自己是将工程承包给何某某，原告张某的报酬不应由某某公司支付。但原告提供的农民工工资表等证据已表明，原告主张的金额系某某公司修建安置点工程拖欠的农民工工资，该工资表上加盖了乡政府、某某公司以及工程所在地社区的公章，具有较强的证明力，在没有其他证据推翻工资表上所表明内容的情况下，应认定该工资表上的农民工工资为某某公司所拖欠，应由某某公司承担直接支付责任，对于某某公司关于原告的报酬不应由自己支付的意见不予支持。《保障农民工工资支付条例》第36条规定："建设单位或者施工总承包单位将建设工程发包或者分包给个人或者不具备合法经营资格的单位，导致拖欠农民工工资的，由建设单位或者施工总承包单位清偿。施工单位允许其他单位和个人以施工单位的名义对外承揽建设工程，导致拖欠农民工工资的，由施工单位清偿。"按照该规定，某某公司在非法将工程分包给他人的情况下也应承担支付所拖欠工资的责任。再根据《企业破产法》第113条"破产财产在优先清偿破产费用和共益债务后，依照下列顺序清偿：（一）破产人所欠职工的工资和医疗、伤残补助、抚恤费用，所欠的应当划入职工个人账户的基本养老保险、基本医疗保险费用，以及法律、行政法规规定应当支付给职工的补偿金……"的规定，本案中张某的工资6700元应在某某公司的破产财产清偿破产费用和共益债务后优先清偿。

金沙县人民法院依据《企业破产法》第113条、《保障农民工工资支付条例》第36条之规定，作出（2020）黔0523民初4686号民事判决书，判决：张某的工资6700元在以被告某某公司的破产财产清偿破产费用和共益债务后优先清偿。

【案例40】 承包人违法分包造成与其不存在劳动关系的农民工工资被拖欠应负清偿责任

2014年5月4日，周某、何某某与某某建筑公司签订《建筑工程施工劳务协议》，某某建筑公司将其承建的某某城项目2#楼承包给周某、何某某施工。合同签订后，周某组织工人进场施工。2015年10月31日，周某向劳动保障监察部门投诉，要求承建方某某建筑公司按工程进度支付农民工工资。2016年6月20日，周某出具收条一份载明：今收到某某建筑公司某某城项目2#楼人工工资800,000元。

2019年12月31日，广汉市人民法院作出民事裁定书，裁定受理某某建筑公司破产重整申请。周某向管理人申报490,094元工资债权，管理人确认周某债权为400,000元，该债权为普通债权。

周某向广汉市人民法院提起破产债权确认纠纷诉讼，请求确认周某对某某建筑公司享有优先债权400,000元，在破产清偿顺序中与职工工资债权同一顺序受偿。

广汉市人民法院认为，根据双方签订的《建筑工程劳务施工协议》，周某与某某建筑公司之间系劳务分包关系，案涉工程由某某建筑公司承建，但某某建筑公司擅自将工程转包给无相关工程施工资质的自然人周某，造成周某及其组织的工人劳务费被拖欠，某某建筑公司应对拖欠周某的劳务费400,000元承担清偿责任。周某及其雇用的其他工人与某某建筑公司无身份上的从属和依附关系，不受某某建筑公司各项劳动规章制度的制约，也不享有某某建筑公司的劳动保护、福利和社会保险等待遇，故双方之间不存在事实上的劳动关系。某某建筑公司对拖欠的劳务费承担的清偿责任，系某某建筑公司因违法分包产生的惩罚性支出，是基于对用人单位将风险转嫁的救济措施，并非劳动关系责任，本身不符合职工债权的法定构成条件，应认定为破产程序中的普通债权。广汉市人民法院判决：确认周某对某某建筑公司享有 400,000 元的普通债权。

周某不服上述一审判决，向德阳市中级人民法院上诉。

德阳市中级人民法院认为，职工是指在企事业单位、机关中以工资收入为主要生活来源的劳动者，实质上是指与用人单位存在劳动关系。职工债权是指破产企业在破产宣告前已经存在劳动关系而产生的债权。根据《企业破产法》第 48 条第 2 款的规定，职工债权包括以下几种：债务人所欠职工的工资和医疗、伤残补助、抚恤费用，所欠的应当划入职工个人账户的基本养老保险、基本医疗保险费用，以及法律、行政法规规定应当支付给职工的补偿金。周某主张其对某某建筑公司享有的债权系职工债权，其应当提交证据证明其与某某建筑公司之间存在劳动关系或事实劳动关系。本案中，周某、何某某与某某建筑公司签订《建筑工程施工劳务协议》后，由周某组织工人施工。本院认为，（1）周某未提交证据证明其以及其组织的工人与某某建筑公司直接签订劳动合同，故不能认定周某及其组织的工人与某某建筑公司之间建立了劳动合同关系。（2）现有证据不能证实，周某及其组织的工人与某某建筑公司存在身份上的从属和依附关系，接受某某建筑公司各项劳动规章制度的制约，接受某某建筑公司的劳动管理，故双方之间亦不存在事实上的劳动关系。一审认定案涉劳务费系普通债权，不具有优先受偿权并无不当。

关于周某主张其与某某建筑公司签订的劳务协议系无效合同，某某建筑公司在工程中实际受益。根据最高人民法院《关于审理建设工程施工合同纠纷案件适用法律问题的解释（二）》第 23 条"发包人与承包人约定放弃或者限制建设工程价款优先受偿权，损害建筑工人利益，发包人根据该约定主张承包人不享有建设工程价款优先受偿权的，人民法院不予支持"以及第 24 条"实际施工人以发包人为被告主张权利的，人民法院应当追加转包人或者违法分包人为本案第三人，在查明发包人欠付转包人或者违法分包人建设工程价款的数额后，判决发包人在欠付建设工程价款范围内对实际施工人承担责任"的规定，应确认周某主张的债权享有与某某建筑公司职工债权同顺序的优先清偿权。本院认为，上述两条规定，基于保护处于弱势地位的建筑工人权益的目的，突破债权的相对性原则，对民事主体的自由处分权进行了限制。但是，上述规定未直接认定实际施工人所雇用的工人为发包人的职工，并享有职工的权利。故周某以此主张其债权应认定为职工债权，并按某某建筑公司职工债权同顺序的优先清偿权不符合法律规定，不予支持。

德阳市中级人民法院作出（2021）川06民终363号民事判决书，判决：驳回上诉，维持原判。

【案例41】农民工与总承包单位不存在劳动关系的工资债权仅为普通债权

2016年4月，郑某承接了某某建设公司的某某幼儿园防水工程，后雇用韩某某等人按照约定完成了施工任务。经对账，某某建设公司确认尚欠郑某130,000元。郑某于2018年8月起诉至宁波市北仑区人民法院，要求某某建设公司支付工程款130,000元及利息。后经法院主持调解，双方达成调解协议，民事调解书载明：某某建设公司应于2018年9月30日之前支付郑某工程款130,000元。2019年4月11日，宁波市北仑区人民法院作出民事调解书，确认郑某应向韩某某等四人支付劳务报酬共计129,960元。

2020年9月4日，宁波市北仑区人民法院裁定受理债权人对某某建设公司的破产清算申请。郑某向管理人申报130,000元债权。2021年1月18日，管理人向郑某出具回复函，认可郑某普通债权130,000元。

郑某认为，其中的129,960元应为优先债权，向宁波市北仑区人民法院提起破产债权确认纠纷诉讼。而被告某某建设公司答辩称：案外人韩某某等人与原告郑某存在劳务合同关系，原告、被告之间不存在劳务合同关系，被告所欠原告的款项为工程款，系普通债权。原告主张其中的129,960元为优先债权无事实和法律依据，请求驳回原告诉讼请求。

宁波市北仑区人民法院认为：当事人对自己提出的主张，有责任提供证据予以证明。某某建设公司管理人根据本院民事调解书，确认原告郑某130,000元工程款债权，而某某建设公司与案外人韩某某等人不存在劳动关系。2020年5月1日起施行的《保障农民工工资支付条例》第36条"建设单位或者施工总承包单位将建设工程发包或者分包给个人或者不具备合法经营资格的单位，导致拖欠农民工工资的，由建设单位或者施工总承包单位清偿"的规定，施工总承包单位对农民工工资有付款义务，并无优先权的规定。

宁波市北仑区人民法院认定，原告郑某主张129,960元的优先权无法律依据，本院不予支持，于是作出（2021）浙0206民初1992号民事判决书，判决：驳回原告郑某的诉讼请求。

专题六

建筑施工企业特定财产担保问题

《企业破产法》第109条规定:"对破产人的特定财产享有担保权的权利人,对该特定财产享有优先受偿的权利。"这里规定的特定财产担保优先受偿权,在破产法理论上称为别除权。在建筑施工企业破产重整中,正确理解和处置特定财产享有担保的别除权是个重点需要解决的问题,解决好这个问题对依法保护债权人的合法权益具有重要意义。

二十六、建筑施工企业特定财产担保的别除权

因物权担保不转移担保财产的所有权,债务人已经设定担保的特定财产在破产程序中仍为债务人的财产,又因债务人已经设定担保的特定财产不属于破产财产,故债权人对特定担保财产就可不依赖债务清偿程序而实现债权,由此也就产生了别除权。

(一) 别除权及其与工程款优先受偿权的区别

破产法上的别除权,是指债权人(特定财产担保权人)可不依赖破产清偿程序就债务人的特定担保财产排除其他债权而单独优先受偿的权利。在破产程序中,别除权是一种特别优先受偿权,主要表现为债权人的担保债权可不受破产债务清偿程序的制约,对特定担保财产的折价、拍卖、变卖的价款排除其他债权而优先受偿。别除权的基本特征是排他性,既排除破产债务清偿顺序,又排除其他债权对特定担保财产价值的优先清偿,也就是说,债权人基于特定财产担保的债权不列入破产法规定的债务清偿顺序,而安排在破

产债务清偿顺序之前先行清偿，在特定担保财产价值清偿担保债权后有剩余的，其他债权才可得以清偿。

特定财产担保债权与建设工程款债权都是具有别除意义的优先受偿权，但两者有两大区别：一是工程款优先受偿权是法定权利，基于法律的直接规定而产生，无须当事人约定，无须另行提供担保，也无须登记公示；特定财产担保优先受偿权是基于当事人约定，且需经过登记公示程序或者交付占有而产生。二是根据最高人民法院《关于审理建设工程施工合同纠纷案件适用法律问题的解释（一）》第36条规定，工程款优先受偿权优于抵押权和其他债权。

（二）特定财产担保方式的适用问题

理解特定财产担保的别除权，首先要搞清楚与特定财产担保相关的以下几个担保方式的适用问题。

1. 保证担保问题

根据《民法典》的有关规定，担保有抵押、质押、留置、保证和定金五种方式，其中，抵押、质押、留置被《民法典》规定为物权担保，当这三种方式的担保权依法设立时，抵押物、质押物、留置物均为特定担保财产，债权人（担保权人）都可依据《企业破产法》第109条的规定行使别除权。而保证担保属于人的保证，不属于物权担保。保证人在承担保证责任时，其所有财产虽然都是责任财产，但不属于特定担保财产，也就不存在别除权问题。

2. 浮动抵押问题

有人认为，特定财产担保就是物权担保。我们认为，特定财产担保固然属于物权担保，但特定财产担保是相对非特定财产担保而言的，所以不是所有物权担保都是特定财产担保。这里的特定财产，通常是指担保合同明确约定并经登记机关（机构）登记或者交付担保权人占有的动产或者不动产。非特定财产担保最为典型的是浮动抵押。《民法典》第396条规定："企业、个体工商户、农业生产经营者可以将现有的以及将有的生产设备、原材料、半成品、产品抵押，债务人不履行到期债务或者发生当事人约定的实现抵押权的情形，债权人有权就抵押财产确定时的动产优先受偿。"据此规定，浮动抵押的主要财产是生产设备、原材料、半成品、产品，特别是其中的原材料、半成品、产品，因生产经营需要必须许可其流动，可以购进，可以投入生产，还可以出售，因抵押人在抵押期间可以自由处分这些财产，故具有不特定性，属非典型性担保。浮动抵押财产既然具有流动性和不特定性，在抵押期间也就不具有《企业破产法》第109条规定的别除权。但是，根据《民法典》第411条的规定，当出现"债务履行期限届满，债权未实现""抵押人被宣告破产或者解散""当事人约定的实现抵押权的情形""严重影响债权实现的其他情形"四种情形之一时，浮动抵押财产经清点核定，才能成为确定的担保财产，此时，债权人才可以行使别除权。

3. 定金担保问题

定金，通常是指为保证债权的实现，根据双方当事人的约定，由一方在履行前预先向对方给付一定数量货币的一种担保方式，即以金钱为标的设立的担保。定金的标的虽为种类物金钱，但当一方将定金交付另一方后，该笔定金实质上也是特定担保财产，债权人对定金在一定意义上也享有别除权，可以排除其他债权人对定金的清偿要求。但是，定金处置不适用折价、拍卖、变卖措施，而适用其自身的规则进行处理。根据《民法典》第587条的规定，债务人履行债务的，定金应当抵作价款结算，或者由债务人收回；给付定金的一方不履行债务或者履行债务不符合约定，致使不能实现合同目的的，无权请求返还定金；收受定金的一方不履行债务或者履行债务不符合约定，致使不能实现合同目的的，应当双倍返还定金。

定金担保适用于买卖、货物运输、加工承揽等经济活动。在实践中，建筑施工企业定金主要适用于为承建工程向材料供应商采购建筑材料提供担保，供应商作为债权人接受定金后，建筑施工企业如果到期未支付建筑材料款的，材料供应商作为定金担保权人也可行使别除权。建筑施工企业承接工程项目通常不适用定金担保，定金也不适用建筑工程承包担保，但若发包方要求承包方交付定金担保，承包方为了承接工程也交付定金担保的，因法律对此没有禁止性规定，故亦应按照上述规定的规则处理定金问题。在建筑施工企业破产重整中，定金返还建筑施工企业的，应作为重整财产进行处理。在实践中，建筑施工企业为承建工程向材料供应商采购建筑材料约定定金担保的，供应商作为债权人对定金也可行使别除权。

4. 履约保证金担保问题

我国法律尚未将履约保证金纳入担保方式,但在实践中利用保证金担保履约的情况普遍存在,并发挥了与定金相似的担保功能和作用,如建筑施工企业的工程质量保证金、农民工工资保证金。但是,保证金作为一种履约担保方式,只有将保证金特定化使之成为特定担保财产,债权人才能享有《企业破产法》第109条规定的别除权。

根据最高人民法院《关于适用〈中华人民共和国民法典〉有关担保制度的解释》第70条的规定,债务人或者第三人为担保债务的履行,设立专门的保证金账户并由债权人实际控制,或者将其资金存入债权人设立的保证金账户,债权人主张就账户内的款项优先受偿的,人民法院应予支持;当事人以保证金账户内的款项浮动为由,主张实际控制该账户的债权人对账户内的款项不享有优先受偿权的,人民法院不予支持;当事人约定的保证金并非为担保债务的履行设立,或者不符合上述情形的,债权人主张就保证金优先受偿的,人民法院不予支持,但是不影响当事人依照法律的规定或者按照当事人的约定主张权利。由此可见,履约保证金只有存入由债权人实际控制的保证金账户才能构成特定化,如工程质量保证金只有存储于专门账户才可以作为保证专用建设工程缺陷的维修资金。又如,农民工工资保证金只有存储于专门账户,才能专用于发放农民工工资。履约保证金未存入保证金账户,不具有特定财产担保性质,债权人不得依据《企业破产法》第109条的规定行使别除权,但可按照约定主张相关债权,如建筑施工企业将工程质量保证金直接交付给建设单位既是违规行为,又属于不特定担保财产,但建设单位可以直接使用这笔保证金对有缺陷的建设工程进行维修;如果未交工程质量保证金,建筑施工企业又不维修的,建设单位自行维修后有权要求施工企业支付维修费用,或者在工程款中扣除。

(三)破产重整期间暂停行使别除权

《企业破产法》第75条第1款规定:"在重整期间,对债务人的特定财产享有的担保权暂停行使。但是,担保物有损坏或者价值明显减少的可能,足以危害担保权人权利的,担保权人可以向人民法院请求恢复行使担保权。"据此规定,债权人在债务人重整期间的别除权受到限制,即暂时停止债权人行使特定财产担保优先受偿权。这对建筑施工企业破产重整尤为重要,譬如,建筑施工企业为向银行贷款提供大中型施工设备抵押,在破产重整期间,如果许可银行债权人行使该施工设备的抵押债权,就应查封或者扣押该抵押的施工设备,然后采取折价、拍卖等变价措施出让,这就会使建筑施工企业无法继续完成在建工程,破产重整往往因此无法继续进行,最终有可能导致建筑施工企业破产清算。但是,在破产重整期间暂停债权人行使特定财产担保优先受偿权,只是为了通过重整程序挽救债务人,并不影响别除权的最终实现,别除权在重整计划执行期间仍可得以充分行使,而且,根据《企业破产法》第87条第2款第1项的规定,别除权在重整程序中"因延期清偿所受的损失"应得到公平补偿。但是,管理人或者自行管理的建筑施工企业如果认为担保物不是重整所必需,应当及时对担保物进行拍卖或者变卖优先清偿担保物权人的债权。

(四)债权人在破产重整中行使别除权

债权人行使别除权虽可不经过破产清偿程序以特定担保财产的价值优先受偿,但在建筑施工企业破产重整程序中,无论是否暂停行使别除权,都应按照规定向管理人申报债权,并主张优先受偿权。

1. 建筑施工企业债权人行使别除权的基本要求

别除权并非《企业破产法》单独创设的权利,而是基于物权担保法律规定由债务人提供特定财产担保所产生的排他性和优先性。据此,建筑施工企业债权人行使别除权,主张对债务人的特定担保财产享有优先受偿权,需要满足以下四个条件:一是特定财产权担保权已按物权担保法律规定设立;二是债务人建筑施工企业没有履行全部债务或者没有完全履行债务;三是行使别除权限于建筑施工企业提供的特定担保财产,而不能随意扩大至其他财产;四是在规定时间内向管理人申报债权。

2. 债权人申报债权和主张优先受偿权

《企业破产法》第49条规定,"债权人申报债权时,应当书面说明债权的数额和有无财产担保,并提交有关证据"。第56条第2款规定:"债权人未依照本法规定申报债权的,不得依照本法规定的程序行使权利。"在建筑施工企业重整程序中,管理人是依据债权人申报对债权进行审查和确认的,债权人如果不按上述规定申报债权，管理人就无法审查和确认其债权及其优先受偿权；债权人如果在补充申报期内仍不申报的，则被视为放弃债权。如果只申报债权而不主张优先受偿权，则会丧失别除权，其债权被认定为普通债权。

3. 债权人主张优先受偿的债权范围

根据《民法典》第 389 条"担保物权的担保范围包括主债权及其利息、违约金、损害赔偿金、保管担保财产和实现担保物权的费用。当事人另有约定的，按照其约定"的规定，建筑施工企业与债权人在担保合同中对担保范围有明确约定的，债权人在约定范围内优先受偿；担保合同对担保范围没有约定或者约定不明确的，应当按照上述规定的担保范围优先受偿。同时，这种优先受偿债权还受特定担保财产价值的限制，但若建筑施工企业提供担保特定财产，届时变现价值少于担保债权的，未能受偿部分的债权只能作为普通债权参与分配。

4. 债权人享有别除权的表决问题

《企业破产法》第 61 条第 1 款规定了 11 项债权人会议职权，债权人参加债权人会议，对 11 个事项都有相应表决权，建筑施工企业债权人作为别除权人，在债权人会议上同样享有上述表决权。但债权人既然行使别除权，也就不存在和解问题，故《企业破产法》第 59 条规定，债权人行使别除权就该法第 61 条第 1 款第 7 项规定的"通过和解协议"不享有表决权。又因特定担保财产不属于破产财产，故《企业破产法》第 59 条规定，债权人行使别除权就该法第 61 条第 1 款第 10 项规定的"通过破产财产的分配方案"不享有表决权。建筑施工企业债权人主张的别除权依法成立的，管理人应当安排其在担保债权人组进行表决。债权人主张别除权依法不成立，或者放弃别除权成为普通债权人的，管理人应当安排其在普通债权人组进行表决。

（五）建筑施工企业债权人放弃别除权

债权人放弃别除权与放弃债权是不同的。债权人放弃债权的结果是债权债务关系消灭，债权债务关系消灭别除权随之消灭。但放弃别除权仅是放弃优先受偿权，而未放弃债权。《企业破产法》第 110 条规定，放弃优先受偿权利的，其债权作为普通债权。建筑施工企业在"资不抵债"的情况下，债权人放弃别除权致使其债权成为普通债权的，因普通债权在破产重整中受偿比率很低，甚至受偿率为零，因此放弃别除权对债权人是极为不利的，但根据当事人意思自治原则，债权人是否行使别除权应由其自行决定，如果自愿放弃别除权，除对第三人的实体权益产生影响外，他人不得反对。不过，管理人对债权人放弃别除权需要特别重视，通常应当要求债权人出具书面材料作出明确的意思表示，如果口头表示放弃的，管理人应记录在案，且由债权人签名。债权人不申报债权的，应视为一并放弃债权和别除权。

（六）特定财产担保债权的优先清偿

最高人民法院《关于适用〈中华人民共和国企业破产法〉若干问题的规定（二）》第3条第2款规定："对债务人的特定财产在担保物权消灭或者实现担保物权后的剩余部分，在破产程序中可用以清偿破产费用、共益债务和其他破产债权。"由此可见，债权人行使别除权的，特定财产担保优先受偿权先于破产费用、共益债务清偿。但是，特定财产担保债权只是在特定担保财产的价值范围先行受偿，对债务人的其他财产不享有优先受偿权，而破产费用和共益债务在通常情况下应由债务人的所有财产清偿。因此，只有在债务人没有其他财产或者其他财产不足清偿破产费用、共益债务而需要特定担保财产清偿的情况下，才会出现破产费用、共益债务后于特定财产担保债权受偿的问题。

那么，为实现特定财产担保债权的破产费用，是否也用于特定财产担保债权清偿？根据《企业破产法》第41条的规定，人民法院受理破产申请后发生的破产案件的诉讼费用，管理、变价和分配债务人财产的费用，管理人执行职务的费用、报酬和聘用工作人员的费用，属于破产费用。其中，为处置特定担保财产而支付的费用，如评估费、拍卖费，如果也后于特定财产担保债权受偿，在特定担保财产经评估不足以清偿担保债权，债务企业又无其他财产清偿这些相关费用的情况下，根据《企业破产法》第43条第4款"债务人财产不足以清偿破产费用的"规定，管理人提请人民法院终结破产程序，破产重整就无法继续进行。在此情况下，我们认为，这些相关费用本身是为特定财产担保权人的债权利益而支付的，不应予以别除，而应在特定担保财产处置的价款前先予清偿。

这里还涉及管理人报酬的问题。管理人报酬属于破产费用范畴。最高人民法院《关于审理企业破产案件确定管理人报酬的规定》第 2 条规定，管理人报酬"根据债务人最终清偿的财产价值总额"为限；"担保权人优先受偿的担保物价值，不计入前款规定的财产价值总额"。其中，担保物价值不计入财产价值总额计算管理人报酬不具合理性。从实践情况看，企业为了解决财务困境，绝大多数都将主要财产用于融资担保，剩余无担保财产不多且价值不大，如果仅以无担保财产价值总额计算管理人报酬，对管理人收入影响很大。再者，管理人从接管、评估、变价债务人的担保财产，直到价款分配，需要投入大量人力和精力，而且有不少管理人的主要工作是处置担保财产，在此情况下，担保财产价值不列入管理人计算报酬范围，有损管理人的合理收入。因此，我们建议，应当根据管理人的实际工作量，合理确定管理人处置特定担保财产的报酬，且应先于特定财产担保债权受偿，从而提高管理人的履职积极性。

二十七、应收工程款质押及在破产重整中的处置

建设单位拖欠工程款虽会严重困扰建筑施工企业正常运转，但建筑施工企业可以利用应收工程款进行质押融资，以解决继续施工或者承建其他工程的资金短缺问题。应收工程款虽可向个人、企业出质，但从实践来看，因银行贷款数额大，且质押行为较为规范，故绝大多数建筑施工企业选择银行出质应收工程款，从而获得贷款解决资金短缺问题。这里就以银行为质权人分析有关应收工程款质押问题。

(一) 应收工程款

中国人民银行《动产和权利担保统一登记办法》第 3 条第 1 款规定，应收账款是指应收账款债权人因提供一定的货物、服务或设施而获得的要求应收账款债务人付款的权利以及依法享有的其他付款请求权，包括现有的以及将有的金钱债权，但不包括因票据或其他有价证券而产生的付款请求权，以及法律、行政法规禁止转让的付款请求权。据此，应收工程款是指承包方建筑施工企业就工程施工而获得的要求发包方建设单位支付工程款的请求权。用通俗的话来说，应收工程款是建筑施工企业经结算后被建设单位拖欠的工

程款。

应收工程款的产生主要有两种情况：一是在工程施工过程中，建设单位与建筑施工企业按照建筑施工承包合同的约定，根据工程进度和完成工程量，经结算，建设单位应当支付而未支付的工程进度款，这对建筑施工企业而言属于应收工程进度款；二是建筑工程项目竣工后，经依法结算，建设单位应当支付建筑施工企业的工程款，建设单位拖欠的竣工工程款，对建筑施工企业而言是应收竣工工程款。

建设单位拖欠的工程进度款、竣工工程款都属于建筑施工企业的应收款，建筑施工企业需要融资时，既可以出质工程进度款，也可出质竣工工程款。但在工程竣工结算时，就此前欠付的工程进度款一并进行结算后，工程进度款不再单独存在的，当然不可作为质押标的物。

（二）应收工程款质押

应收账款质押，是指为担保债务的履行，债务人或者第三人将其合法拥有的应收账款出质给债权人，债务人不履行到期债务或者发生当事人约定的实现质权的情形，债权人有权就该应收账款及其收益优先受偿。建筑施工企业可以将应收工程款为担保自己的债务设定质押，也可以为他人的债务提供应收工程款质押进行担保。建筑施工企业对建设单位享有的应收工程款本身是一种债权，但这种债权不是现实的动产，也不是现实的不动产，而是一种债的请求权，即建筑施工企业基于对建设单位享有工程款所产生的请求支付的权利，故应收工程款质押是一种权利质押。

1. 应收工程款出质的基本条件要求

根据《民法典》第440条的规定，建筑施工企业作为应收款债权人，可以将"现有的以及将有的应收账款"出质。因应收工程款能否收回以及收回多少具有不确定性，故银行对应收工程款的审查很严格。建筑施工企业提供应收工程款质押具备以下几个基本要求的，才有可能为银行接受。

（1）法律规定和当事人约定允许转让。应收款质押是融资担保方式，应收款转让是直接融资方式，两者有所不同，但应收款设定质押后，出质人届时未能清偿债务，质权人有权处分应收款，优先受偿或者将其转让。但根据

《民法典》第545条的规定,有下列情形之一的债权不得转让:

一是根据债权性质不得转让。如建筑施工合同应收工程款中涉及职工劳动债权、农民工工资部分的款项,因与生存有关,故除农民工工资有足够的保证金支付外,建筑施工企业不能将这部分的应收款出质。

二是按照当事人约定不得转让。建筑施工承包合同是应收工程款质押的基础合同,其中明确约定应收工程款可以转让或者没有约定可否转让的,建筑施工企业可以出质应收工程款,但若明确约定不可以转让的,则不得出质,银行也不会接受质押。

(2) 应收工程款具体、明确且无争议。建筑施工企业提供质押的应收工程款,在金额、期限、支付方式、债务人的名称等方面应当明确、具体和固定,如果不明确、不具体,或者未经结算固定,甚至与建设单位或者他人存在争议而处于不确定状态的,银行不会接受质押。

(3) 应收账款债权尚未超过诉讼时效。应收账款债权如果超过诉讼时效而成为自然权利,银行即使接受质押,也无法得到法律保护。

此外,《民法典》第440条虽然规定"将有的应收账款"也可以出质,但"将有的应收账款"是在基础合同义务尚未履行完毕或价款支付条件未完全成就的预期应收账款。例如,建筑施工企业虽然按照建筑承包合同的约定完成工程量,但尚未结算而处于不确定状态,那么该工程款只是建筑施工企业的未来金钱债权,眼前处于期待状态,在此情况下,银行如果接受该工程款质押就有很大风险,如遇工程质量不合格应当修理、返工、改建,就会使工程款相应减少,有的甚至会大量减少,所以,许多银行为了回避这种风险,不愿接受将有的应收工程款质押,而只接受现有的应收工程款质押。

2. 应收工程款的质权设立

建筑施工企业提供应收工程款质押,按照有关规定需经以下过程才能设立质权:

一是双方签订质押合同。根据《民法典》第427条的规定,建筑施工企业与银行设立应收工程款质权的,先应采用书面形式订立质押合同。应收工程款质押合同一般应有以下条款:(1) 被担保债权的种类和数额;(2) 债务人履行债务的期限；(3) 质押财产的名称、数量等情况；(4) 担保的范围；(5) 质押财产交付的时间、方式。

二是双方签订质押登记协议。《动产和权利担保统一登记办法》第7条规定，担保权人办理登记前，应当与担保人就登记内容达成一致。据此，建筑施工企业出质应收工程款应与质权人签订登记协议，并载明如下内容：第一，质权人与出质人已签订质押合同；第二，由质权人办理质押登记。

三是办理应收账款质押登记手续。《动产和权利担保统一登记办法》规定，中国人民银行征信中心是应收账款质押的登记机构。据此，应收工程款质押当事人应持应收工程款质押合同、登记协议等规定的资料，到中国人民银行征信中心办理质押登记手续，中国人民银行征信中心经审核，录入登记公示系统的，应收工程款质权设立，债权人成为质权人。

应收工程款质权设立后，还应通知应收款债务人建设单位。《民法典》第546条第1款规定："债权人转让债权，未通知债务人的，该转让对债务人不发生效力。"应收工程款质押设定后，建筑施工企业届时未清偿债务，质权人有权处分应收工程款，故应收工程款质押亦应适用这条规定，通知应付工程款的债务人建设单位。这种通知叫应收账款质押通知书。《应收账款质押通知书》应当告知建设单位将应收工程款设定质押的情况。有些《应收账款质押通知书》还载有应收账款确认和履行付款义务等的内容，如"债权银行作为质权人有权要求贵公司履行付款义务，贵公司向债权银行付款即为相应履行贵公司对我公司的付款义务""贵公司将按照该交易合同的约定履行付款义务，不就该交易合同项下的应收账款主张抵销""贵公司在上述交易合同项下的应付账款将全部付至质押应收账款回款专用账户"。需要特别强调的是，应收工程款质权虽然不以通知债务人建设单位作为设立的要件，但若未通知债务人建设单位，质权对债务人建设单位不发生效力，同时，质权人或者出质人必须向应收工程款的债务人建设单位索要通知书回执，用以证明建设单位已经收到应收账款质押通知。

(三) 应收工程款质押的利弊分析

建筑施工企业一方面对建设单位享有工程款尚未收回，另一方面又因缺乏资金投入承建工程，在此情况下，利用应收工程款出质也就成为可以选择

的融资方式。但凡事有利也有弊,银行接受建筑施工企业应收工程款质押,至少应对以下两个利弊因素进行考量:

一是应收工程款优先受偿与收回不确定性之间的考量。建筑施工企业就建设单位享有的工程款债权即使被拖欠,即使建设单位无力支付,建筑施工企业对所承建工程的折价、拍卖的价款也享有优先受偿权;银行质权人基于应收工程款质权,对该应收工程款也享有优先受偿权。在双重优先受偿的情况下,银行质权人届时实现债权是没有多大问题的。现实中的问题是,应收工程款在设定质押时虽可确定数额,但届时能否收回、收回多少,将会受到多种因素的影响而不具有确定性。例如,建筑工程出现重大质量问题,又如,出质应收工程款含有"水分",就有可能影响质权人届时实现应收工程款质押债权。所以,在设立应收工程款质权前,质权人应当核实应收工程款的客观真实性,并充分分析和评估风险,否则,在实现应收工程款质权时,只能自行承受丧失优先受偿权等不利后果。

二是贷款本金数额与应收工程款数额之间的质押率考量。这里的质押率,是指贷款本金数额与应收工程款数额之间的比率。银行为控制应收工程款不确定性带来的贷款债权风险,考虑质押率是非常重要的防范措施。在与建筑施工企业签订应收工程款质押合同前,银行应当对应收工程款进行调查、分析和评估,然后视应收工程款届时能够收回多少确定质押率。质权人经调查认为建筑施工企业今后能够全部收回的,可定70%～90%质押率;认为大部分能收回的,可定50%～70%质押率;认为相当部分不能收回的,可定50%以下质押率。质押率确定后,按照确定的质押率计算质押贷款本金,然后与建筑施工企业签订应收工程款质押合同。

需要注意的是,质权人虽对全部质押的应收工程款享有质权,但在实现质押债权时,只能在确定的质押率范围内对应收工程款享有优先受偿权,如质押应收工程款为5000万元,质押率为60%,质权人只能就3000万元应收工程款优先受偿,超出部分的债权只能作为普通债权受偿。

(四)破产重整中应收工程款质权的处置

出质人建筑施工企业因"资不抵债"进入破产重整,质权人在向管理人申报债权的同时主张优先受偿权的,因应收工程款质押属于特定财产担保,故应适用特定财产担保的有关规定处理优先受偿权。但质权人行使应收工程款优先受偿权,在破产重整中往往会遇到一些法律问题和现实障碍。

1. 关于应收工程款质权是否暂停行使问题

根据《企业破产法》第75条的规定,债权人对债务人的特定财产享有的担保权在重整期间暂停行使。应收工程款质押属于特定财产担保,照此规定,在建筑施工企业破产重整中亦应暂停质权人行使质权。但我们认为,重整期间暂停行使特定财产担保权主要考虑的是顺利实现破产重整目的,但若不影响破产重整,也不影响其他债权人利益,且在应收工程款质押属于金钱类特定财产担保可先于破产费用、共益债务受偿的情况下,不一定必须暂停行使质权,管理人经审查确认后,应收工程款质押不存在其他法律障碍的,经人民法院同意,在建筑施工企业重整期间,就已经收回的质押应收工程款,可以直接清偿相应的质押债权;应收账款质押通知书、确认书等文书明确约定,建设单位直接向质权人支付应收工程款的,经管理人审核后亦应予以许可。在重整期间清偿应收工程款质押债权与暂定行使质权比较,有利于减轻建筑施工企业不再继续产生利息、违约金、实现质权费用等支出的债务负担,这对破产债权人也有利无弊。

2. 关于质押应收工程款是否适用拍卖、变卖问题

《民法典》第436条第2款规定:"债务人不履行到期债务或者发生当事人约定的实现质权的情形,质权人可以与出质人协议以质押财产折价,也可以就拍卖、变卖质押财产所得的价款优先受偿。"第437条第1款规定:"出质人可以请求质权人在债务履行期限届满后及时行使质权;质权人不行使的,出质人可以请求人民法院拍卖、变卖质押财产。"我们认为,建筑施工企业的应收账款在未设定质押的情况下,在破产重整中可以适用上述规定采取折价、拍卖、变卖措施,然后将价款用于清偿债务,但应收工程款已经设定质押的,因该应收工程款本身就是一种金钱债权,故无须再采取拍卖、变卖措施换取价款,只要从建设单位收取并按照约定直接支付出质人即可。建设单位不能支付工程款致使质权人不能实现优先受偿的,此等风险只能由质权人自行承受,但其债权应作为普通债权处置。但若质权人愿意接受应收工程款抵债,在不损害其他债权人利益的前提下,则可与建筑施工企业、建设单位

协议折价抵债；协议折价抵债后，原质权人对建设单位的应付工程款直接享有债权，而建筑施工企业脱离相应的应收工程款质押债务。

3. 关于质权人直接向建设单位主张应收工程款的问题

在建筑施工企业破产重整中，管理人接管建筑施工企业的，可以代表建筑施工企业就已设定质押的应收工程款直接向建设单位追索。那么，质权人是否可以直接向建设单位主张应收工程款？当前有两种不同观点：

一种观点认为，根据债的相对性原则，工程款债务人建设单位不是应收工程款质押合同中的当事人而是第三人，除对该第三人为次债务人依法可以行使代位权外，应收工程款质权不能直接约束次债务人建设单位，质权人无权要求建设单位直接向其清偿应收工程款的质押债权，质权人只能向特定的出质人建筑施工企业主张权利。

另一种观点认为，在设定应收工程款质押的情况下，第三人建设单位作为次债务人，最终负有清偿应付工程款债务的责任，如无其他债务负担或更优先权益的，应当突破债的相对性原则，许可质权人直接向次债务人主张清偿应收工程款债权，有利于减少中间环节和诉讼成本，并能使质权人及时实现应收工程款质押债权。

我们认为，设立应收工程款质押的目的是使质权人的债权得以优先受偿，该种质押债权只要按约得以优先受偿，无论可否突破债的相对性原则都是合法合约的行为。例如，债务人建设单位将应收工程款存入由质权人控制的质押应收账款回款专用账户；又如，债务人建设单位根据应收账款质押通知书、确认书的指定直接将应收工程款汇入质权人银行账户；再如，债务人建设单位将应收工程款交由建筑施工企业再由建筑施工企业交给质权人清偿质押债务等，最终使质权人实际得到优先受偿的，都可为有效履债行为。但是，应收工程款的出质人或者质权人未将质押情况通知债务人建设单位，或者通知中未指定建设单位直接向质权人支付应收工程款，或者建设单位没有另行承诺直接向质权人支付应收工程款的，应当适用债的相对性原则，建设单位只能向建筑施工企业清偿工程款债务，而质权人不能要求第三人建设单位直接向其支付应收工程款，至于建筑施工企业收到应收工程款后挪作他用，与建设单位无关。因此，最高人民法院《关于适用〈中华人民共和国民法典〉有关担保制度的解释》第 61 条第 3 款规定，以现有的应收账款出质，应收账款债务人已经向应收账款债权人履行了债务，质权人请求应收账款债务人履行债务的，人民法院不予支持。这显然坚持了债的相对性原则。

但基于建设单位是应收工程款质押中的次债务人和质权人对次债务人建设单位可以行使代位权，最高人民法院《关于适用〈中华人民共和国民法典〉有关担保制度的解释》第 61 条第 3 款规定，应收账款债务人接到质权人要求向其履行的通知后，仍然向应收账款债权人履行的除外。也就是说，在质权人实现质权时，建设单位未向建筑施工企业支付工程款，致使质权人的质权未能实现的，质权人有权通知次债务人建设单位直接向自己支付应收工程款。此时，次债务人建设单位不向质权人履行，仍向债权人建筑施工企业履行的，可以分两种情况进行处理：一是建筑施工企业收到应收工程款后向质权人清偿质押债务的，相应的质权债权消灭；二是建筑施工企业收到应收工程款后挪作他用，致使质权人的质押债权不能实现的，不能免除次债务人建设单位继续向质权人履行债务的责任，或者由建设单位承担赔偿责任。

4. 应收工程款质押与在建工程抵押之间的优先受偿问题

从表面上看，在建工程抵押与应收工程款完全是两码事：前者的担保方式是抵押，标的物是在建工程，抵押人是建设单位；而后者的担保方式是质押，标的物是应收工程款，担保人是建筑施工企业。但是，债权人作为在建工程的抵押权人，在折价、拍卖在建工程的价款受偿时，在建工程款中如果包括已经设定质押的应收工程款，就会出现在建工程款与应收工程款重叠的情形，于是造成两者优先受偿权竞存而产生冲突。

我们认为，应当适用《民法典》第 415 条"同一财产既设立抵押权又设立质权的，拍卖、变卖该财产所得的价款按照登记、交付的时间先后确定清偿顺序"的规定，解决这种竞存下的冲突问题。也就是说，将在建工程款与应收工程款的重叠部分视为"同一财产"，按照取得对抗力的时间来判断优先受偿的顺序：登记、交付在先的，先得以优先受偿；登记、交付在后的，安排在后受偿。抵押权或者质权其一未登记、交付的，不具有对抗第三人的效力，故由已登记、交付的抵押权或者质权受偿。

在建筑施工企业破产重整中，管理人理清并认定质押应收工程款后，未能从建设单位取得应收工程款优先清偿质权的，可以根据破产重整的需要和所采取的不同重整模式进行处置，如在引资式重整中，可将应收工程款交付投资人处置；在拆分式、剥离式重整中，将建筑施工企业的资质与应收工程款以及其他资产拆分或剥离进行处置；在整体出售式重整中，可将应收工程款与其他资产打成一个资产包出售。但无论采取何种重整方式，都应充分保障质权人对质押应收工程款的优先受偿权。

【案例42】 应收账款质权人不得突破合同相对性原则直接要求出质人的次债务人履行质押义务

2016年3月8日，城建工程公司（建筑施工企业）承包某某控股公司（建设单位）某某改造工程项目，双方签订《建设工程施工合同》约定合同价暂计18亿元。2016年6月15日，城建工程局为建设该工程项目，与某某分行签订《最高额权利质押合同》，约定：城建工程局以对控股公司享有的3亿元应收工程款作价1.5亿元出质给某某分行，作为某某分行向其连续发放贷款、承兑汇票和开立保函等形成的一系列债权的担保。在该质押合同签订的同时，某某分行和城建工程局向质押应收账款的债务人控股公司发送了应收账款转让通知书，控股公司签收后出具了应收账款转让通知书（回执）和应收账款确认书。控股公司在应收账款确认书中确认已核实应付城建工程局的应付账款，承诺按照与城建工程局商务合同约定的付款期限，将应支付城建工程局的款项3亿元直接转入城建工程局在某某分行开立的账户内。之后，某某分行在中国人民银行征信中心系统中对应收账款质押信息进行了登记。此后，城建工程局与某某分行三次签订《流动资金借款合同》，约定城建工程局向某某分行借款1.5亿元。某某分行按约向城建工程局发放了贷款。借款到期后，城建工程局未按约偿还借款本息，双方又签订了《借款延期合同》。

2019年3月7日，控股公司向蚌埠市中级人民法院申请破产清偿，蚌埠市中级人民法院裁定予以受理。2019年5月6日，城建工程局向控股公司管理人申报债权977,446,380.51元，包括：股东借款167,168,236.33元；工程施工款810,278,144.18元。城建工程局在债权申报表中注明：（1）质押于某某分行的应收工程款分配所得,应支付至某某分行指定账户;(2)未质押工程款中的588万元转让与某某区政府;(3)未质押工程款中的32,418,104元转让给城建工程局工会。2019年6月17日,管理人在债权表中未确认某某分行的债权人资格及债权,仅确认了城建工程局工程款优先债权75,878,154元,并将应属于城建工程局的部分工程款确认给控股公司的债权人刁某某、王某某、胡某某以及某某区政府、城建工程局工会委员会。刁某某、王某某、胡某某作为控股公司债权人,因对上述债权表记载的债权有异议,分别向蚌埠市中级人民法院提起普通破产债权确认之诉。此外,2019年5月5日,某某分行向蚌埠市中级人民法院提起诉讼,宣布贷款提前到期,要求城建工程局偿还借款本金1.5亿元及利息。

某某分行对管理人确认债权不服,向蚌埠市中级人民法院提起普通破产债权确认纠纷诉讼,请求:(1)控股公司管理人将债权表中确认给某某区政府、刁某某、王某某、胡某某的债权更正确认为城建工程局的工程款优先债权;(2)确认某某分行对城建工程局工程款优先债权中的3亿元工程款享有质权,确认由控股公司向某某分行直接偿还城建工程局欠付的贷款本金1.5亿元及利息。

蚌埠市中级人民法院认为,某某分行虽然对城建工程局的建设工程款设立了质权,但由于应收账款质押标的为无形权利,权利能否实现存在不确定性。同时,应收账款质押不同于债权转让,而属于担保物权,质权人的权利是对质押财产拍卖、变卖等进行变价后的价款享有优先受偿权,而不是对应收账款中的债务人享有直接债权。鉴于控股公司已进入破产清算程序,城建工程局亦向管理人申报了债权,故某某分行虽为工程款质押合同的当事人,但并非工程款的债权人,其无权就债权表中确认给某某区政府、刁某某、王某某、胡某某的债权进行变更,亦不能直接要求控股公司给付工程款,只能对城建工程局在控股公司破产清算程序中实际分配所得工程款优先于城建工程局的其他债权人受偿。依据案涉三份《流动资金借款合同》《最高额权利质押合同》及质权登记,某某分行对城建工程局享有上述合同项下全部债权,并对城建工程局在控股公司的应收工程款3亿元享有质权。鉴于部分债权人已就债权表确认的优先债权金额提起普通破产债权确认之诉,且案件正在法院审理中，债权表记载的债权金额可能发生变化，管理人将在上述案件生效裁判确定后，依据债权确认证明重新编制债权表。因此，现有的债权表记载的债权数额尚未确定。某某分行可在控股公司破产债权分配程序完成、债权分配方案确定后得以实现质权，即某某分行对城建工程局在破产清算程序中最终实际分配所得工程款在最高额1.5亿元限度内优先受偿。届时某某分行可通过执行程序由管理人协助执行。但某某分行要求控股公司直接偿还其城建工程局欠付的案涉债务，缺乏事实和法律依据，依法不予支持。

蚌埠市中级人民法院判决：(1) 某某分行对城建工程局享有的三份《流动资金借款合同》项下全部债权，就城建工程局依控股公司破产清算程序最终实际分配所得工程款在最高额1.5亿元限度内优先受偿；(2) 驳回某某分行的其他诉讼请求。

某某分行不服上述判决向安徽省高级人民法院上诉，请求改判管理人将债权表中确认给某某区政府、刁某某、王某某、胡某某的债权更正确认为城建工程局的工程款优先债权，并确认由控股公司向某某分行直接偿还城建工程局欠付的贷款本金1.5亿元及利息。

安徽省高级人民法院认为，某某分行以城建工程局对控股公司3亿元应收工程款的质权人身份主张其为控股公司的债权人，主要依据是其与城建工程局签订的《最高额权利质押合同》及城建工程局出具的应收账款确认书。根据已查明的事实，某某分行、控股公司分别系案涉应收账款的质权人和债务人，双方之间基于质押合同和相关债权合同的关联，形成了一种特殊的法律关系，即在质权存续期间，质权人是应收账款债务人的可能清偿对象；质权人届期未受清偿行使质权的，质权人转换为应收账款债务人的实际清偿对象；出质人自行清偿债务的，随着质权的消灭，出质人恢复成为应收账款债务人的清偿对象，而质权人与应收账款债务人脱离关联。由此可见，清偿对象的变动并不影响控股公司与城建工程局本身的债权债务关系，应收账款债务人控股公司仅是可能成为质权人某某分行的次债务人，双方之间并无直接的债权债务关系。债的不履行无论为何人所致，只要其与债权人无直接债权债务关系，在法律没有特别规定的情况下，债权人均不得突破合同相对性原则，要求其承担债之不履行的法律责任。此外，控股公司出具应收账款确认书旨在核实应付城建工程局的工程款,且其承诺付款的条件,一是按照其与城建工程局商务合同约定的付款期限,二是转入城建工程局在某某分行开立的账户。控股公司在该确认书中并未认可其与某某分行存在债权债务关系。因此,一审认定某某分行不是控股公司债权人,有事实和法律依据。

关于某某分行请求控股公司管理人将债权表中确认给某某区政府、刁某某、王某某、胡某某的债权更正确认为城建工程局的工程款优先债权。某某分行认为,根据《最高额权利质押合同》"合同期内,甲方怠于行使本合同项下对第三人应收账款权利、妨碍质权实现的,乙方可代位行使甲方权利"的约定,在出质人城建工程局怠于行使第三人控股公司应收账款权利、妨碍质权实现的情况下,某某分行作为质权人可代为行使城建工程局的权利,即在城建工程局不对债权表记载的债权金额提出异议的情况下,某某分行可行使代位权。安徽省高级人民法院认为,因某某分行起诉城建工程局贷款提前到期的诉讼尚无结果,相关借款本息尚属未到期债权,某某分行就次债务人控股公司管理人确认的城建工程局债权提出异议,系防止对其将来的债权实现造成不利影响,故该诉请在法律上属于债权人代位保存权。城建工程局即向管理人申报债权 977,446,380.51 元,且其在债权申报表中注明"工程款债权中 3 亿元质押于某某分行,该部分质押应收工程款分配所得,应支付至某某分行指定账户"。二审中,某某分行虽以城建工程局未就债权表记载的债权金额提出异议为由,主张城建工程局怠于行使对控股公司应收账款权利,妨碍其质权实现。但城建工程局在控股公司进入破产清算程序后,及时向管理人申报了案涉债权,此时,城建工程局行使代位保存权的前提已然丧失。嗣后,城建工程局虽未对管理人编制的债权表所载债权金额提出异议,但某某分行仅据此主张其怠于行使债权人权利进而就此自行提出异议,于法无据,本院亦不予支持。

安徽省高级人民法院认定,一审法院对某某分行的债权人资格和债权异议均未予确认,有充分的事实和法律依据;某某分行的上诉请求不能成立,应予驳回。但基于案涉三份《流动资金借款合同》及两份《借款延期合同》确定的债权债务关系,某某分行于控股公司破产财产中未受清偿的部分,仍可向城建工程局主张。于是，安徽省高级人民法院作出（2020）皖民终876号民事判决书，判决：驳回上诉，维持原判。

二十八、施工设备抵押及在破产重整中的处置

《民法典》第395条规定，债务人或者第三人有权处分的生产设备可以质押。对建筑施工企业而言，生产设备即施工设备。施工设备抵押是建筑施工企业以自有处分权的施工设备为自己融资或者为他人债务向债权人提供的一种抵押担保。这里分析建筑施工企业为自己融资提供施工设备抵押及其抵押权在破产重整中的处置问题。

（一）施工设备抵押的基本问题

施工设备包括挖掘机、铲土运输机、工程起重机、混凝土制品机等。施工设备是建筑施工企业必不可少的生产条件，也是建筑施工企业最为主要的固定资产。

施工设备在物权性质上属于动产。动产既可用于抵押，也可用于质押。动产质押须交付债权人占有，而动产抵押不转移为债权人占有。因建筑施工企业承建工程离不开施工设备，故在实践中都采取抵押方式设立担保。

建筑施工企业为了节约融资成本且取得较大数额的借款，大多数将施工设备用于银行贷款抵押，但也有为购进建筑材料向材料供应商提供抵押，还有的因民间借贷而向出借人提供抵押。如果向银行申请抵押贷款，银行通常只许贷款用于短期流动资金，且不许用于建筑工程垫资。

（二）施工设备抵押的利弊分析

因建筑施工企业拥有大量的多种多样的施工设备，故提供施工设备抵押具备现成条件。法律许可和银行接受施工设备抵押，能使建筑施工企业解决部分缺资问题。但是，施工设备抵押也存在一些不利因素：一是绝大多数施工设备长期使用于施工现场，损耗大且事故多，难以确保抵押价值；二是施工设备种类繁多，形状有大有小，价值有高有低，有的需要专业知识鉴别，而建筑施工企业为了争取更多的贷款，往往为全部设备提供抵押，这给债权人接受抵押带来很多困难，搞不好就会出现抵押债权风险；三是由于抵押施工设备不转移给债权人占有，仍由建筑施工企业使用，这给建筑施工企业非

法转让、逃避抵押债务提供了方便。

(三) 债权人接受施工设备抵押的基本做法

为了防范上述风险,确保抵押债权实现,债权人特别是银行,在接受施工设备抵押时都会采取措施防范上述风险,采取谨慎的做法进行严格审查。

一是要求出质人建筑施工企业提供施工设备的购置发票,从中判断提供抵押设备是不是出质人建筑施工企业所有,以防建筑施工企业拿他人的施工设备进行抵押。在审查建筑施工企业对占有、使用的施工设备有无处分权时,特别需要注意是不是租赁设备。当前,许多建筑施工企业为了减少固定资产投入,提高有限的流动资金利用率,往往会采取租赁方式使用大中型、价值高的施工设备。建筑施工企业提供抵押的施工设备如果是租赁使用的,其对租赁的施工设备只有占有权、使用权,而没有所有权和处分权。通过要求建筑施工企业提供施工设备的购置发票,债权人就能轻易地鉴别建筑施工企业对该施工设备有无处分权,如果发现是租赁的,应当拒绝抵押。要求建筑施工企业提供施工设备的购置发票,还有利于对抵押设备进行特定化,如按照购置发票上记载的名称、型号等记录确定为特定抵押财产。此外,购置发票上记载的施工设备价款,也是确定抵押债权数额的重要依据。

二是现场查看、了解施工设备的状态,对用于抵押的施工设备进行清点造册,记录施工设备的基本情况,从而固定为抵押财产,以防抵押财产的对象、范围不清造成纠纷。

三是为了防止上述风险,有些银行对设备贷款的抵押率和债权本金控制较为严格,规定通用设备抵押率一般不超过40%,非通用设备抵押率一般不超过30%,具体抵押率根据施工设备的实际情况而定。

四是强调在签订抵押合同后办理抵押登记手续,以防"未经登记,不得对抗善意第三人",确保对抵押设备依法享有优先受偿权。

(四) 施工设备抵押权在破产重整中的处置

在建筑施工企业破产重整中,已经设定抵押的施工设备属于特定抵押财产,也应适用上述有关特定财产担保的规定和方法进行处置,如在重整期间暂停行使抵押权;又如,特定财产抵押权先于破产费用、共益债务受偿;再如,同一财产既设立抵押权又设立质权的按照登记、交付的时间先后确定清偿顺序等。但基于施工设备和破产重整的特点，施工设备在破产重整中的处置与不动产、其他动产的处置有所不同。

1. 不宜脱离建筑施工企业进行拍卖、变卖施工设备

施工设备是建筑施工企业承建工程不可缺少的生产条件，特别是核心施工设备和不能缺少的施工设备，一旦被直接拍卖、变卖，脱离了建筑施工企业，该建筑施工企业就无法继续进行工程建设，也无法承接其他工程，重整拯救将会以失败告终，因此，管理人应当采取其他方式处置施工设备，如采取折价方式交给重整投资人，又如采取反售方式予以保留。

根据《民法典》第401条的规定，抵押权人与抵押人在债务履行期限届满前可以约定流押，即债务人不履行到期债务时抵押财产归债权人所有。在实践中，银行一般不接受施工设备流押贷款，民间借贷中的出借人认为流押对自己有利，反而主动主张施工设备流押，所以，在建筑施工企业抵押担保中，施工设备流押是经常发生的。在抵押人建筑施工企业破产重整中，同样基于破产重整的需要，应当处理好施工设备的流押问题。根据上述规定，流押施工设备已约定归抵押权人所有的，在实现抵押权时，建筑施工企业未清偿抵押债务的，应将该施工设备交付抵押权人，不再适用拍卖、变卖措施另行处理。但因破产重整需要，不宜将流押施工设备交付抵押权人的，可以采取其他方式予以保留。例如，用现金支付方式清偿全部抵押债务，使抵押权归于消灭。又如，由重整投资人代替建筑施工企业清偿全部抵押债务，从而涤除抵押权。抵押权人同意放弃所有权而主张优先受偿的，管理人在保障其优先受偿的前提下，可采取其他方式保留施工设备。

2. 抵押权人只能依法就抵押设备优先受偿

无论采取何种方式处理施工设备，抵押权人只能依法在抵押设备的价值范围内优先受偿。施工设备从设定抵押到抵押权实现，抵押的价值将会降低，故在处置抵押设备前，应先进行价值评估。抵押设备在优先清偿抵押债权后，剩余部分应当纳入建筑施工企业的重整财产，未能清偿的债权只能作为普通债权参与破产财产分配。抵押权人一定要求取得流押设备所有权的，亦只能在抵押设备的价值内优先受偿。

3. 不得对没有财产担保的债务提供施工设备抵押

《企业破产法》第31条规定，在人民法院受理破产申请前一年内，对没有财产担保的债务提供财产担保的，管理人有权请求人民法院予以撤销。在破产重整期间，管理人发现建筑施工企业有这种行为，即建筑施工企业在人民法院受理破产申请前一年内，对没有财产担保的债务提供施工设备抵押（包括流押）的，应当向人民法院诉讼，请求予以撤销。施工设备抵押权被依法撤销后，抵押权人丧失抵押权。抵押权的丧失仅为优先受偿权的丧失，债权不因抵押权的丧失而丧失，应作为普通债权处置。管理人行使这种撤销权的时间条件是"人民法院受理破产申请前一年内"，如果"对没有财产担保的债务提供财产担保的"行为发生在此前，则为有效担保，不适用上述规定撤销。

4. 施工设备抵押权未经登记的，不得对抗善意第三人

根据《民法典》第402条的规定，以建筑物和其他土地附着物、建设用地使用权、海域使用权和正在建造的建筑物、船舶、航空器抵押的，应当办理抵押登记，抵押权自登记时设立。而施工设备抵押属于动产抵押，在登记效力上适用《民法典》第403条"抵押权自抵押合同生效时设立；未经登记，不得对抗善意第三人"的规定，也就是说，施工设备抵押权的设立不以登记为要件，而自抵押合同生效时设立，至于是否登记，应由当事人自行决定，但未经登记的，不得对抗善意第三人。

这里的善意，是指第三人在不知道或者不应当知道的情况下受让抵押物的主观状态。善意虽为主观状态，但在这里有一个客观事实作为判断准则：施工设备抵押权已经登记的，因登记具有公示效力，第三人即使"不知道"，在法律上也视为其"应当知道"；未登记的，在法律上不能认为第三人"知道"或者"应当知道"。因此，在破产重整中，管理人发现施工设备抵押权未登记，而建筑施工企业为了逃避抵押债务，故意将抵押设备出让给第三人，第三人提供证据证明自己不知道也不应当知道施工设备已经设定抵押而受让施工设备的，管理人应当承认该善意第三人取得施工设备的所有权，而不得要求受让人返还施工设备，抵押权人因此请求建筑施工企业赔偿损失的，管理人应当依法予以支持，在抵押债权实际损失的范围内代表建筑施工企业予以赔偿。

5. 抵押施工设备可以转让，但不得影响抵押权和债权人的整体利益

在人民法院裁定受理建筑施工企业破产申请前，施工设备虽已设定抵押，但该施工设备仍为建筑施工企业所有，故《民法典》第406条规定，除当事人另有约定外，"抵押期间，抵押人可以转让抵押财产"，"抵押财产转让的，抵押权不受影响"。据此，在保障抵押优先受偿权的前提下，建筑施工企业在抵押期间可以转让施工设备。抵押人转让抵押财产时，应当通知抵押权人，但无须以抵押权人同意为有效转让的条件。抵押权人认为建筑施工企业转让抵押设备可能损害抵押权，且能提供证据的，可以要求建筑施工企业将转让所得的价款在抵押债权范围内向抵押权人提前清偿债务或者提存。转让的价款超过抵押债权数额的部分归抵押人建筑施工企业所有，不足部分由建筑施工企业继续清偿。

建筑施工企业进入重整程序后，管理人需要正确处理抵押设备转让的以下几个问题：

一是在进入重整程序前，抵押设备已经依法有效转让，且受让人已经支付全部款项，此时的受让人对受让的施工设备享有所有权，但建筑施工企业在尚未交付施工设备的情况下就进入重整程序的，该施工设备属于《企业破产法》第38条规定的"债务人占有的不属于债务人的财产"，受让人有权通过管理人取回，而管理人无权以破产重整需要为由拒绝交付施工设备，而应代表建筑施工企业继续履行交付义务。当然，受让人尚未支付全部款项，破产重整又确需保留该施工设备的，管理人可以解除转让合同，并处理好抵押优先受偿权，将该施工设备保留下来。

二是根据《企业破产法》第31条的规定，管理人发现建筑施工企业在人民法院受理破产申请前一年内，无偿转让抵押设备或者以明显不合理的价格转让抵押设备的，管理人有权请求人民法院予以撤销，使之失去效力。主要理由是，债务人在该期限内有可能已经或者将要具备破产原因，在此情况下实施这些行为，将会导致债务人财产减少，有害于破产债权人的整体利益，故人民法院应当撤销这些行为，此后，管理人应当依法追回被转让的财产，然后纳入债务人的财产范围进行依法处理，至于受让人的损失，应作为普通债权参与分配。

【案例 43】 建设单位提供生产设备为工程款做抵押担保，实际施工人对抵押物享有优先受偿权

2020 年 9 月 30 日，建设工程公司与旅游开发公司签订装饰施工合同约定：由建设工程公司承建某某精装修工程，合同总价为 2000 万元，工期为 5 个月。合同签订后，胡某某作为装饰施工合同的实际施工人组织工人进行了施工。2021 年 2 月 7 日，建设单位旅游开发公司、智能公司（旅游开发公司的全资股东）与施工单位建设工程公司签订了工程竣工结算审核结果定案表，工程实际施工总价款为 269.1583 万元。此后，旅游开发公司和智能公司未按时支付工程款。2021 年 4 月 15 日，建设工程公司发出声明，由胡某某向旅游开发公司、智能公司主张并享有上述债权，建设工程公司无异议。

2021 年 4 月 16 日，智能公司与胡某某签订生产设备抵押合同约定：智能公司所欠胡某某工程款 150 万元，智能公司承诺于 2021 年 7 月 15 日前分三次付清以上款项，逾期支付按欠款总金额的 0.5% 按日计算承担违约金；为担保债务履行，智能公司以自有的精雕机等生产设备作价 100 万元为以上债务做抵押担保。同日，双方办理了抵押登记。抵押合同签订后，智能公司未按期支付款项。

胡某某向歙县人民法院提起抵押权纠纷诉讼，请求判令：（1）智能公司归还胡某某欠款 150 万元及违约金；（2）智能公司支付胡某某律师费 26,000 元；（3）胡某某就抵押的生产设备以折价或拍卖、变卖所得价款优先受偿。

歙县人民法院认为，智能公司拖欠胡某某 150 万元债务，事实清楚，证据确凿，智能公司应及时履行支付义务。因智能公司未按期履行，构成违约，应承担违约责任，支付欠款并承担违约金。智能公司与胡某某签订生产设备抵押合同，智能公司以自有的生产设备为上述债权本金、逾期付款违约金、实现抵押权费用及乙方为实现债权所支付的律师费、诉讼费等做抵押担保，并且办理了抵押登记，符合抵押权的生效要件，因此，胡某某就抵押的生产设备享有抵押权，可以就其折价或者拍卖、变卖的价款在作价 100 万元范围内优先受偿。

歙县人民法院作出（2021）皖 1021 民初 204 号民事判决书，判决如下：（1）被告智能公司于本判决生效之日起 10 日内支付原告胡某某欠款 150 万元

及违约金；（2）被告智能公司于本判决生效之日起10日内支付原告胡某某律师费26,000元；（3）原告胡某某对抵押的生产设备折价或者拍卖、变卖价款在100万元范围内享有优先受偿的权利。

二十九、施工资质转让、质押及在破产重整中的处置

前面已经阐述过，施工资质虽为一种无形资产，但其权益价值有利于支撑建筑施工企业破产重整。在实践中利用施工资质价值进行破产重整时，往往会遇到施工资质可否作为一种财产权进行质押、转让的问题。就这个问题，在理论上是有争议的，在法律上也是受限制的，如果把施工资质纳入财产权利范围许可质押，对建筑施工企业解决融资难大有好处；如果禁止施工资质质押，而当事人擅自设立质权被确认无效的，对债权人实现质权极为不利。

（一）行政法禁止施工资质转让

施工资质首先源于行政许可，即由建筑施工企业提出申请，其次经有关行政部门审查、专家评审，最后经行政审批，才能取得国务院住房和城乡建设主管部门统一印制的建筑业企业资质证书。从施工资质的行政许可过程和施工资质的本质特征来看，施工资质应当专属于特定的建筑施工企业持有和使用，且与建筑施工企业身份不可分离，如果许可建筑施工企业对外转让施工资质，就会侵害施工资质的行政管理制度，同时会使不具备建筑施工条件的单位或者个人通过非法受让使用施工资质，然后造成工程建设质量、工程产生安全等问题。

《行政许可法》第9条规定："依法取得的行政许可，除法律、法规规定依照法定条件和程序可以转让的外，不得转让。"《行政许可法》第80条规定，被许可人涂改、倒卖、出租、出借行政许可证件，或者以其他形式非法转让行政许可的，行政机关应当依法给予行政处罚；构成犯罪的，依法追究刑事责任。《建筑法》第66条规定，建筑施工企业转让资质证书的，责令改正，没收违法所得，并处罚款，可以责令停业整顿，降低资质等级；情节严重的，吊销资质证书。筑业企业资质证书属于行政许可证件，属于禁止转让的行政许可范围，这是行政法对民事行为的干预和制约，用以维护建筑业企业资质的行政管理秩序。

建筑施工企业违反上述行政法禁止性规定将施工资质出质，而后带入破产重整程序的，质押合同应做无效处理。质押合同既然无效，质权也就不能设立，债权人对所谓的质押资质也就不能享有优先受偿权。

（二）施工资质未脱离本企业转让属合法转让

《行政许可法》上述规定中的转让，是指行政许可相对人（被许可人）将其合法取得的行政许可转让给他人的行为。照此理解，行政许可如果允许转让，该行政许可经转让就会脱离被许可人而转移至非许可人。那么，行政许可在某些特定情况下转让或质押，而实际上并未脱离被许可人的，我们认为不是非法转让或质押。就施工资质而言，如果并不脱离持证建筑施工企业而进行转让或者质押的，并不侵害筑业企业资质行政管理秩序，故不属于禁止范围。

在建筑施工企业破产的情况下，管理人因重整需要经常采取的以下几种处置施工资质的行为都是合法的：

（1）管理人利用施工资质采取引资式重整时，先将施工资质出质给意向投资人，向意向投资人取得借款用于重整，当意向投资人成为正式重整投资人时，再将该借款转为投资款，然后消灭质权。意向投资人如果未能成为正式重整投资人，因建筑施工企业及其管理人在重整期间为建筑施工企业继续营业向意向投资人借款，亦应作为共益债务随时清偿，对意向投资人而言也没多大损失。

（2）在破产重整中施工资质连同股权一并拍卖，竞买人竞得股权后成为建筑施工企业的股东，在此情况下，施工资质并没有交给竞买人，仍然保留在建筑施工企业，就此还"救活"了面临破产清算的建筑施工企业。

（3）管理人因分拆式、剥离式、清算式重整需要，设立建筑施工企业名下的全资子公司，按照规定将施工资质平移转移至全资子公司予以保留，然后对建筑施工企业的其他资产另行处置或者进行清算，因此将施工资质保留在全资子公司的，也不是对外转让施工资质。

在破产重整中采取这些方法转移或质押施工资质，因施工资质并未脱离持证的建筑施工企业，故并不违反上述禁止性规定。建筑施工企业经破产重整，施工资质仍符合规定条件并在有效期内的，也就不需要办理变更、重新核定手续。但在破产重整成功后，施工资质需要转移至全资子公司，或者由合并、分立后的公司承继的，根据《建筑业企业资质管理规定》第 21 条的规定，应当申请重新核定建筑业企业资质等级。住房和城乡建设部《关于建设工程企业发生重组、合并、分立等情况资质核定有关问题的通知》也指出，建设工程企业发生重组、合并、分立等情况申请资质证书的，可按照有关规定简化审批手续，经审核注册资本金和注册人员等指标满足资质标准要求的，直接进行证书变更。

【案例 44】 工程施工资质证不属于财产权利范畴，故权利质押合同无效

2017 年 11 月 8 日，某某建筑公司与农商行某支行签订《流动资金借款合同》约定：建筑公司向农商行某支行借款 600 万元用于工程建设，借期一年。同日，某某融资担保公司、某某房开公司、某某粮油经贸公司以及陈某某等 12 人分别与农商行某支行签订了保证合同，为建筑公司的以上借款向农商行某支行提供连带责任保证。同日，建筑公司与农商行某支行签订《权利质押合同》约定：建筑公司对其向农商行某支行的借款本息、违约金以及实现债权与担保权发生的费用，以其价值 800 万元的三级工程施工资质进行质押。2017 年 11 月 14 日，融资担保公司、苑某、孙某某与农商行某支行签订《抵押合同》，约定将其所有的车库、房屋、路虎牌越野汽车、奔驰轿车抵押给农商行某支行，农商行某支行享有第一顺位抵押权。后农商行某支行按约向建筑公司发放了 600 万元贷款。但以上抵押、质押均未办理抵押登记和出质登记。借期届满后，建筑公司未按约定履行还款义务，担保人均未履行担保义务。

农商行某支行向大安市人民法院提出诉讼，请求：（1）判令建筑公司偿还借款本金 600 万元，并按借款合同的约定支付利息；（2）判令融资担保公司、房开公司、粮油经贸公司、陈某某等 12 人对以上借款本息承担连带保证责任；（3）判令建筑公司对以上借款本息承担质押担保责任；（4）判令苑某、孙某某对以上借款本息承担抵押担保责任，原告对抵押物享有第一顺位优先受偿权。

融资担保公司等被告辩称：建筑公司已对借款签订了质押合同、提供了

质押,《物权法》第 176 条规定:"被担保的债权既有物的担保又有人的担保的,债务人不履行到期债务或者发生当事人约定的实现担保物权的情形,债权人应当按照约定实现债权;没有约定或者约定不明确,债务人自己提供物的担保的,债权人应当先就该物的担保实现债权……"故本案应先行对债务人提供的质押物实现债权,不足部分再由其他担保人承担责任。

大安市人民法院认为,建筑公司对案涉借款以其建筑资质证书质押,但是质押分为动产质押和权利质押,建筑资质证显然不是动产;权利质押也应当是以财产权利质押,资质证不属于财产权利范畴,故建筑公司与农商行某支行签订的《权利质押合同》无效。范某、孙某某与农商行某支行签订的《抵押合同》中约定抵押的房屋,因未办理抵押登记,故农商行某支行的抵押权依法并未设立;但是,农商行某支行与范某、孙某某之间的汽车的抵押合同权依法生效,农商行某支行依法享有此项抵押权。虽然农商行某支行对建筑公司的债权既有物的担保又有人的担保,但是融资担保公司、房开公司、粮油经贸公司、陈某某等 12 人分别与农商行某支行签订的保证合同中,明确约定了无论农商行某支行对主合同项下的债权是否拥有其他担保,以及其他担保何时成立、是否有效、农商行某支行是否向其他担保人主张权利等,均不能减免保证人的保证责任,故房开公司、粮油经贸公司、陈某某等辩称的原告方应首先就物的担保实现债权,不应支持。

大安市人民法院作出(2020)吉 0882 民初 239 号民事判决书,判决如下:(1)建筑工程公司于本判决生效之日向农商行某支行偿还借款本金 600 万元,并按约定支付借期利息、复利和逾期罚息;(2)融资担保公司、房开公司、粮贸经贸公司、陈某某等 12 人对前项的借款本金、借期利息、复利和逾期罚息承担连带清偿责任;(3)农商行某支行就以上借款本息对范某、孙某某的越野汽车、轿车享有优先受偿权;(4)驳回农商行某支行的其他诉讼请求。

三十、股权质押及在破产重整中的处置

根据《民法典》第 440 条、第 443 条的规定,股权可以出质,股权质权自办理出质登记时设立;股权质权设立后,除出质人与质权人协商同意外不

得转让。与不动产质押以及其他财产权利质押一样，出质人可为自己的债务出质股权，也可以为他人的债务出质股权。这里根据股权的特点专门分析股权质权在建筑施工企业破产重整中的处置问题。

（一）股权与股权质押

股权是股东对公司享有的人身和财产权益的一种综合性权利，包括从公司获得经济利益和参与公司经营管理的权利。出资人是以货币出资或者以实物、知识产权、土地使用权等经估价出资取得股权而成为公司股东的，故股权具有财产性而属于财产权利，基于股权有此性质，《公司法》规定股权可以转让，《民法典》规定股权可以出质。

股权质押，是指股东为自己债务或者第三人债务的履行将其在公司拥有的股权出质给债权人的一种财产担保。股权出质经依法登记，设立质权。已设立质权的股权也是特定担保财产，在实现股权质权时，按照上面所述的特定财产担保的规定和方法处置即可。但需要特别注意的是，股权质押物不是出资人向公司出资的货币，或者实物、知识产权、土地使用权等财产，出资人的这些财产一经出资就成为公司财产，不再是出资人股东财产，而股权质押指向的对象是股权的变现价值，即《民法典》第425条规定的"债务人不履行到期债务或者发生当事人约定的实现质权的情形，债权人有权就该动产优先受偿"。除此之外的股东参与公司经营管理权，因不具有财产内容，故不是股权质押的对象，该权利仍由股东行使。

（二）股权质权在破产重整中的处置

在实践中，建筑施工企业因承建工程需要融资，往往需要动员股东出质股权为其提供担保，股东因与本建筑施工企业有密切的经济利益关系，也往往自愿出质股权担保，在此情况下设立的股权质押，实际上是股东为第三人履行债务提供的担保，故其中的股东是出质人，债权人是质权人，股权是质押财产，债务人是建筑施工企业。

1. 质押股权不是建筑施工企业的破产财产

这种股权质押带入建筑施工企业破产重整的，不同于建筑施工企业出质自己的财产权利。根据最高人民法院《关于适用〈中华人民共和国企业破产法〉若干问题的规定（二）》第3条第2款"债务人已依法设定担保物权的特定财产，人民法院应当认定为债务人财产"的规定，建筑施工企业出质自有的财产权利，该财产权利属于破产财产，质权人可就该破产财产行使优先受偿权，而股权属于股东的财产权利，不属于建筑施工企业的破产财产，因此，质权人只能就股东出质的股权行使优先受偿权，而不能就建筑施工企业的破产财产行使优先受偿权。

2. 质押股权不适用某些特定财产担保的规定处置

在出质股东破产的情况下，债权人可以根据《民法典》第425条和《企业破产法》第109条的规定，对质押股权行使优先受偿权。但在股东作为出质人为建筑施工企业的债务提供股权质押的情况下，在建筑施工企业破产重整中，因质押股权不是建筑施工企业的破产财产，故不适用《企业破产法》第109条"对破产人的特定财产享有担保权的权利人，对该特定财产享有优先受偿的权利"的规定。

例如，在建筑施工企业重整期间不停止质权人行使股权质权。《企业破产法》第75条规定的在重整期间暂停行使特定财产担保权，是对债务人提供特定财产担保权而言的，而股权质押是股东作为担保人为第三人（建筑施工企业）提供的特定财产担保，故股权质押不属于《企业破产法》第75条规定的调整范围，无须暂停质权人行使股权质权。从实践来看，质权人在重整期间行使股权质权，并不影响建筑施工企业的破产重整，如管理人对股东已设质押的股权进行调整，对质押股权采取折价、拍卖措施引入投资人或者先行清偿建筑施工企业的相应债务等，均有利于破产重整得以顺利实施。

又如，不适用特定财产担保债权先于破产费用、共益债务清偿规则。根据《企业破产法》第43条的规定，特定财产担保债权先于破产费用和共益债务清偿，但在建筑施工企业破产重整中，破产费用和共益债务应由建筑施工企业的财产清偿，因质押股权属于股东财产，除在其上产生的破产费用（如拍卖费）外，股权不是清偿其他破产费用、共益债务的财产。因此，质押股权经依法处置优先清偿债权人的质押债权后有剩余的，应当归出质人股东所有，而不能用于清偿建筑施工企业的破产费用和共益债务。

3. 股权质权人的债权对建筑施工企业破产财产没有优先受偿权

建筑施工企业以自有的财产权利设立的质权，质权人的优先受偿权是相对建筑施工企业行使的,而非股东。股东为建筑施工企业的债务出质股权的,质权人的优先受偿权是相对出质股东行使的,而非建筑施工企业。因此,股东以股权设立质押的,质权人对建筑施工企业破产财产不存在优先受偿权。在建筑施工企业破产重整中,质权人即债权人在向管理人申报债权时,对建筑施工企业只能申报普通债权,而对股东可就股权质押申报优先受偿权。

因股权质权人的债权对建筑施工企业属于普通债权,故该质权人在破产重整中是普通债权人,在债权人会议中应当列入普通债权组行使表决权,而不能因其对股东的质押股权享有优先受偿权而安排在特定财产担保组行使优先受偿表决权。但股权质权人对质押股权享有的优先受偿权不受此影响。

4. 关于出质股东在建筑施工企业破产重整中的表决问题

根据《企业破产法》第85条第2款"重整计划草案涉及出资人权益调整事项的,应当设出资人组,对该事项进行表决"的规定,股东即使将其股权出质,在股权未依法转移前,股东身份及其权利不变,故重整计划草案涉及出资人权益调整时,仍由该股东参与出资人组,进行表决,而股权质权人不能在建筑施工企业破产重整中代替股东行使表决权。

5. 关于股权调整对股权质权的影响问题

在建筑施工企业破产重整中,管理人先应根据评估机构出具的评估报告显示的全部股权评估价值调整股权,据此,全部股权评估价值为负数的,说明建筑施工企业处于严重资不抵债,股权也就处于无实际价值的状态,应当将股权价值调整为零,那么,股权质押的优先受偿权随之丧失,股权质权人无法在建筑施工企业破产重整中对质押股权实现优先受偿权。但股权价值调整为零,并不影响质权人的债权作为普通债权参与建筑施工企业的财产分配。

6. 关于出质股东行使追偿权问题

《民法典》第392条规定,提供担保的第三人承担担保责任后,有权向债务人追偿。依此规定,在建筑施工企业处于正常状态时,股东行使质押追偿权是能够发挥作用的。在破产重整中,质押股权被依法处置清偿建筑施工企业债务后,出质股东虽也有权向建筑施工企业追偿,追偿债权也可以理解为普通债权,但根据《公司法》第186条第2款公司在清算时"公司财产在分别支付清算费用、职工的工资、社会保险费用和法定补偿金,缴纳所欠税款，清偿公司债务后的剩余财产，有限责任公司按照股东的出资比例分配，股份有限公司按照股东持有的股份比例分配"的规定，出质人作为建筑施工企业股东的追偿债权在破产重整程序中的清偿顺位劣后于普通债权，即建筑施工企业的破产财产清偿普通债权后有剩余的，才清偿股东的追偿债权。然而，建筑施工企业在"资不抵债"情况下经过破产重整，剩余财产几乎为零，故出质人股东即使行使追偿权，在实践中也难以实现债权。

【案例45】 股权质权人不能代替出质股东在破产重整程序中行使股东权利而应列入普通债权人组表决

2011年9月20日，A集团公司和民生银行某某分行签订《中小企业金融服务合同》约定，某某分行授信A集团公司2500万元借款额度。担保公司与某某分行签订《最高额保证合同》约定，担保公司为A集团公司上述2500万元借款提供连带责任保证。为保证担保公司担保债权的实现，A集团公司股东寇某、某某投资管理公司与担保公司签订《股权质押合同》约定，寇某、投资管理公司自愿将其持有的A集团公司100%的股权及派生权益质押给担保公司提供反担保，并办理了股权质押登记。借款到期后，A集团公司未足额偿还本息，某某分行便从担保公司账户中扣划部分担保保证金。担保公司向A集团公司追偿未果，于2013年向郑州市中级人民法院起诉，郑州市中级人民法院判决：担保公司对寇某、投资管理公司质押的A集团公司的股权享有折价或者拍卖、变卖等所得的价款优先受偿权。2016年8月10日，郑州市中级人民法院裁定受理A集团公司破产申请。2019年1月8日，担保公司向A集团公司管理人申报债权。管理人在A集团公司重整计划草案中载明：重整投资人投资1.5亿元承接A集团公司所有资产及负债，A集团公司100%股权转让到经债权人会议表决通过的重整投资人。该重整计划草案将担保公司列入普通债权组进行表决，担保公司对A集团公司重整计划草案投反对票。担保公司认为，重整计划草案将其视为普通债权人，在普通债权组进行表决侵犯其权益并违背破产法相关规定，便向郑州市中级人民法院提起管理人责任纠纷诉讼，请求撤销A集团公司重整计划。

郑州市中级人民法院认为，本案的争议焦点为担保公司的股权质押权是否属于破产程序中的别除权。根据《企业破产法》第 109 条"对破产人的特定财产享有担保权的权利人,对该特定财产享有优先受偿的权利"及《企业破产法》第 82 条"下列各类债权的债权人参加讨论重整计划草案的债权人会议,依照下列债权分类,分组对重整计划草案进行表决:(一)对债务人的特定财产享有担保权的债权……(四)普通债权"之规定,本案中,担保公司对寇某和投资管理公司持有的 A 集团公司的全部股权办理质押登记享有质权,并经生效判决确认。担保公司质权的质押物为"寇某、投资管理公司持有的 A 集团公司的股权"。所谓股权是有限责任公司或者股份有限公司的股东对公司享有的人身和财产权益的一种综合性权益,是股东基于股东资格而享有的,从公司获得经济利益,并参与公司经营管理的权利。鉴于公司法人的性质,公司财产和股东股权是独立的,公司和股东可以分别以各自的财产或财产性权利设立担保。因此,股权质押权有别于公司以公司财产设立的质权,股权质押权是股东为实现个人目的或为公司利益,对外以其个人股权提供的担保,不属于破产财产,股权质权人对破产财产不享有优先受偿权,只能在企业破产分配后就出质股东获得的股权剩余价值来清偿其债权,故应严格区分公司财产与股东股权。本案中,担保公司股权质押权的义务人是 A 集团公司的股东即寇某和投资管理公司。根据《企业破产法》的相关规定,优先权应是对债务人的特定财产享有担保权的债权,担保公司享有的股权质押权不属于破产债务人 A 集团公司的财产。因此,担保公司诉称其属于优先债权,A 集团公司管理人将其列入普通债权组进行表决侵犯其合法权益,理由不能成立,本院不予支持。本院认为,审查出资人权益调整事项时,股权质押权人以出资人权益调整损害其担保权为由提出异议的,不应影响重整计划草案的批准。债务人进入重整程序前资不抵债,重整计划所调整的股权已设定质押的,质押权人应当配合办理解除股权质押手续,同时根据《公司法》第 186 条第 2 款公司在清算时"公司财产在分别支付清算费用、职工的工资、社会保险费用和法定补偿金,缴纳所欠税款,清偿公司债务后的剩余财产,有限责任公司按照股东的出资比例分配,股份有限公司按照股东持有的股份比例分配"之规定,股权在破产程序中的清偿顺位劣后于债权,股权质权作为依附股权的从权利,并不具有优先于公司普通债权人的地位。作为股权质押权人，若未在破产重整程序之前将债权转为股权实现清偿，那么只能在公司财产分配后就出质股东作为劣后权利人可能获得的股权剩余价值来实现权利。本案中，担保公司对 A 集团公司享有的股权质权并非对 A 集团公司的优先权。A 集团公司管理人将其放在普通债权组进行表决并未侵犯其合法权益。同时，根据评估机构出具的评估报告，A 集团公司的净资产（全部股权）的评估价值为 -68,070.19 万元，公司处于严重资不抵债状态，股权不具有价值。郑州市中级人民法院作出（2020）豫 01 民初 767 号民事判决书，判决驳回担保公司的诉讼请求。

担保公司不服上述一审法院判决，向河南省高级人民法院提起上诉，请求撤销一审判决，改判支持担保公司的诉讼请求。河南省高级人民法院认为，股权与股权质权的性质完全不同，股权是基于股东地位取得的具有复杂内容的权利，既包括利润分配权、剩余财产分配权等财产性权利，也包括参与公司经营管理的身份性权利，兼具请求权和支配权的双重属性。而股权质权属于担保物权，设定目的是确保债务的履行、保障债权的实现，寻求的是质押财产的交换价值而非实用价值。并且，即使股东将股权依法出质，但出质股权仍然登记在出质股东名下，股东对企业的权利和义务实际仍由出质股东享有和负担。因此，股权质权人仅能以质权担保债权实现，而不能享有股东的参与企业经营管理等权利。根据《企业破产法》第 85 条的规定，重整计划草案涉及出资人权益调整事项的，应当设出资人组，对该事项进行表决。因此，企业破产重整中涉及股权调整时，依法应以出资人的表决意见为准，股权质权人不能在企业重整程序中代替出资人参与表决。本案中，担保公司作为 A 集团公司股权的质权人，其仅能就寇某和投资管理公司对 A 集团公司的股权在价值范围内享有担保其债权优先实现的权利，而不能代替寇某和投资管理公司在破产重整程序中行使股东的权利。担保公司关于寇某和投资管理公司的股东表决权应当由担保公司代为行使的上诉理由不能成立，本院不予采纳。担保公司对 A 集团公司享有债权，为保障该债权实现，寇某、投资管理公司将各自持有的 A 集团公司的股权出质给担保公司。但股权系股东个人享有的权益，不属于公司财产，因此，虽然担保公司对 A 集团公司享有债权，但对 A 集团公司的财产不享有担保物权，A 集团公司管理人将担保公司列入普通债权人组进行表决并无不当。担保公司作为普通债权人参与了表决，其在重整过程中的程序权利得到了保障。另外，根据评估机构出具的评估报告，A集团公司净资产的评估价值为-68,070.19万元，公司已处于严重资不抵债状态，如不通过调整股权引进投资人，将导致企业重整失败进入破产清算程序，而在清算状态下担保公司可获清偿的债权数额将远低于按照重整计划可受偿的数额，因此，重整计划也没有损害担保公司的实体权利。综上所述，重整计划没有损害担保公司的程序权利和实体权利，不应当予以撤销。如果担保公司认为自己的股权质押权受到侵害导致权利无法实现，依照合同相对性原则，其应当向出质人寇某和投资管理公司主张权利。河南省高级人民法院认定，担保公司的上诉请求不能成立，于是作出（2021）豫民终26号民事判决书，判决：驳回上诉，维持原判。

担保公司对二审终审仍不服，向最高人民法院申请再审。最高人民法院认为，本案再审审查重点是，A集团公司重整计划是否侵害了担保公司的权益，是否应当予以撤销。担保公司认为，其可以在出资人组就处置股权发表意见，由此体现其股权质押权。经审查，股东权利是基于股东地位取得的具有复杂内容的权利，包括利润分配权、剩余财产分配权等财产性权利，以及参与公司经营管理的身份性权利，兼具请求权和支配权的双重属性。本案中，担保公司作为A集团公司股权质权人，其仅能就寇某和投资管理公司对A集团公司的股权在价值范围内享有担保其债权优先实现的权利，而不能代替寇某和投资管理公司在破产重整程序中行使股东的权利。A集团公司管理人将其列入普通债权组进行表决未侵犯其合法权益，担保公司该项主张不能成立。担保公司认为，如投资人不能获得A集团公司股权，重整方案就失去了基础，说明A集团公司股权具有法律关系重构意义上的价值。本案中，根据评估机构出具的评估报告，A集团公司净资产（全部股权）的评估价值为-68,070.19万元，公司处于严重资不抵债状态，股权无实际价值，股权质押权已无实现的价值基础。A集团公司重整计划中投资人通过支付对价资金获得A集团公司股权，担保公司所认为的A集团公司股权具有法律关系重构意义上的价值，与其对A集团公司的股权在价值范围内享有担保其债权优先实现的权利的性质不同，在A集团公司处于严重资不抵债状态的情况下，担保公司无法在本案中主张其相关权利。清算状态下担保公司可获清偿的债权数额远低于按照重整计划可受偿的数额，故 A 集团公司重整计划未损害担保公司的权利，担保公司该项主张不能成立。最高人民法院作出（2021）最高法民申 6429 号裁定书，裁定驳回担保公司的再审申请。

三十一、担保物上代位权在破产重整中的行使

我国《民法典》规定的代位权有两种，即债上代位权与物上代位权，物上代位权即担保物上代位权。《民法典》第 535 条第 1 款规定："因债务人怠于行使其债权或者与该债权有关的从权利，影响债权人的到期债权实现的，债权人可以向人民法院请求以自己的名义代位行使债务人对相对人的权利，但是该权利专属于债务人自身的除外。"最高人民法院《关于审理建设工程施工合同纠纷案件适用法律问题的解释（一）》第 44 条规定："实际施工人依据民法典第五百三十五条规定，以转包人或者违法分包人怠于向发包人行使到期债权或者与该债权有关的从权利，影响其到期债权实现，提起代位权诉讼的，人民法院应予支持。"这是债上代位权的规定。《民法典》第 390 条规定："担保期间，担保财产毁损、灭失或者被征收等，担保物权人可以就获得的保险金、赔偿金或者补偿金等优先受偿。被担保债权的履行期限未届满的，也可以提存该保险金、赔偿金或者补偿金等。"这是担保物上代位权的规定。

这里根据《民法典》第 390 条以及有关司法解释的规定，分析担保物上代位权以及担保物权人在破产重整中行使代位权的问题。

（一）担保物上的代位权

担保物上代位权，是指特定担保财产在担保期间因毁损、灭失或者被征收等，物权担保人获得的保险金、赔偿金或者补偿金的，担保物权人可以直接要求次债务人予以优先受偿的权利。这里的物权担保人是指提供特定财产担保的担保人，包括抵押担保中的抵押人、质押担保中的出质人和留置担保中的被留置人。这里的担保物权人是指接受特定财产担保的债权人，包括抵押担保中的抵押权人、质押担保中的质押权人和留置担保中的留置权人。

在担保物权依法设立后，担保物权人所享有的担保物权的效力及于担保

物的价值，又因特定担保财产在具有物权特征的同时也具有价值性质，所以，在担保物（特定担保财产）毁损、灭失或者被征收后，物权担保人依法能够获得的保险金、赔偿金或者补偿金，也就可为特定担保财产的代位金。当然，担保物毁损、灭失或者被征收不只限于代位金，如农村土地、农民房屋被征收，经征收单位与被征收人协商确定，由征收单位给予安置房补偿的，在担保物上代位中，该安置房是代位物或者称代替物而不是代位金。但为了方便阐述，这里以代位金为例说明担保物上的代位权问题。

在担保期间，担保物毁损、灭失或者被征收，物权担保人依法获得代位金的，物权也就转化为债权。在此情况下，给付代位金义务人首先是物权担保人的债务人，而担保物权人原本不是其中的一方当事人，但因其依据《民法典》第390条的规定行使代位权，也就有权代替物权担保人对给付代位金义务人行使债的请求权，并可主张优先受偿权。此时，给付代位金义务人成为担保物权人的次债务人，次债务人在法律上负有在担保物权人优先受偿范围内直接向担保物权人履行债务的义务。

（二）担保物权人行使代位权的基本条件

根据《民法典》第390条的规定，担保物权人行使代位权应当同时具备以下三个基本条件。

1. 担保物事实上已经毁损、灭失或者被征收

这是前提条件，也是事实条件。如果不存在这些事实，就不可能产生保险金、赔偿金或者补偿金，也就谈不上担保物权人行使代位权的问题。从《民法典》第390条例举的毁损、灭失、被征收三种事实来看，其中担保物被征收的代位权是比较好处理的，如国家征收农村土地、农民房屋，都会按照规定标准支付被征收人补偿金，若被征收的农村土地、农民房屋已经设定抵押的，征收单位就会充分考虑担保物权人的担保债权以及代位权的问题。实践中需要特别注意的是担保物的毁损和灭失。

担保物毁损是指担保物受损后无修复价值和使用价值。毁损与损坏是有区别的。损坏是指受损物品还有修复价值或者还有使用价值。在担保期间，担保物仅为损坏的，如抵押物损坏，首先应当适用《民法典》第408条进行处理：一是抵押人的行为足以使抵押财产价值减少的，抵押权人有权请求抵

押人停止其行为；二是抵押财产价值减少的，抵押权人有权请求恢复抵押财产的价值，或者提供与减少的价值相应的担保；三是抵押人不恢复抵押财产的价值，也不提供担保的，抵押权人有权请求债务人提前清偿债务。当然，抵押物损坏也能获得赔偿金的，不可排除担保物权人行使代位权。但在通常情况下，担保物只有达到毁损程度，担保物权人才有条件行使代位权。

担保物灭失有绝对灭失与相对灭失之分。担保物相对灭失是指担保物主体发生改变致使抵押人失去所有权，如抵押人将抵押物转让给他人所有。抵押物在抵押期间被抵押人转让的，应当适用《民法典》第406条处理：一是抵押财产转让，抵押权不受影响，但抵押权人可以行使抵押物的追及权而实现优先受偿权；二是抵押权人能够证明抵押财产转让可能损害抵押权的，可以请求抵押人将转让所得的价款向抵押权人提前清偿债务或者提存，即涤除抵押权。《民法典》第390条规定的灭失一般是指担保物的绝对灭失，即抵押物因自然灾害、被盗、遗失等原因不复存在。在担保物绝对灭失但有代位金的情况下，担保物权人才有条件行使代位权。

2. 物权担保人依法可以获得的代位金

代位金是担保物权人行使代位权的标的物，代位金的存在是担保物权人行使代位权的实质性条件。例如，建筑施工企业提供运输车辆抵押，办理了抵押登记和保险手续，后因发生事故产生的保险金。又如，建筑施工企业提供房产担保设定抵押权后，被他人故意毁损产生的赔偿金，只要给付代位金义务人尚未向物权担保人支付，担保物权人就可行使代位权。但是，担保物毁损或灭失不一定都能产生保险金、赔偿金。例如，抵押车辆未办理保险，当该抵押车辆发生交通事故毁损无法修理，车主又自负全责的，就不可能获得保险金或者赔偿金。又如，抵押房屋没有保险，在抵押期间被洪水冲毁，就不存在他人给予赔偿问题。担保物毁损、灭失如果依法不能产生代位金的，担保物权人就无法行使代位权，且担保物权随着担保物的毁损或灭失归于消灭，优先受偿权也就随之告吹，在此情况下，第三人提供物权担保有过错，担保物权人只能要求第三人赔偿损失。

3. 担保物毁损、灭失、被征收等事实发生在担保期间

当事人的财产未设立担保不属于担保物，设立担保后因物权担保消灭也

不是担保物，故不存在担保物毁损、灭失、被征用的问题，也不产生担保物上代位权，故担保物只有在担保期限内发生毁损、灭失或者被征用等事实，且依法产生代位金的，担保物权人才有条件行使代位权。

（三）物权担保期间及代位权行使期间

法学界普遍认为，物权担保人将有处分权的财产为自己债务或者他人债务设定物权担保后，担保物权与担保债权同时存在，担保物权未消灭的，担保债权也不消灭；担保债权消灭的，担保物权随之消灭。据此认识，物权担保期间通常是指担保物权有效设立到消灭之前的存续时间，故《民法典》没有规定物权担保期间的具体时间段。但担保物权人不能无期限怠于行使担保权而损害物权担保人的利益，而这与诉讼时效期间有关。担保债权是主债权的从债权，主债权一旦超过诉讼时效期间就有可能丧失胜诉权，主债权丧失胜诉权，从债权也将失去法律保护，所以，担保物权人行使担保权的期限与主债权的诉讼时效期间有不可分离的关系。

1. 抵押担保期间及代位权行使期间

《民法典》第419条规定："抵押权人应当在主债权诉讼时效期间行使抵押权；未行使的，人民法院不予保护。"《民法典》第188条规定，普通诉讼时效期间自权利人知道或者应当知道权利受到损害之日起计算3年。由此可见，抵押权的行使期间与主债权诉讼时效期间相同。最高人民法院《关于适用〈中华人民共和国民法典〉有关担保制度的解释》第44条也规定，主债权诉讼时效期间届满后，抵押权人主张行使抵押权的，人民法院不予支持；抵押人以主债权诉讼时效期间届满为由，主张不承担担保责任的，人民法院应予支持。《民法典》之所以设定抵押权行使期间与主债权诉讼时效期间相同，目的有二：一是督促抵押权人在合理的期限内行使抵押权，以利于其实现优先受偿权；二是防止抵押权人长期怠于行使抵押权致使抵押人的抵押财产不能发挥其他作用而受损害。

在实践中，有些抵押人与债权人通过协议方式约定抵押期限，有约定在诉讼时效期间内，也有约定超过诉讼时效期间。对此，有人认为，根据当事人意思自治原则，应当许可抵押人与抵押权人约定抵押期限，且约定抵押期限应当优于法定抵押期限适用。我们不赞同这种观点，主要理由是，抵押担保的目的是保障债权实现，抵押担保合同对此也已明确约定，如果许可当事人又约定抵押期限，就会出现这么一种情况，债权人的债权尚未实现前约定抵押期限就届满，会使债权人丧失抵押权，既不符合抵押担保规则，又不符合设立抵押权的初衷，对抵押权人行使优先受偿权极为不利。又因《民法典》明确规定"抵押权人应当在主债权诉讼时效期间行使抵押权"，故双方约定的抵押期限与诉讼时效期间不一致的，应做无效处理，抵押权人超过诉讼时效期间向人民法院提起诉讼行使抵押权的，人民法院应当驳回其诉讼请求。

最高人民法院《关于适用〈中华人民共和国民法典〉有关担保制度的解释》第44条还继续规定，主债权诉讼时效期间届满前，债权人仅对债务人提起诉讼，经人民法院判决或者调解后未在民事诉讼法规定的申请执行时效期间内对债务人申请强制执行，其向抵押人主张行使抵押权的，人民法院不予支持。也就是说，在第三人提供物权担保的情况下，债权人单诉债务人但超过规定的申请执行时效期间申请强制执行的，不能再向抵押人行使抵押权，若已在规定的申请执行时效期间内申请强制执行，人民法院执行不能的，债权人仍可行使抵押权。

在建筑施工企业破产重整中，担保物权人申报债权、行使抵押权并主张优先受偿，管理人在通常情况下只需审查主债权是否超过诉讼时效期间即可断定其是否超过抵押担保期间，但在债权人单诉债务人的特别情况下，还需审查是否超过申请执行时效期间。此外，根据《企业破产法》第46条"未到期的债权，在破产申请受理时视为到期"和《民法典》第411条"抵押人被宣告破产或者解散"关于抵押财产确定的规定，应当认为抵押期间自法院裁定受理债务人破产申请之日起届满，此时，抵押权人就可行使抵押权。由此可以推定，在抵押期间，抵押财产如果发生毁损、灭失、被征收等事实且产生代位金的，抵押权人亦应在主债权诉讼时效期间行使代位权，或者在单诉债务人的申请执行时效期间内行使代位权，否则，主债权和抵押权超过法定期间不受法律保护，抵押物上代位权也随之不受法律保护。

2. 质押担保期间及代位权行使期间

《民法典》第437条第1款规定："出质人可以请求质权人在债务履行期限届满后及时行使质权；质权人不行使的，出质人可以请求人民法院拍卖、变卖质押财产。"第2款规定:"出质人请求质权人及时行使质权,因质权人怠于行使权利造成出质人损害的,由质权人承担赔偿责任。"这里没有规定质权人行使质权期限,只是要求质权人在债务履行期限届满后及时行使质权。这里的"及时",与"抵押权人应当在主债权诉讼时效期间行使抵押权"既有共同之处又有不同的地方。

最高人民法院《关于适用〈中华人民共和国民法典〉有关担保制度的解释》第44条第3款规定:"主债权诉讼时效期间届满的法律后果,以登记作为公示方式的权利质权,参照适用第一款的规定;动产质权、以交付权利凭证作为公示方式的权利质权,参照适用第二款的规定。"该条第2款规定:"主债权诉讼时效期间届满后,财产被留置的债务人或者对留置财产享有所有权的第三人请求债权人返还留置财产的,人民法院不予支持;债务人或者第三人请求拍卖、变卖留置财产并以所得价款清偿债务的,人民法院应予支持。"按照上述规定,经登记的权利质权,质权人行使质权期间与抵押权人行使抵押权期间相同,即在主债权诉讼时效期间行使质权。以动产行使质权或者以交付权利凭证方式的权利行使质权的,质权人亦应在主债权诉讼时效期间行使,但在主债权诉讼时效期间届满后,出质人未清偿质押债务,而以质权人超过行使质权期间为由向人民法院提起诉讼,请求质权人返还质押财产的,人民法院不予支持,也就是说,主债权诉讼时效期间届满并不影响质权人继续行使质权。如果出质人请求拍卖、变卖质押财产并以所得价款清偿质押债务的,说明其自愿继续履行质押债务,故人民法院应予支持。

关于质权人行使代位权的问题,首先要从《民法典》有关规定说起。出质人为自己的债务或者他人的债务提供动产质押的,需将出质动产交给债权人占有才能设立质权;提供财产权利质押的,需经登记为债权人控制才能设立质权。在质权人占有或者控制质物的情况下,质权人在质押担保期间负有妥善保管质押财产的义务,质权人保管不善造成质押财产毁损、灭失的,根据《民法典》第432条的规定,质权人应当对出质人承担赔偿责任,出质人也可以请求质权人将质押财产提存,或者请求提前清偿债务并返还质押财产。据此,质权人由于自身保管不善,造成质押财产毁损、灭失的,应当承担赔偿责任,而不可能产生代位金,代位权也无从谈起;第三人造成质押财产毁损、灭失的，出质人可以要求质权人和第三人承担连带赔偿责任，但也不存在质权人行使代位权的问题。但根据《民法典》第433条的规定，质押财产毁损、灭失不可归责于质权人，而由第三人的行为造成，出质人基于对质押财产的所有权依法享有请求该第三人赔偿而未主张赔偿的，此时的质权人才可行使代位权。

3. 留置期间及代位权行使期间

留置，是指债权人按照合同约定占有债务人的动产，在债务人不按合同约定的期限履行债务时，依照法律规定扣留该动产的行为。债权人留置债务人的动产的目的是保障债权实现，故留置在法律上是一种动产担保。譬如，建筑施工企业将大中型施工设备交付修理厂修理，修理厂修理完毕后通知建筑施工企业支付修理费，建筑施工企业在修理合同约定的债务履行期限内未支付修理费的，修理厂就有权按照修理合同的约定扣留所修理的大中型施工设备，用以保障修理费债权的实现。

关于债务履行期限与留置权行使期间，根据《民法典》第453条的规定，留置权人与债务人应当约定留置财产后的债务履行期限，双方没有约定债务履行期限或者约定不明确的，留置权人应当给债务人60日以上履行债务的期限。债务人在留置权人给予宽容期届满后仍未履行债务的，留置权人就可以与债务人协议以留置财产折价处理，也可以就拍卖、变卖留置财产所得的价款优先受偿。但这里的债务履行期限不是债权人行使留置权的期间，债务履行期限届满仅为债权人行使留置权的开始。在留置存续期间，即留置物未被依法折价、拍卖、变卖前，债权人并不丧失留置权，留置权人有权一直扣留、占有留置物。如果将债务履行期限理解为留置权行使期限，就应在债务履行期限届满时返还留置物，那么留置权人的优先受偿权就无法得以保障，法律设置的留置权也就毫无意义。

动产留置与动产质押一样，担保物都是动产，都由债权人占有，债权人保管不善致使留置物、质押物毁损、灭失的，都应承担赔偿责任，因此，留置权人行使代位权与质押权人行使代位权基本相同。

（四）担保物上代位权在破产重整中的处置

担保物上代位权带入破产重整或者在破产重整中产生，在实体处理上应当执行上述有关规定，但因破产重整对物权担保的处置在程序上有特定要求，故有必要在这里做一些分析。

1. 是否暂停行使担保物上代位权问题

根据《企业破产法》第75条的规定，担保物权人对建筑施工企业提供特定财产担保所享有的担保权，在建筑施工企业重整期间暂停行使。据此规定推理，担保物上代位权在建筑施工企业破产重整中也应暂停行使。但是，在担保物上代位权中，因建筑施工企业提供的担保财产已经毁损、灭失或者被征收，破产重整所必需的担保物不再存在；由担保物权转化为金钱债权的代位金，反而成为破产重整应当及时处置的事项，这有利于管理人顺利进行破产重整，也有利于担保物权人及时实现优先受偿权，故完全没有必要暂停担保物权人行使代位权。

2. 行使担保物上代位权的主体问题

根据《民法典》第390条的规定，担保物上代位权的行使主体是担保物权人，他人不可代替，但这种代位权带入破产重整程序的，行使主体则有所不同。建筑施工企业作为担保物权人为自己或者为他人提供财产担保依法产生的代位权，在破产重整中自行管理财产和营业事务的，应由建筑施工企业行使担保物上代位权，如果由管理人管理财产和营业事务的，应由管理人代表建筑施工企业行使担保物上代位权，然后将取得的代位金用于破产重整。

在第三人为建筑施工企业的债务提供财产担保的情况下，担保物被他人毁损、灭失或者被国家征收的，该第三人是物权担保人，故由该第三人行使担保物上代位权。该第三人提供担保的财产虽非建筑施工企业的财产，但当其不行使担保物上代位权时，就会损害建筑施工企业的债权人（担保物权人）的利益，就此，管理人可以追究该第三人的赔偿责任，该第三人未予赔偿的，管理人基于这种赔偿请求权，可以请求人民法院判令代位金义务人直接向管理人支付代位金，然后优先清偿担保物权人的担保债权。

3. 行使担保物上代位权的途径问题

在建筑施工企业进入破产重整前，担保物权人未行使担保物上代位权，担保物上代位权带入破产重整的，担保物权人为使给付代位金义务人知道直接向其支付代位金，先应采取书面形式通知给付代位金义务人。在进入破产重整后，建筑施工企业作为担保物权人未通知给付代位金义务人的，进入破产重整后可由管理人通知给付代位金义务人直接向管理人支付代位金。参照最高人民法院《关于适用〈中华人民共和国民法典〉有关担保制度的解释》第 42 条第 2 款的规定，给付代位金义务人在收到通知前，已经向物权担保人给付了保险金、赔偿金或者补偿金的，担保物权人不能再请求支付代位金，否则人民法院不予支持，但给付代位金义务人接到通知后仍然向物权担保人给付的，不免除其向担保物权人支付代位金的责任。担保物权人向给付代位金义务人发出通知后，给付代位金义务人不支付代位金或者发生代位金争议的，担保物权人或者管理人可以向人法院提起代位权诉讼，请求人民法院判令给付代位金义务人（次债务人）直接向其支付代位金。

  建筑施工企业为自己债务提供财产担保，在担保期间发生毁损、灭失、被征用等事实，且能获得代位金的，因物权担保在担保期间并不改变财产的所有权，故给付代位金义务人在建筑施工企业破产重整中应将代位金支付给管理人。为了减少诉讼成本和提高重整速度，管理人可不等担保物权人行使担保物上代位权，就直接通知给付代位金义务人向其支付代位金，然后优先清偿担保物权人的担保债权。管理人难以在诉讼外追收，或者给付代位金义务人拒绝支付，而担保物权人坚持行使担保物上代位权对给付代位金义务人提起诉讼的，管理人应当予以配合。担保物权人已经向人民法院提起担保物上代位权诉讼，人民法院也已判令给付代位金义务人直接向担保物权人支付代位金的，因该代位金不是破产财产，应由给付代位金义务人直接向担保物权人履行债务，以满足担保物权人的优先受偿权。给付代位金义务人向担保物权人履行债务后，代位金有剩余的，应归建筑施工企业所有；代位金不足优先受偿的，担保物权人无权就剩余债权对建筑施工企业的其他财产优先受偿，而只能作为普通债权处理。在破产重整中，建筑施工企业一时难以收回代位金，担保物权人也未行使担保物上代位权的，管理人可将担保债务连同代位金纳入重整计划草案，将担保物权人列入担保人组，重整计划草案经表决通过并报请人民法院批准后，将担保债务连同代位金交给重整投资人处理。

4. 代位金在破产重整中的处置问题

担保物上代位金是基于担保财产毁损、灭失或者被征收等事实而产生的，属于担保物的代位财产，《民法典》第390条也规定担保物权人对代位金享有优先受偿权。但因担保物权人在不同担保方式中的身份不同，取得代位金后处置方式也有所不同。如建筑施工企业作为担保物权人取得代位金后，因担保物已经消灭不再存在，取而代之的代位金属于建筑施工企业的财产，故在破产重整中应当用于清偿债权。但在第三人为建筑施工企业提供物权担保的情况下，第三人作为物权担保人取得的代位金，不属于建筑施工企业的破产财产，而应优先清偿担保物权人（债权人）担保债权，剩余代位金归第三人所有，并就已清偿的担保债务有权在破产重整中向建筑施工企业追偿，但其追偿债权只能作为普通债权处置。

5. 物权担保人在破产重整中的表决权问题

建筑施工企业为第三人债务提供物权担保，该第三人的债权人即担保物权人，基于对特定担保财产可不依赖破产清偿程序而单独优先受偿的别除权，有权直接向建筑施工企业主张对担保物价款优先受偿，管理人亦应将建筑施工企业向第三人提供的特定担保财产从建筑施工企业的财产中分离出来，单独向担保物权人优先清偿，或者由建筑施工企业代替第三人清偿债务，在涤除担保物权后，再向被担保的第三人追偿，涤除后的担保财产以及追偿所得纳入建筑施工企业财产用于破产重整。因这种担保物权人是第三人的债权人，而不是建筑施工企业的债权人，故管理人无须将其列入债权人组或者担保人组，无须给其对重整计划草案的表决权。

担保物权人行使代位权，给付代位金义务人全部支付代位金后，各方当事人包括次债务人之间相应的债权债务关系消灭，建筑施工企业破产重整中有关债权债务亦应相应调整。

【**案例46**】工程款作为优先于抵押权受偿的债权，其效力当然及于抵押物的代位保险金

2013～2015年建筑集团公司先后承接了化工公司所属的原料罐区、产品罐区加工制作及设备安装工程。上述工程经工程竣工验收后交付给化工公司

投入使用。后经审计，建筑集团公司和化工公司均认可涉案工程的总结算价款为62,141,848.19元，化工公司尚欠工程款27,517,939.12元。化工公司在试运行过程中发生爆炸事故造成相关设备损毁。2016年1月，建筑集团公司向淄博市中级人民法院提起建设工程施工合同纠纷诉讼。2016年10月21日，淄博市中级人民法院作出（2016）鲁03民初1号民事判决书，判令被告化工公司向原告建筑集团公司支付工程款27,517,939.12元及利息，原告建筑集团公司就被告化工公司所欠付的上述工程款就涉案工程款或者拍卖的价款优先受偿。

2015年7月1日，某某保险公司为化工公司出具财产综合险保险单载明：投保人化工公司，被保险人化工公司，保险标的为固定资产，保险金额/赔偿限额为374,113,242.50元，总保险费为225,590.29元，本合同第一受益人为中行某某分行。2015年7月3日，双方经约定将投保标的由固定资产改为机器设备，其余未变。化工公司发生爆炸事故后，保险公司与化工公司、中行某某分行签订赔付协议书，三方共同确认本次事故保险标的损失金额为48,816,151.17元，依据保险合同约定及事故情况，理算金额为42,815,377.06元，并确认赔款金额为29,970,763.94元。三方还确认，因保险合同中约定保单唯一受益人为中行某某分行，中行某某分行索赔请求权优先于化工公司。

2016年11月16日，淄博市中级人民法院就中行某某分行与化工公司等金融借款合同纠纷一案作出（2016）鲁03民初278号民事调解书，该调解书确认：（1）被告化工公司于2016年11月21日前偿还中行某某分行借款23,569.57万元的本息及律师费80万元；（2）中行某某分行在主债权余额47,000万元贷款本息范围内，对化工公司提供的抵押财产折价或拍卖、变卖所得的价款享有优先受偿权。该案的抵押财产为化工公司的土地使用权和设备。

2017年6月14日，淄博市中级人民法院向保险公司送达（2016）鲁03执901、912号协助执行通知书，通知保险公司将化工公司事故赔偿金29,970,763.94元执行到法院账户。该事故赔偿金到法院账户后，淄博市中级人民法院作出（2016）鲁03执912号执行财产分配方案。该方案认为，化工公司与保险公司签订的财产综合保险单中约定中行某某分行为第一受益人的协议，对该类协议法律并无禁止性规定，故中行某某分行作为保险理赔第一受益人的权利应予保护。根据最高人民法院《关于建设工程价款优先受偿权问题的批复》的规定，建设工程款优先受偿权优先于抵押权，故建设工程款优先受偿权是法定权利，此种法定担保物权应当优先于约定抵押权的行使，更应当优先于约定权利的行使。因建筑集团公司已经法院确认有建筑工程优先受偿权，故其应当优先于中行某某分行受偿该保险理赔金。建筑集团公司提出的爆炸中其施工部分工程款为10,706,867.71元，其所对应的保险理赔金额应为该金额乘以保险理赔的比例所得，即6,745,326.66元，中行某某分行、化工公司虽然不予认可，但并未提供相关证据予以否定，因该涉案工程爆炸情况并无相应审计报告，且涉案工程系建筑集团公司安装建设，故应对建筑集团公司提供的优先受偿的证据予以确认。另外，此爆炸设备为该涉案工程的核心设备，因其损毁对由建筑集团公司承建的其他设备价值产生减损，故对建筑集团公司应受偿金额在其理赔金额的基础上酌情上浮20%，即建筑集团公司应受偿金额为8,094,392.00元。故依照最高人民法院《关于适用〈中华人民共和国民事诉讼法〉执行程序若干问题的解释》第25条，最高人民法院《关于适用〈中华人民共和国民事诉讼法〉的解释》第508条、第511条的规定，确定债权人受偿顺序及数额如下：（1）建筑集团公司为第一顺位受偿人，受偿金额为8,094,392.00元；（2）中行某某分行为第二顺位受偿人，受偿金额为21,876,371.94元。

中行某某分行和建筑集团公司对上述执行财产分配方案不服，向淄博市中级人民法院提出书面异议。淄博市中级人民法院作出（2018）鲁03执异25、29号裁定驳回双方的异议请求。中行某某分行不服（2018）鲁03执异25、29号裁定，向山东省高级人民法院申请复议。

山东省高级人民法院经复议认为：

1. 关于淄博市中级人民法院（2016）鲁03执912号执行财产分配方案的问题。就涉案爆炸损毁的设备而言，建筑集团公司享有建设工程款优先受偿权，中行某某分行享有抵押权，两债权均系优先受偿的债权，并经生效法律文书所确认。依照最高人民法院《关于建设工程价款优先受偿权问题的批复》第 1 条的规定①，建筑集团公司的建设工程款优先于中行某某分行的抵押权受偿，淄博市中级人民法院据此作出（2016）鲁03执912号执行财产分配方案，并无不当。

2. 关于涉案保险理赔款能否执行的问题。《物权法》第174条规定："担保期间，担保财产毁损、灭失或者被征收等，担保物权人可以就获得的保险金、赔偿金或者补偿金等优先受偿……"②涉案保险系中行某某分行与化工公司签订的抵押合同的约定内容，属于抵押合同的一部分，抵押权人行使抵押权时应及于该保险的理赔款。因涉案抵押设备已被爆炸损毁，中行某某分行的抵押权对抵押设备的效力及于该抵押物的代位物保险金。而建筑集团公司的建设工程款作为优先于中行某某分行抵押权受偿的债权，其效力当然及于该抵押物的代位物保险金。因此，涉案保险理赔款应作为执行标的予以执行。

山东省高级人民法院作出（2018）鲁执复150号裁定书，裁定：驳回复议申请人中行某某分行的复议申请，维持淄博市中级人民法院（2018）鲁03执异25、29号执行裁定。

【案例47】 房屋抵押给银行期间被烧坏，法院基于承包人维修该房屋的工程款优先受偿权直接执行理赔款

2016年12月20日，置业公司与华夏银行某某支行（以下简称华夏支行）签订《最高额抵押合同》约定：置业公司与华夏支行连续签订多个固定资产借款合同，置业公司提供房地产（其中包括某某小区某某楼）、在建工程为抵押财产；抵押物毁损、灭失或被征收的，置业公司所获得的保险金、赔偿金或补偿金应用于提前清偿债务，或经华夏支行同意用于恢复抵押物的价值或存于华夏支行指定账户，以担保主合同项下债务的履行，抵押物价值未减少的部分，仍应作为主债权的担保；合同项下抵押财产需办理财产保险

---

① 现适用最高人民法院《关于审理建设工程施工合同纠纷案件适用法律问题的解释（一）》第36条"承包人根据民法典第八百零七条规定享有的建设工程价款优先受偿权优于抵押权和其他债权"的规定。

② 《民法典》第390条的规定与之相同。

的，保险合同内容应经华夏支行认可，其中不得有损害华夏支行利益或限制华夏支行权益的约定；本合同履行期限内，置业公司应将保险合同项下的权益全部转让给华夏支行，所得保险赔偿金按约定处理。上述合同签订后，华夏支行与置业公司办理了抵押登记，置业公司在华夏支行处投保综合财产险，标的项目为固定资产——房屋建筑物，保险金额41,000万元，并约定第一受益人为华夏支行。上述合同签订后，华夏支行按约发放了贷款。

2021年1月6日，华夏支行向保险公司发送告知书，该告知书声称：某某小区某某楼于2019年9月5日发生火灾造成大楼的电梯、消防设施、供电设施、公区装修等财产受损。

电力安装公司与置业公司签订工程合同，约定由电力安装公司对前述火灾造成的损坏部分进行修复。后因置业公司未按约定支付工程款，电力安装公司向大连高新技术产业园区人民法院提起诉讼。电力安装公司在诉讼过程中申请财产保全，大连高新技术产业园区人民法院裁定：冻结置业公司名下银行账户存款150万元，或查封、扣押等值财产。2020年11月12日，大连高新技术产业园区人民法院向保险公司发送协助执行通知书，冻结150万元范围内置业公司在保险公司的固定资产房屋建筑理赔款。在诉讼过程中，双方当事人经调解，自愿达成如下协议：（1）置业公司于2021年2月8日前支付电力安装公司工程款656,711元，同时按贷款市场报价利率计付利息；（2）置业公司于2021年6月30日前支付电力安装公司剩余工程款656,711元，同时按贷款市场报价利率计付利息；（3）置业公司于2021年6月30日前支付电力安装公司律师代理费30,000元；（4）置业公司未按上述约定期限履行给付义务，电力安装公司可就全部款项申请强制执行。但置业公司未按照上述调解书的约定期限履行给付义务，电力安装公司向大连高新技术产业园区人民法院申请强制执行。大连高新技术产业园区人民法院作出执行裁定，裁定：冻结、划拨置业公司的银行存款150万元及延迟履行期间的债务利息或查封、扣押其他等值财产。同时，大连高新技术产业园区人民法院向案外人保险公司发送协助执行通知书，通知保险公司将冻结的置业公司的固定资产房屋建筑理赔款扣划到法院账户。

案外人华夏支行对划拨置业公司的固定资产房屋理赔款到法院账户的执

行行为提出书面异议称：置业公司在保险公司的固定资产房屋建筑理赔款是其投保的建筑物发生火灾产生的 811,465.47 元房屋建筑物保险理赔款；置业公司与华夏支行签订《最高额抵押合同》，置业公司在最高债权额限度内向华夏支行提供抵押担保，被担保最高债权额为 4.70 亿元，置业公司提供的抵押财产包含该发生火灾的建筑物，并办理了抵押登记，异议人华夏支行为案涉发生火灾建筑物的抵押权人，且为第一受益人，有权收取保险理赔款。根据《民法典》第 390 条的规定，担保期间，担保财产毁损、灭失或者被征收等，担保物权人可以就获得的保险金、赔偿金或者补偿金等优先受偿。被担保债权的履行期限未届满的，也可以提存该保险金、赔偿金或者补偿金等。综上所述，异议人华夏支行为案涉保单的第一受益人，享有保险理赔款的支付请求权，而非置业公司，贵院执行过程中无权冻结、扣划；异议人华夏支行抵押权及于抵押物的保险理赔款，现异议人行使抵押权，将保险理赔款用于偿还借款，故请求中止扣划置业公司固定资产房屋理赔款，解除对置业公司固定资产房屋理赔款的冻结措施。

电力安装公司辩称，（1）华夏支行不享有保险理赔款请求权，置业公司作为被保险人享有保险理赔款请求权。首先，根据《保险法》第 18 条的规定，受益人是指人身保险合同中由被保险人或投保人指定的享有保险金请求权的人。在财产保险中，《保险法》没有关于受益人权利义务的相关规定。本案中保险标的为固定资产房屋，不能参照人身保险中受益人的相关规定来确定当事人的权利义务关系。虽然置业公司在保险单中将华夏支行列为第一受益人，但华夏支行以第一受益人的身份主张保险理赔款请求权不符合《保险法》中的相关规定，于法无据。置业公司作为被保险人是保险合同的相对方。根据合同的相对性原理，置业公司对该笔保险理赔款享有请求权。其次，在保险标的可被修复的情况下，保险人按照保险合同的约定将保险理赔款赔付给被保险人，被保险人将保险理赔款用于恢复保险标的的价值，该环节符合保险法的立法目的和宗旨。如果将保险理赔款赔付给华夏支行，将会影响保险标的的修复，也失去了投保的意义，违背了保险宗旨和保险法精神。（2）保险标的已被修复，其抵押价值没有任何变化，没有损害华夏支行作为抵押权人的民事权益。保险标的发生火灾后由电力安装公司进行维修重建，现已被修复，可以正常投入使用。不存在《民法典》第390条所规定的下列情形，担保期间，担保财产毁损、灭失或者被征收等，导致担保财产不能实现抵押价值。因保险标的的价值未因此次火灾发生任何变动，据此作为担保物权人的华夏支行不能获得保险金或赔偿金。虽然华夏支行是保险标的的抵押权人，但其仅应当就保险标的物本身享有抵押权，对保险标的将来处置所获价款享有优先受偿权，而非对此次火灾获得的保险理赔款享有优先受偿权。电力安装公司作为对保险标的的修复方，至今未取得任何工程款。如果法院支持了华夏支行的请求权，将导致没有任何损失的抵押权人额外获得保险理赔款，严重损害电力安装公司的合法权益。综上所述，华夏支行对案涉保险理赔款不享有请求权，保险标的在已经修复好的情况下也不应当将保险理赔款作为抵押财产。华夏支行对该笔款项不享有任何权利，其请求法院中止扣划置业公司固定资产房屋建筑保险理赔款，请求法院解除对置业公司固定资产房屋建筑保险理赔款采取的冻结措施不应得到支持。

大连高新技术产业园区人民法院认为：首先，异议人华夏支行基于抵押权主张其对案涉保险理赔款享有优先权，但其未提交生效法律文书确认其曾主张实现该项优先权。其次，即使案外人华夏支行享有抵押权，但根据《民法典》第807条的规定："发包人未按照约定支付价款的，承包人可以催告发包人在合理期限内支付价款。发包人逾期不支付的，除根据建设工程的性质不宜折价、拍卖外，承包人可以与发包人协议将该工程折价，也可以请求人民法院将该工程依法拍卖。建设工程的价款就该工程折价或者拍卖的价款优先受偿。"最高人民法院《关于审理建设工程施工合同纠纷案件适用法律问题的解释（一）》第35条规定："与发包人订立建设工程施工合同的承包人，依据民法典第八百零七条的规定请求其承建工程的价款就工程折价或者拍卖的价款优先受偿的，人民法院应予支持。"第36条规定："承包人根据民法典第八百零七条规定享有的建设工程价款优先受偿权优于抵押权和其他债权。"电力安装公司作为案涉工程的承包人，其对案涉工程的款项亦依法享有优先权，且该项优先权优于抵押权和其他债权。最高人民法院《关于人民法院办理执行异议和复议案件若干问题的规定》第 27 条规定:"申请执行人对执行标的依法享有对抗案外人的担保物权等优先受偿权,人民法院对案外人提出的排除执行异议不予支持,但法律、司法解释另有规定的除外。"故华夏支行现提出异议,要求中止扣划置业公司固定资产房屋理赔款并解除对置业公司固定资产房屋理赔款的冻结措施,没有事实基础及法律依据。

大连高新技术产业园区人民法院作出(2021)辽 0293 执异 66 号执行异议裁定书,裁定如下:驳回华夏支行的异议请求。